성경 밖 복음서 이야기

경외 복음

제2편

제
자
이
야
기

성경 밖 복음서 이야기

경외 복음

제2편 제자 이야기

발행일   2018년 6월 22일

엮은이   임 동 훈
펴낸이   손 형 국
펴낸곳   (주)북랩
편집인   선일영   편집   권혁신, 오경진, 최승헌, 최예은, 김경무
디자인   이현수, 김민하, 한수희, 김윤주, 허지혜   제작   박기성, 황동현, 구성우, 정성배
마케팅   김회란, 박진관, 조하라
출판등록   2004. 12. 1(제2012-000051호)
주소   서울시 금천구 가산디지털 1로 168, 우림라이온스밸리 B동 B113, 114호
홈페이지   www.book.co.kr
전화번호   (02)2026-5777   팩스   (02)2026-5747

ISBN   979-11-6299-182-4 04230(종이책)   979-11-6299-183-1 05230(전자책)
        979-11-6299-179-4 04230(세트)

이 도서의 국립중앙도서관 출판예정도서목록(CIP)은 서지정보유통지원시스템 홈페이지(http://seoji.nl.go.kr)와
국가자료공동목록시스템(http://www.nl.go.kr/kolisnet)에서 이용하실 수 있습니다.
(CIP제어번호: CIP2018018886)

성경 밖 복음서 이야기

경외복음

제2편

제자 이야기

임동훈 엮음

북랩 book Lab

정경 66권이 정착되지 않았던 초대교회 성도들은, 다양한 문헌과 각자의 영적 체험에 의해 신앙생활을 할 수밖에 없었다. 하지만 여러 사람이 각자의 신비한 체험을 기록에 남기다 보니, 나중에는 철학적 사상과 종교적 신념, 신앙적 체험 등이 혼합된 책들이 난무하게 되었다.

그러다가 주후 90년경 이스라엘 얌니아(야브네) 회의에서 구약성경 39권이, 397년 튀니지 카르타고 회의에서 신약성경 27권이 정경으로 확정되면서, 나머지 책들은 경외서로 남게 되었다.

정경은 사도와 그에 준하는 저자에 의해 기록되고, 가필된 흔적이 없는 책으로 선정하였다. 저자가 불확실하거나, 가필된 흔적이 있거나, 지나칠 정도로 신비한 내용이 담긴 책은 제외하였다.

그때 공회가 나름대로 엄격한 기준에 의해 선정하기는 하였지만, 사도 바울이 쓴 고린도 서신 3개 가운데 1서와 2서는 선정이 되고 3서는 제외되는 등, 우여곡절을 겪기도 하였다. 따라서 정경에 들었다고 해서 다 완벽하고, 정경에서 제외되었다고 해서 다 가치가 없는 것은 아니다.

당시 신학적 체계와 교리의 정립, 정경의 기준 등이 절실히 필요하였던바, 시대적 요청에 의해 정경 밖의 책들을 모아 소각하게 되었다. 그래서 사라진 경외서가 오늘날 부분적으로 발견되면서 그 실체가 조금씩 드러나고 있다. 하지만 안타깝게도, 그동안 상실된 부분도 많을 뿐만 아니라, 해석상 또는 번역상의 애로가 많아 원본에 가까운 내용을 접하기는 사실상 어려운 실정이다.

오늘날 영지주의 가현설이나 이원론 등에 대한 교회의 위험성은 거의 사라졌다고 본다. 지나친 선입견이나 성경 밖의 복음서는 무조건 나쁘다는 고정 관념의 틀에서 벗어날 필요가 있다. 오히려 초대교회 성도들의 풍성한 영성을 누릴 때라고 여겨진다.

사실 성경이 보편화된 오늘날, 누가 영지주의 사상을 그대로 지지하겠으며, 역사적 예수를 부정하고 성령의 활동을 부인하겠는가? 혹시 그런 사람이 있다면, 그는 그리스도인이 아니라 기독교를 대적하는 사람일 것이다.

지금은 누구나 성경을 가지고 있으며, 각자 나름대로의 신앙 지식과 영적 체험을 통해 신령한 은혜를 누리고 있다. 경외 복음이라고 해서 무조건 터부(taboo)시하거나, 이단 서적을 대하듯 그렇게 할 필요가 없다.

오히려 초대교회 성도들이 쓴 신앙적 글들을 읽고 그들의 영성을 함께 맛보고 누려야 한다. 가능하다면 불교의 경전이나 유교의 사서삼경, 이슬람교의 쿠란과 같은 타 종교의 책들도 보면 좋을 것이다. 물론 기독교 신앙의 굳건한 토대 위에서 보아야 한다.

지피지기(知彼知己)면 백전백승(百戰百勝)이라는 말이 있듯이, 기독교도 알고 타 종교도 알아야 선교도 하고 복음도 전하며, 코이노니아(교제)와 디아코니아(봉사)를 통해 교회를 세워나갈 수 있다.

남의 가치는 인정하지 않고 자기만 잘났다고 떠들어대는 사람은 정말 곤란하다. 누가 그런 사람을 참 신앙인으로 인정하겠는가? 보수적일수록 진보적이고 급진적인 신학자의 글을 많이 보아야 한다. 그래야 내실을 다질 수 있다. 그렇지 않으면 연못가의 개구리가 되기 십상이다. 오늘날 교회가 퇴보하는 가장 큰 이유가 목사의 독선과 교회의 배타성에 있다는 사실을 알아야 한다.

우리는 동서고금의 영감이 깃든 많은 책들을 읽고 은혜받을 만한 넉넉한 믿음을 가져야 한다. 쌀밥의 진미를 제대로 알려면 보리밥과 잡곡밥도 먹어봐야 한다. 우리는 쌀밥으로 충분하니 보리밥이나 잡곡밥은 아예 먹지 말라고 가르치는 사람은 정말 어리석다.

지난 2015년 9월, 4복음서를 통합하고 사도행전을 덧붙여 『예수 복음』을 발간하였다. 이어서 『예수 교의 I, II』를 편집하면서 다양한 저자의 책들을 많이 읽었다. 그리고 『경외 복음』을 펴내기까지 적어도 10년 이상이 걸렸다.

여기서 다시 말하지만, 그리스도인의 영원한 교과서는 4복음서를 포함한 66권 성경이다. 다른 복음을 신앙의 기준으로 삼아서는 안 된다. '예수 복음'이나 '경외 복음'은 '정경 복음'의 참고서로 생각하고 읽어야 한다.

그러나 일반 종교 서적이나 기독교 고전보다는 훨씬 귀하고 풍성한 말씀이 깃들어 있다. 그래도 뭔가 껄끄러우면, 그냥 성경시대의 고전을 읽는다고 편하게 생각하라. 그러다가 이제까지 보지 못한 감동적인 글을 발견하면, 그에 따른 은혜를 받으면 된다.

경외서 빌립 복음 115장에 이런 글이 있다.

'믿음은 우리가 뿌리를 내리는 토양이다. 소망은 우리에게 양분을 주는 수분이다. 사랑은 우리를 자라게 해주는 통풍이다. 지식은 우리를 여물게 하는 햇빛이다.'

그렇다. 모든 성경은 우리가 알고 믿어 누리기 위한 책이다. 믿음의 주체는 예수 그리스도다. 성경을 맹신하면 오류에 빠질 수 있다. 우리는 성경을 통해 하나님을 알고 예수님을 믿어 성령님을 누려야 한다.

이제 성경 밖 복음서를 접하는 여러분에게 주님의 영감이 갑절로 임하기를 빈다. 혹시 있을지도 모르는 해석상의 충돌이나 불필요한 갈등에 휩싸이지 않기를 바란다.

2018. 5. 11
예수나라 청지기

1. 외경(外經)에 대하여

헬라어 외경 아포크리파(Apocrypha)는 '감춰진', '숨겨진' 등의 뜻으로 '아포크뤼포스'에서 유래하였다. '아포크리파'는 문학적 용어로 작품 안에 내재된 '숨겨진 글'이라는 의미가 있다. 대체로 주전 4세기부터 주후 1세기까지 기록된 유대의 묵시문학을 가리킨다.

1) 구약 외경
① 마카비상: 주전 175년 안티오쿠스 에피파네스가 수리아 왕위에 오른 때부터, 유다 마카비 가의 시몬이 세상을 떠난 135년까지, 약 40년간의 유대 역사를 기록한 내용
② 마카비하: 마카비상과 연속성은 없으나, 유다 마카비 가의 독립 운동과 그에 대한 하나님의 간섭을 소개한 내용
③ 므낫세의 기도: 유다 왕 므낫세가 바벨론에 끌려간 이후 참회하는 내용

④ 바룩: 포로로 잡혀간 유대인의 기도와 참회, 회복의 약속

⑤ 벨과 뱀: 바벨론 포로 시 다니엘이 지혜로 바벨론의 두 우상 벨과 뱀을 무찌르는 내용

⑥ 솔로몬 지혜서: 알렉산드리아에 머물던 한 유대인에 의해 편집된 신앙 권면

⑦ 수산나: 바벨론 포로 시 수산나라는 정결한 처녀가 기도로 대적의 모함을 이겨내는 내용

⑧ 아사라의 기도와 세 청년의 노래: 에피파네스 또는 마카비 시대에 한 유대인이 기록하여, 정경 다니엘 3장 23절과 24절 사이에 삽입시킨 글

⑨ 에스더 부록: 한 유대인이 헬라어로 에스더서를 번역할 때, 끝부분에 107절에 달하는 기도, 신앙, 헌신, 경건 등을 게재한 글

⑩ 에스드라상: 유대인들의 바벨론 포로와 해방 이야기

⑪ 에스드라하: 바벨론에서 에스드라에게 임한 7가지 계시

⑫ 예레미야 편지: 바벨론 포로에게 보낸 예레미야의 편지

⑬ 유딧: 아시리아의 유다 침공 시, 과부 유딧이 적장을 유혹하여 암살하고 도시를 구한 일

⑭ 집회서, 시락의 자손, 예수의 지혜서: 시락의 자손이자 예루살렘의 경건한 유대 학자 예수에 의해 기록된 글

⑮ 토비트: 경건한 유대 청년 토비트가 니느웨로 잡혀간 사건

2) 신약 외경

신약 외경은 정경에서 제외된 초대교회 당시의 각종 문헌을 가리킨다. 구약 외경과 달리 위, 조작되거나 비정통 기독교 분파들이 자기 교리에 맞게 각색한 내용이 많다. 하지만 기독교 신앙에 기초한 순수한 내용들도 많이 포함되어 있다. 초대교회 당시의 정황이나 성도들의 사고, 그들의 생활을 반영하고 있다는 사료적 측면에서 유익한 정보를 제공하고 있다.

① 복음서: 나사렛인 복음, 니고데모 복음, 도마 복음, 도마 어록, 마가의 비밀 복음, 마리아 복음, 맛디아 복음, 바돌로매 복음, 베드로 복음, 보병궁 복음, 빌립 복음, 야고보 복음, 야고보 비밀의 책, 요셉 복음, 위 마태복음, 유다 복음, 이집트인 복음, 진리 복음, 히브리인 복음 등

② 역사서: 니고데모 행전, 다대오 행전, 도마 행전, 바나바 행전, 바울 행전, 베드로 행전, 빌라도 행전, 빌립 행전, 안드레 행전, 야고보 행전, 요한 행전 등

③ 서신서: 고린도 3서, 그리스도와 압갈 서신, 라오디게아서, 바울과 세네카 서신, 사도 서신 등

④ 계시록: 도마 계시, 바울 계시, 베드로 계시, 스데반 계시, 야고보 계시 등

2. 위경(僞經)에 대하여

위경(Pseudepigrapha)은 신구약 중간기와 주전 200년에서 주후 200년 사이에 기록된 유대의 문헌들(유대교 묵시, 전승, 시가, 지혜서 등)로서, 구약의 정경이나 외경에 들지 않는 기록들을 가리킨다.

'위경'을 가리키는 헬라어 '프슈드에피그라파'는, '가짜'라는 뜻의 '프슈데스'와 '위에 쓰다'는 뜻의 '에피그라포'의 합성어로, '거짓 표제'를 의미한다. 이는 어떤 사람이 다른 사람의 이름을 빌려 기록한 거짓 문서라는 의미다.

그러나 위경이라고 해서 모든 것이 허구라고 볼 수는 없다. 유대의 랍비들은 외경과 위경을 따로 구분하지 않고, 정경에 포함되지 않은 책이라고 해서 그냥 '경외서'로 부른다.

사실 정경 유다서(1. 9, 14, 15)에도 경외서(모세 승천기, 에녹서)의 내용 일부가 포함되어 있다. 이로 인해 유다서는 소위 '논쟁의 책'에 포함되어 많은 토론과 논쟁을 거쳐 정경으로 인정되었다.

1) 팔레스타인 문서: 모세 승천기, 바룩 묵시서, 솔로몬 시편, 12족장 유언서, 아담과 하와의 생애, 아히카르 잠언, 에녹의 책, 예언자들의 생애, 요벨서, 욥의 유언, 이사야 순교서, 하가다 등

2) 알렉산드리아 문서: 마카비 3서, 마카비 4서, 바룩 3서, 시빌 신탁, 아리스테이스 서간, 아세닷의 기도, 에녹서 등

3. 속사도와 교부들의 문헌에 대하여

정경, 외경, 위경 외에 교회사적으로 주목받고 있는 주요 문헌들 중에는, 속사도와 교부들(Apostolic Fathers)이 기록한 책들도 있다. 교훈집(디다케), 바나바 서신, 이그나티우스 서신, 클레멘트 1서, 폴리캅 서신, 허마스의 목양서, 유대인 율법 등이다.

참고사항

1. ( ) 는 편집자나 번역자, 엮은이 등이 보충한 부분이다.

2. (…) 는 상실되거나 훼손이 심하여 해석 또는 편집이 곤란한 부분이다.

3. 장(章)의 구분이 어려운 것은 편집하는 과정에서 임의로 합치거나 나누었다.

4. 절(節)은 편의상 엮은이가 임의로 부여하였다.

5. 단어나 구절에 얽매이지 않고 의역한 경우도 있다.

6. 한국어 번역은 다음 사전 Beta를 이용하여 참조하였다.

7. 2010년경 경외서 자료를 제공한 익명의 신부님께 감사드린다.

8. '예수나라공동체' 블로그에 다양한 경외서 번역본을 올려준 '아엘욥'님에게 감사

   를 표한다.

차례

제2편

제자 이야기

제15권

바울 행전

제1장

1. 바울이 안디옥에서 나와 이고니온으로 갔을 때, 데마스와 대장장이 헤르모제네스가 동행했다. 이 두 사람은 대단한 위선자로서 마치 바울을 사랑하는 듯이 아첨했다.

2. 그러나 그리스도의 선에만 눈을 돌리는 바울은 두 사람을 해치지 않고 끔찍이 사랑했다. 주님의 모든 말씀, 복음의 교리와 해석, 사랑하는 그분의 탄생과 부활을 열심히 설명해주고, 자기에게 드러난 그대로 그리스도의 활동을 낱낱이 전해주었다.

3. 바울이 이고니온으로 온다는 소식을 들은 오네시포루스라는 사람이 자기 자녀 심미아스와 제노, 그리고 아내 렉트라를 데리고 바울을 자기 집으로 모시기 위해 마중을 나갔다.

4. 바울을 직접 본 적도 없고, 오직 영혼의 가르침만 받았는바, 디도가 바울의 생김새를 설명해주었다.

5. 오네시포루스는 루스드라로 빠지는 큰길에 나가 기다리면서, 디도의 설명을 염두에 두고 지나가는 사람들을 일일이 살펴보았다.

6. 드디어 바울이 오는 것이 보였다. 키가 작고 대머리에다 안짱다리였다. 단단한 체격에 눈썹이 마주 닿고, 약간 매부리코에 매우 온화한 얼굴이었다. 그런데 한순간은 사람으로 보이다가, 또 한순간은 천사의 얼굴로 보였다.

7. 바울이 오네시포루스를 보자 미소를 지었다. 오네시포루스가 바울에게 말했다.

"복되신 하나님의 종이여, 인사드립니다."

8 바울이 대답하였다.

"은총이 당신과 당신 집과 함께하기를 빕니다."

9 데마스와 헤르모제네스는 질투가 나서, 더욱 위선에 젖게 되었다. 심지어 이런 말도 하였다.

"우리에게는 그런 인사를 하지 않으니, 그러면 우리가 복되신 그분의 종이 아니란 말입니까?"

10 오네시포루스가 말했다.

"당신들한테서는 정의로움의 열매가 하나도 보이지 않습니다. 그러나 정의로운 사람이라면 당신들도 우리 집에 와서 쉬십시오."

11 바울이 오네시포루스의 집에 들어서자 모두가 기뻐하며, 무릎을 꿇고 빵을 쪼개어 나누고, 금욕과 부활에 대한 하나님의 말씀을 들었다.

제2장

1 바울이 말했다.

"마음이 순결한 사람은 복을 받습니다. 하나님을 볼 것이기 때문입니다.

2 육체를 순수하게 보존하는 사람은 복을 받습니다. 하나님의 성전이 될 것이기 때문입니다.

3 금욕하는 사람은 복을 받습니다. 하나님이 이들을 위해 말할 것이기 때문입니다.

4 아내가 있지만 없는 듯이 사는 사람은 복을 받습니다. 하나님을 상속할 것이기 때문입니다.

5 하나님을 두려워하는 사람은 복을 받습니다. 하나님의 천사가 될 것이기 때문입니다.

6 하나님의 말씀에 두려워 떠는 사람은 복을 받습니다. 위로를 받을 것이기 때문입니다.

7 예수 그리스도의 지혜를 받은 사람은 복을 받습니다. 가장 높으신 분의 아들이라고 불릴 것이기 때문입니다.

8 자기 세례를 굳게 지키는 사람은 복을 받습니다. 아버지와 아들과 함께 머물 것이기 때문입니다.

9 예수 그리스도에 대한 이해를 얻은 사람은 복을 받습니다. 빛 안에 있을 것이기 때문입니다.

10 하나님의 사랑을 통하여 이 세상의 형태를 떠난 사람은 복을 받습니다. 천사들을 심판하고 아버지의 오른편에서 복을 받을 것이기 때문입니다.

11 자비로운 사람은 복을 받습니다. 자비를 얻고 심판의 쓰라린 날을 보지 않을 것이기 때문입니다.

12 처녀들의 육체는 복을 받습니다. 하나님께 매우 기꺼운 것이고, 그 순결의 보상을 잃지 않을 것이기 때문입니다.

13 하나님의 말씀이 이 모든 사람을 위하여 아들의 날에 구원의 업적이 되고, 이 모든 사람이 영원히 안식할 것이기 때문입니다."

제3장

1 오네시포루스의 집에 모인 사람들에게 바울이 이렇게 말하고 있을

때, 타미리스라는 사람과 약혼한 처녀 테클라(그 어머니는 테오클레이아)가 이웃집 창문에 앉아있었다.

2 처녀의 생활에 대한 바울의 설교에 밤낮으로 귀를 기울였다. 테클라는 창문에서 떠나기는커녕 찰싹 붙어있으며, 신앙 안에서 더할 수 없이 기뻐했다.

3 많은 부인과 처녀가 바울에게 가는 것을 보고, 자기도 바울 앞에 서서 그리스도의 말을 들을 자격이 있기를 간절히 원했다. 바울의 말만 들었지, 직접 만나본 적이 없었기 때문이다.

4 테클라가 창문에서 떠나지 않자 어머니가 타미리스에게 사람을 보냈다.

5 타미리스는 이미 약혼을 했던바, 테클라를 데려가기라도 하는 듯이 대단히 기뻐하며 왔다. 그래서 테오클레이아에게 물었다.
"나의 테클라를 보고 싶은데 어디 있지요?"

6 테오클레이아가 말했다.
"타미리스! 새로운 이야기를 해줄 게 있다. 테클라가 사흘 낮밤을 창문에서 떨어지지 않고, 먹거나 마시지도 않고, 무슨 굉장히 재미나는 경기나 하는 듯이, 이상한 사람만 정신없이 쳐다보고 있어.

7 저 이상한 사람은 교묘한 속임수의 말로 가르치는데, 테클라처럼 정숙한 처녀가 왜 그런데 몰두해서 골치를 썩이는지 알 수가 없어.

8 타미리스! 이 사람이 이고니온 도시 전체에다가, 네 테클라마저 혼란시키고 있거든.

9 모든 여인과 젊은이들이 그 사람에게 들어가 가르침을 받아.

10 그 사람은 '여러분은 오로지 유일한 하나님만 두려워하고 정결하게 살아야 합니다.'라고 말해.

11 내 딸은 그 말에 묶여서 거미처럼 창문에 붙어있고, 새로운 갈망과 두려운 정열에 사로잡혀 있다네.

12 처녀들이 그 사람의 말에 매달려 포로가 돼.

13 그러니 테클라에게 가서 말을 걸어보게. 자네와 약혼한 사이가 아닌가?"

제4장

1 테클라를 사랑하는 동시에 그녀를 방해할까 두려워하며 타미리스가 말했다.

"나의 약혼자 테클라! 왜 이렇게 앉아있어? 무슨 정열이 네 정신을 이렇게 뺏어놓았지? 타미리스에게 몸을 돌리고 부끄러운 줄 알아라."

2 어머니도 같은 말을 했다.

"애야, 왜 그렇게 아래만 바라보고 앉아 대답을 하지 않느냐? 얼빠진 사람처럼 그게 뭐냐?"

3 타미리스는 아내를, 어머니는 딸을, 하녀들은 여주인을 잃어 온 집안이 구슬피 울었다. 집안이 애도의 소리로 매우 시끄러웠다.

4 그러한 소동이 벌어지는데도 불구하고, 테클라는 몸을 돌리지 않고 오직 바울의 말에만 온 정신을 집중했다.

5 타미리스가 일어나 바울에게 뛰어 들어가며 나오는 사람을 자세히 보았다.

6 그때 몹시 서로 다투는 두 사람을 보고 그들에게 물었다.

"여보시오. 당신들은 누구요? 그리고 당신들과 함께 저 안에 있는 사람이 누군지 말해주시오. 젊은이들과 처녀들에게 결혼하지 말고, 지금 그 상태를 유지하라고 하면서 젊은 영혼들을 속이는 저 사기꾼은 누구요? 저 사람에 대해서 말해준다면 큰돈을 주겠다고 지금 약속하겠소. 나는 이 도시에서 첫째가는 사람이오."

7 데마스와 헤르모제네스가 대답했다.

"저 사람이 누군지 우린 모릅니다. 다만 정결하게 머무르며, 육체를 더럽히지 말고, 순결하게 보존하라고 합니다. 다른 방법으로는 부활이 없다고 가르칩니다. 그래서 젊은 사람들에게서 아내를, 처녀들에게서 남편을 빼앗아버립니다."

8 타미리스가 둘에게 말했다.

"젊은이들! 우리 집에 와서 나와 함께 머무르시오."

9 그래서 그들은 포도주가 많고, 큰 비용을 들인 화려한 식탁에서 어마어마한 잔칫상을 즐겼다.

10 테클라를 사랑해서 아내로 맞이하고 싶었던바, 타미리스는 둘에게 술을 권했다. 저녁을 먹는 동안 그가 말했다.

"젊은이들! 저 사람이 무엇을 가르치고 있는지 자세히 말해보시오. 테클라가 저 이상한 사람을 너무 사랑하여 우리 결혼이 망가졌단 말이오. 테클라가 걱정이오."

11 데마스와 헤르모제네스가 말했다.

"저 사람을 카스테리우스 총독 앞에 끌고 가서, 그리스도교 신자들이 새로운 교리로 군중을 유혹하여 빠지게 한다는 죄목을 대시오. 그래서 처형당하게 하면 테클라를 다시 찾을 것입니다. 그러면 저 사람이 앞으로 온다고 하는 부활, 우리가 가진 아이들에게서 이미 실현된 그 부활에 대해서 우리가 부활했고, 진실한 하나님을 알게 되었다는 것을 당신에게 가르쳐주겠소."

12 그 말을 듣고 타미리스는 다음 날 아침 일찍 일어났다. 질투와 분노에 가득 차서 지도자들, 관리들, 몽둥이로 무장한 엄청난 군중을 이끌고, 오네시포루스의 집에 가서 바울에게 말했다.

"너는 이고니온 사람들의 도시와 내 약혼녀를 파멸시켰다. 그래서 내 약혼녀가 나에게 오지 않는 거다. 카스테리우스 총독에게 가자!"

13 모든 군중이 소리쳤다.

"마술사를 죽여라! 우리 마누라를 모두 타락시키는 놈이다!"

제5장

1 군중이 바울을 끌고 갔다. 타미리스가 재판석 앞에 서서 큰 소리로 외쳤다.

"총독 각하! 어디서 굴러왔는지 우리가 알 수 없는 이 사람이 처녀들에게 결혼을 금지하고 있습니다. 왜 그런 걸 가르치는지, 자기 입으로 당신 앞에서 선언하게 해 주십시오."

2 그러자 데마스와 헤르모제네스가 타미리스에게 말했다.

"저 사람이 그리스도교 신자라고 말하시오. 그러면 파멸시킬 것이오."

3 그러나 총독은 쉽게 설복되지 않았다. 바울을 불러 말했다.

"너는 누구냐? 무엇을 가르치느냐? 너를 끌고 온 사람들이 네게 건 혐의가 가볍지 않다."

4 바울이 목청을 돋워 말했다.

"총독 각하! 내가 무엇을 가르치는지 오늘 심문하겠다고 한다면, 잘 들어보십시오. 살아있는 하나님, 복수의 하나님, 질투하는 하나님, 아무것도 필요한 것이 없는 하나님이 사람들의 구원을 원하시기 때문입니다. 나를 파견하여 타락과 불결, 모든 쾌락과 죽음에서 떼어내고, 다시는 죄를 짓지 않도록 하려는 것입니다.

이러한 목적으로 하나님은 자기 아들을 보냈습니다. 그분은 내가 설교하고 가르쳐서, 사람들이 오류에 빠진 세상을 홀로 동정하는 그분에게 희망을 걸게 하고, 더 이상 심판을 받지 않고, 신앙과 하나님에 대한 두려움과 올바른 행동의 지식과 진리의 사랑을 품도록 하는 것입니다. 하나님께서 내게 드러낸 것을 가르치는데, 내가 무슨 잘못을 했단 말입니까?"

5 그 말을 듣고 난 총독이 좀 더 자세히 심문할 때까지, 바울을 묶어 감옥에 가두어두라고 명령했다.

6 테클라는 밤이 되자 팔찌를 벗어 문지기에게 주었다. 문지기가 문을 열어주자 감옥으로 들어갔다. 간수에게 은거울을 주고 바울에게 갔다. 바울의 발치에 앉아 하나님의 위대한 활동을 선언하는 말을 들었다.

7 바울은 아무것도 두려워하지 않고, 전적으로 하나님을 믿는 마음으로 가득 차 있었다. 테클라도 신앙이 더욱 증가하여 바울의 족쇄에

입을 맞추었다. 그때 그 집 사람들과 타미리스가 테클라를 찾아 나섰다.

8 거리를 온통 뒤졌다. 문지기의 동료 가운데 하나가 테클라가 밤에 밖으로 나갔다고 폭로했다. 심문을 받게 된 문지기가 말했다.

"테클라는 감옥의 이상한 사람에게 갔습니다."

9 문지기가 말한 대로 사람들이 테클라를 발견했다. 테클라는 사랑 안에서 바울에게 매달려 있었다. 거기서 나온 사람들이 군중을 끌어모으고, 그 일어난 일을 총독에게 보고했다.

10 총독이 바울을 심판석에 끌어오라고 명령했다. 그러자 테클라는 바울이 앉아 가르치던 그 자리에서 나뒹굴었다.

11 총독이 테클라도 심판석으로 끌어오라고 명령하였다. 테클라는 기쁨에 넘쳐 끌려갔다.

12 바울이 다시 끌려 나오자 군중이 큰 소리로 고함을 질렀다.

"마술사다! 죽여라!"

13 그러나 총독은, 그리스도의 거룩한 업적에 대하여 기쁘게 증언하는 바울의 말에 귀를 기울이며, 그 의견을 들었다. 그리고 테클라를 불러 물었다.

"너는 왜 이고니온 사람들의 법에 따라 타미리스와 결혼하지 않느냐?"

14 테클라는 그대로 선 채 바울만 열심히 쳐다보았다. 딸이 대답하지 않는 것을 본 어머니 테오클레이아가 소리쳤다.

"법을 무시하는 자를 태워 죽이세요. 신부가 되지 않겠다는 저년을 극장 한가운데서 같이 태워 죽이세요. 그래서 이 사람의 가르침을 받은 모든 여자가 겁을 먹게 하세요!"

15 그 말에 총독이 크게 충격을 받았다. 바울은 매질하여 도시에서 추방하고, 테클라는 태워 죽이라고 명령했다.

제6장

1 그리고 총독이 극장으로 갔다. 군중들도 놓치면 후회할 그 구경거리를 보려고 몰려갔다. 어린 양이 황야에서 목자를 찾듯이, 테클라가 바울을 찾았다.

2 테클라는 주님이 바울의 모습으로 앉아있는 것을 보고 말했다. "내가 견디지 못할 것으로 생각되어 바울이 보살펴주려고 왔구나."

3 테클라가 열심히 쳐다보았지만, 그분은 하늘로 올라가버렸다.

4 그때 젊은이들과 처녀들이 테클라를 태워 죽일 장작과 짚더미를 가져왔다.

5 테클라가 발가벗겨진 채 끌려 나오자, 총독이 눈물을 흘리며 그 여자가 지닌 힘에 놀랐다.

6 사형 집행자들이 장작을 쌓아놓고 테클라에게 그 위로 올라가라고 명령했다. 두 팔을 벌려 십자가 표지를 만들며, 테클라가 장작더미에 올라갔다. 불을 붙이자 거대한 불길이 치솟았다. 하지만 불은 테클라를 손대지 않았다.

7 하나님께서 지하에 커다란 소음을 일으키고, 비와 우박으로 가득찬 구름이 극장 위의 하늘을 온통 뒤덮게 하였다. 구름이 그 내용

물을 모조리 쏟아붓자, 많은 사람이 죽고 불은 꺼져 테클라가 구조되었다.

8 그때 바울은 이고니온에서 다프네로 빠지는 길을 가던 중에, 열린 무덤 안에서 오네시포루스와 그 아내, 자녀들과 단식을 하고 있었다.

9 소년들이 바울에게 말했다.

"배고파요."

10 오네시포루스는 이 세상의 물건을 모두 버리고 가족과 함께 바울을 따라 나섰던바, 그때 빵을 살 돈이 없었다.

11 바울이 겉옷을 벗어주며 말했다.

"애야, 이걸 팔아 빵 몇 덩어리를 사서 이리 가지고 오너라."

12 소년이 빵을 사고 있을 때, 이웃집의 테클라를 보고 크게 놀라 물었다.

"테클라! 어디 가는 중이지요?"

13 테클라가 말했다.

"내가 불에서 건짐을 받아 바울을 찾고 있다."

14 소년이 말했다.

"오세요. 그분에게 데려다주겠어요. 바울은 당신을 위해 애도하며 6일 동안 기도하고 단식했습니다."

제7장

1 테클라가 그 무덤으로 갔다. 그때 바울은 무릎을 꿇고 기도하고 있었다.

"그리스도의 아버지, 테클라는 당신의 것이니 불이 건드리지 못하게 하시고, 그녀에게 자비를 베풀어주세요!"

2 바울의 등 뒤에서 테클라가 큰 소리로 외쳤다.

"하늘과 땅을 만든 아버지, 당신이 사랑하는 아들 예수 그리스도의 아버지, 나를 불에서 건져 바울을 보게 하시니 찬미를 드립니다."

3 테클라를 보고 바울이 말했다.

"오, 하나님! 마음을 아시는 분이여! 우리 주 예수 그리스도의 아버지! 나의 기도를 이렇게 빨리 들어주시고, 그 말에 귀를 기울여주시니 찬미를 드립니다."

4 무덤 안에 사랑이 풍성했다. 바울과 오네시포루스와 모든 사람이 기쁨에 넘쳤다. 빵 다섯 덩어리와 야채, 물밖에 가진 것이 없었지만, 모두가 그리스도의 거룩한 업적에 기뻐해 마지않았다.

5 테클라가 바울에게 말했다.

"저는 머리를 짧게 자르고, 어디든지 당신을 따라가겠습니다."

6 그리고 다시 말했다.

"그리스도 안에서 봉인을 쳐 주시기만 하면, 유혹이 저를 건드리지 못할 것입니다."

7 바울이 말했다.

"테클라! 인내하라. 그러면 물을 받을 것이다."

8 바울이 오네시포루스와 그 가족을 이고니온으로 돌려보냈다. 그리고 테클라를 데리고 안디옥으로 갔다. 둘이 안디옥에 들어서자, 유력 인사 가운데 하나인 알렉산더라는 시리아인이, 테클라를 보고 사랑에 빠져 돈과 선물로 바울의 마음을 사로잡으려고 했다.

9 바울이 말했다.

"당신이 말하는 그 여인을 나는 모르고, 그 여인이 나의 것도 아닙니다."

10 알렉산더는 세력가였던바, 큰길에서 테클라를 껴안았다.

11 도저히 견디지 못하게 된 테클라가 두리번거리며 바울을 찾다가 비명을 질렀다.

"나그네를 겁박하지 말아요! 하나님의 하녀에게 강요하지 말아요! 이고니온에서는 내가 유력한 인사였고, 타미리스와 결혼을 거부하여 그 도시에서 추방된 거예요!"

12 테클라가 알렉산더를 잡아 그 옷을 찢고, 머리에서 관을 벗겨 웃음거리로 만들었다. 알렉산더는 테클라를 사랑하는 마음도 있었지만, 그가 당한 수치로 인해 그녀를 총독에게 끌고 갔다.

13 테클라가 그 일을 순순히 자백하자 총독이 그녀를 야수에게 던지라고 판결했다. 알렉산더가 야수의 먹이를 공급했기 때문이다.

제8장

1 여인들이 공포에 질려 재판석 앞에서 소리쳤다.

"악한 판결이다! 신을 두려워하지 않는 재판이다!"

2 테클라는 자신이 야수들과 싸울 때까지 순결을 보존하게 해달라고 총독에게 요청했다.

3 그때 딸을 사별한 부자 여인 트리페나가 테클라를 보호하게 되어 크게 위안을 받았다.

4 야수들이 행렬을 따라 들어올 때, 테클라는 사나운 암사자에게 매여

있었다. 트리페나 여왕이 그 뒤를 따랐다.

5 테클라가 암사자 등에 앉았을 때, 암사자가 테클라의 발을 핥자 모든
  군중이 놀랐다. 그녀에게 내걸린 죄목은 신성모독이었다.

6 그때 자녀를 가진 여인들이 위에서 소리쳤다.
  "오, 하나님! 불경스러운 재판이 이 도시에서 일어나게 되었습니다!"

7 행렬이 끝난 뒤, 트리페나가 테클라를 다시 받았다. 죽은 딸이 꿈에
  나타나 이렇게 말했기 때문이다.
  "어머니! 내 대신 나그네이자 의지할 곳 없는 테클라를 받아들이세
  요. 테클라가 나를 위해 기도하여, 내가 정의로운 자들의 장소로 들
  어가게 해주세요."

8 트리페나가 테클라를 다시 받을 때 무척 슬펐다. 테클라가 다음 날
  야수들과 싸워야 했기 때문이다. 동시에 자기 딸 팔코닐라처럼 테클
  라를 끔찍이 사랑했기 때문이다. 그래서 말했다.
  "나의 제2의 딸인 테클라! 내 딸을 위해 기도하여 내 딸이 살도록 해
  다오. 그것을 내가 꿈에서 보았다."

9 테클라가 즉시 목청을 높여 말했다.
  "하나님, 가장 높으신 분의 아들이여! 이 여인의 소원을 들어주시고,
  그 딸 팔코닐라가 영원히 살게 해 주십시오!"

10 테클라가 이렇게 말하고 있을 때, 트리페나는 미인이 야수에게 던져
   질 것을 생각하며 애통해 하였다.

제9장

1 다음날 새벽이 되었다. 야수의 먹이를 공급하는 알렉산더가 와서 말했다.

"총독이 자리를 잡았고, 군중이 우리에게 오라고 고함을 지르고 있다. 야수와 싸울 테클라를 내어놓아라. 내가 데리고 가겠다."

2 트리페나가 고함을 치면서 말했다.

"내 팔코닐라를 위해서 우리 집에 2번이나 초상이 닥치다니! 도와줄 사람이 아무도 없다. 딸은 죽었고, 나는 과부라서 친척 남자도 없다. 오, 내 딸 테클라의 하나님! 테클라를 도와주세요!"

3 그러자 알렉산더가 달아나고 말았다.

4 총독이 테클라를 끌어오라고 병사들을 보냈다. 그러나 고개를 돌릴 수 없게 된 트리페나가 테클라의 손을 잡고 말했다.

"내 딸 팔코닐라를 무덤으로 데려갔는데, 이제 너까지 야수에게 데리고 가는구나."

5 테클라가 눈물을 펑펑 쏟았다. 주님을 향해 한숨을 쉬면서 말했다.

"하나님! 당신을 믿고 당신에게 피난처를 구합니다. 나를 불에서 구해준 당신은 트리페나에게 보답하시기 바랍니다. 이 여인은 나의 순결을 보존하기 위해 나에게 자비를 베풀었습니다."

6 그러자 주변이 소란스러웠다. 야수들이 으르렁거리자 함께 어울려 앉은 남녀들이 소리쳤다. 어떤 사람이 말했다.

"신을 모독한 자를 끌어들여라!"

7 그러자 여인들이 말했다.

"이 무도함 때문에 이 도시가 멸망할 거다! 총독, 우리를 모두 죽여라! 참혹한 광경이다! 사악한 판결이다!"

8 트리페나의 손에서 테클라가 강제로 떨어졌다. 옷을 벗기고 허리만 가리게 해서 경기장으로 내몰았다.

9 사자와 곰들이 배치되자 사나운 암사자가 테클라에게 달려가 그 발 아래 엎드렸다. 수많은 여인이 목청껏 소리를 질렀다.

10 곰 한 마리가 테클라에게 덤벼들었으나, 암사자가 달려가 곰을 갈가리 찢어 죽였다.

11 사람들과 싸우도록 훈련된 알렉산더의 수사자가 달려들었으나, 암사자가 그 사자와 싸워서 둘 다 죽고 말았다.

12 테클라를 돕던 암사자가 죽자 여인들이 더욱 통곡했다. 그때 많은 야수가 경기장으로 몰려왔다.

13 테클라가 서서 두 팔을 벌리고 기도했다. 기도를 마치고 몸을 돌리자 물이 가득 찬 커다란 웅덩이가 보였다. 그걸 보고 말했다.
"이제 내가 물로 씻을 때가 되었다!"

14 그리고 바로 그 물에 뛰어들었다.
"예수 그리스도의 이름으로 마지막 날 내가 나에게 세례를 준다!"

15 그 광경을 본 여인들과 모든 백성이 눈물을 흘리며 말했다.
"물에 뛰어들지 마라!"

16 그 대단한 미인이 바다표범들의 밥이 되는 것을 총독마저 슬퍼하며 울었다.

제10장

1 테클라가 예수 그리스도의 이름으로 물에 몸을 던졌으나, 번갯불을 보고 바다표범들이 죽어 물 위에 둥둥 떴다.

2 테클라 주변에 불의 구름이 싸여 야수들이 덮치지 못하고, 그 알몸이 보이지도 않았다.

3 그러나 야수들이 더욱 많이 내몰리자 여인들이 큰 소리를 내질렀다.

4 어떤 여인은 꽃잎을, 어떤 여인은 감송향을, 어떤 여인은 계피를, 다른 여인은 아모품을 던져 온 경기장이 향기로 출렁거렸다.

5 그 결과 새로 내몰린 모든 야수가 마치 잠이 든 것처럼 향기에 취해 테클라를 건드리지 않았다.

6 알렉산더가 총독에게 말했다.
"저에게 대단히 무시무시한 황소가 몇 마리 있습니다. 저 여자를 황소들에게 묶어버립시다."

7 총독이 얼굴을 찡그리며 말했다.
"마음대로 하시오."

8 사람들이 테클라의 두 다리를 각각 황소에게 매고 시뻘겋게 단 쇠를 황소 옆구리에 댔다.

9 황소들을 더욱 사납게 해서 테클라를 죽이려고 하였다. 그러나 테클라 주위에서 타오르는 불이 밧줄을 태워 테클라는 묶이지 않은 것처럼 되었다.

10 경기장 가까이 서 있던 트리페나가 기절했다. 하녀가 소리쳤다.
"트리페나 여왕이 돌아가셨어요!"

11 총독이 그 말을 듣고, 온 도시가 두려움에 사로잡혔다. 알렉산더가 총독의 발아래 엎드려 말했다.

"저와 이 도시에 자비를 베푸십시오. 이 도시가 멸망하지 않도록 저 죄수를 석방하십시오. 만일 황제께서 이 소식을 듣는다면, 그분 친척인 트리페나가 서커스 경기장 입구에서 죽었다고 알려지면, 아마 우리와 이 도시를 멸망시킬 것입니다."

12 총독이 야수들 가운데서 테클라를 데려오라고 했다. 테클라에게 물었다.

"너는 누구냐? 네 주변에 무엇이 있어 야수가 한 마리도 건드리지 않느냐?"

13 테클라가 대답했다.

"나는 살아있는 하나님의 하녀입니다. 내 주변에 무엇이 있느냐고 하면, 하나님이 매우 기꺼이 여기시는 분, 즉 하나님의 아들에 대한 신앙을 가지고 있습니다. 그분 때문에 야수가 한 마리도 나를 건드리지 않습니다. 그분만이 구원의 목적지이고, 영원한 생명의 기초이기 때문입니다.

그분은 폭풍우에 시달리는 자에게 피난처이고, 억압받는 자에게 구출이고, 절망하는 자에게 안식처입니다. 한마디로 그분을 믿지 않는 자는 누구나 살지 못하고 영원히 죽을 것입니다."

14 그 말을 듣고 총독이 옷을 가져오게 하여 말했다.

"이 옷을 입어라."

15 테클라는 이렇게 말하고 옷을 받아 입었다.

"야수들 가운데서 알몸인 나에게 옷을 입혀준 그분은, 심판의 날에 내게 구원의 옷을 입혀줄 것입니다."

16 총독이 즉시 포고령을 발표했다.

"나는 하나님의 경건한 하녀 테클라 너를 석방한다!"

17 그러자 모든 여인이 크게 고함을 치며 누구나 할 것 없이 하나님을 찬미하였다.

"테클라를 구해준 하나님은 한 분뿐이다!"

18 그 고함에 온 도시가 흔들렸다.

제11장

1 한편 트리페나는 기쁜 소식을 전해 듣고, 군중과 함께 테클라를 만나 껴안으며 말했다.

"이제야 죽은 자가 다시 일어난 것을 내가 믿는다. 안으로 들어가자. 내 전 재산을 네게 맡기겠다."

2 테클라가 거기서 8일간 머무르며 트리페나에게 하나님의 말씀을 가르쳤다.

3 하녀들도 대부분 믿게 되어 집안 전체가 큰 기쁨으로 가득 찼다.

4 테클라는 바울을 동경하여 사람을 풀어 찾아보았다. 이윽고 바울이 미라에 있다는 보고가 들어왔다.

5 젊은이들과 하녀들을 데리고 갔다. 스스로 허리띠를 매고, 자기 외투를 남자의 겉옷과 같이 바느질하여 입고 미라로 떠났다.

6 거기서 하나님의 말씀을 전하는 바울을 발견했다. 테클라가 많은 무

리를 이끌고 온 것을 보고 바울이 놀랐다. 테클라가 다른 유혹에 걸린 것이 아닌가 하는 생각이 들었다.

7 눈치를 챈 테클라가 바울에게 말했다.

"바울! 저는 목욕을 했습니다. 복음을 위해 당신과 함께 일하는 그분이, 나의 세례를 위하여 나와 함께 일했습니다."

8 바울이 테클라의 손을 잡고 헤르미아스의 집으로 들어갔다.

9 테클라가 겪은 일을 다 듣고 크게 놀랐다. 다른 사람들도 듣고 트리페나를 위해 기도했다.

제12장

1 테클라가 일어나 바울에게 말했다.

"저는 이고니온으로 가겠습니다."

2 바울이 말했다.

"가서, 하나님의 말씀을 가르쳐라!"

3 트리페나가 테클라에게 많은 옷과 금을 보냈던바, 일부를 가난한 자들에게 쓰라고 남겨두었다.

4 테클라가 이고니온을 떠나 오네시포루스의 집에 이르렀다.

5 바울이 하나님의 신탁을 가르치던 바로 그 자리에 털썩 주저앉아 눈물을 흘리며 말했다.

"나의 하나님, 내가 빛을 얻은 이 집의 하나님, 예수 그리스도여! 하나님의 아들, 감옥에서 나를 도와준 분, 총독들 앞에서 나를 도와준 분, 불 속에서 나를 도와준 분, 야수들 가운데서 나를 도와준 분이여, 당신은 하나님이십니다. 당신께 영광이 영원하기를 빕니다. 아멘."

6 그때 타미리스는 죽었지만, 자기 어머니는 여전히 살아있음을 알게
되었다.

7 그래서 어머니를 불러오게 해서 말했다.

"어머니! 주님이 하늘에 살아계신 것을 믿을 수 있나요? 어머니가 돈
을 원한다면 주님이 나를 통하여 당신에게 줄 것입니다. 자, 당신 딸
인 내가 옆에 서 있습니다."

8 그 증언을 남기고, 테클라는 셀레우치아로 떠났다.

9 하나님의 말씀으로 많은 사람을 깨우치게 하고, 테클라는 고상한 잠
에 들어갔다.

제13장

1 페니키아의 여리고를 향하여 나는 밤에 길을 걷고 있었다. 우리는
먼 거리를 이미 지나왔다. 아침이 되었을 때, 렘마와 암미아가 내 뒤
에서 걸어왔다.

2 두 사람은 마음속으로 나를 끔찍이 아꼈던바, 나에게 아가페를 베풀
어주었다. 내게서 그리 떨어지지 않은 거리에 있었다.

3 그런데 묘지가 들어찬 계곡에서 무시무시하고 덩치 큰 사자가 튀어
나왔다.

4 우리는 기도했다. 기도를 통하여 렘마와 암미아가 사자의 눈에 띄지
않았다.

5 내가 기도를 마치자 사자가 내 발아래 엎드렸다. 나는 성령으로 가

득 차서 사자를 내려다보며 물었다.

"사자야, 무엇을 원하느냐?"

6 사자가 대답했다.

"세례를 받고 싶습니다."

7 야수에게 말을 하도록 하시고, 당신의 종을 구해준 하나님께 나는 영광을 드렸다.

8 거기 마침 큰 강이 흐르고 있어 그리로 내려갔다. 내가 큰 소리로 외쳤다.

"저 높은 곳에 계신 분이시여! 당신은 낮은 사람들을 돌보시고, 고통받는 사람들을 쉬게 하시며, 다니엘과 함께하시어 사자들의 입을 닫았으며, 나에게 우리 주 예수 그리스도를 보내주었습니다. 나에게 맡겨준 당신의 계획이 이제 이루어지게 해 주십시오."

9 이 말을 마치고, 나는 사자의 갈기를 잡고 예수 그리스도의 이름으로 사자를 3번 물속에 잠기게 했다.

10 물에서 나온 사자가 갈기를 흔들며 말했다.

"은총이 당신과 함께 있기를 빕니다."

11 나도 사자에게 말했다.

"은총이 또한 너와 함께 있기를 빈다."

12 사자가 기쁨에 넘쳐(이는 내가 진심으로 알게 된 것이다) 들판으로 달려가 버렸다.

13 그 사자는 암사자와 만났으나 자신을 암사자에게 내던지지 않았다. 욕망에 따라 행동하지 않고 다른 곳으로 달아나버렸다.

제14장

1 "(…) 여러분의 신들은 흙과 돌과 나무로 된 것이고, 보지도 듣지도 못하고, 심지어 일어서지도 못합니다. 하나님이 화를 내고 꺼지지 않는 불로 태워, 여러분에 대한 기억이 소멸되지 않도록 하려면, 착한 결심을 하고 구원을 받으십시오."

2 백성들과 함께 극장에서 이 말을 들은 총독이 말했다.
"에베소인들이여! 이 사람이 제법 말을 잘했소. 그러나 여러분은 이런 것을 배울 때가 아니오. 여러분이 무엇을 원하는지 지금 결정하시오!"

3 그때 바울을 태워 죽이자는 사람들도 있었지만, 금 세공업자들은 이렇게 말했다.
"저놈을 야수에게 던지시오!"

4 대단한 소동이 벌어질 기세였다. 히에로니무스가 바울을 매질한 뒤 야수에게 던지라고 명령했다.

5 마침 성령 강림절이라 형제들이 애도하거나 무릎을 꿇지 않고 오히려 기뻐하며 서서 기도했다.

6 그러나 6일 후, 야수들을 보고 너무 커서 모두 놀랐다. (…)

7 바울이 갇혀 있는 경기장 옆문으로 사자가 들어와 큰 소리로 으르렁댔다. 모든 사람이 소리쳤다.
"사자다!"

8 사자가 하도 맹렬하게 으르렁대는 바람에 바울마저 공포에 젖어 기도를 중단했다.

제15장

1 히에로니무스의 노예였다가 자유인이 된 디오판테스라는 사람이 있었다. 그의 부인이 바울의 제자가 되어 밤낮으로 바울 곁에 앉아있었다. 디오판테스가 질투 나서 경기를 서두르게 되었다.

2 그즈음 히에로니무스의 부인 아르테밀라도 바울이 기도하는 것을 듣고 싶어 했다. 디오파테스 부인이 바울에게 그 사실을 말하자 바울이 크게 기뻐하며 말했다.

"데려오너라."

3 아르테밀라가 아주 검은 옷을 입고 에우불라와 함께 바울에게 왔다.

4 그 부인을 보고 바울이 신음하듯 말했다.

"여인이여! 이 세상의 지배자, 많은 황금의 귀부인, 찬란한 옷을 입고 대단한 사치를 부리는 시민이여! 땅바닥에 앉아 당신의 재산과 미모와 장신구 따위를 잊어버리시오. 하나님께 기도하지 않는다면, 이러한 모든 것이 당신에게 아무 유익이 될 수 없습니다.

하나님은 이 세상의 모든 것을 쓰레기로 보고, 저 세상의 놀라운 것을 자비롭게 내려주는 분입니다. 황금은 사라지고, 재산은 소모되며, 옷은 닳습니다. 미모는 늙고, 거대한 도시는 변하며, 이 세상은 사람들의 무모함 때문에 불로 멸망할 것입니다.

하나님의 아들만 홀로 자격이 남습니다. 그분을 통해서 주어지는 아들 자격 안에서 사람들은 구원을 받아야 합니다. 아르테밀라여! 이제는 하나님께 희망을 두십시오. 그러면 그분이 구해줄 것입니다. 그리스도에게 희망을 두십시오.

그분이 당신의 죄를 용서하고 자유의 왕관을 내려주며, 당신이 더 이
상 우상과 봉헌물의 연기를 섬기지 않고, 살아있는 하나님과 그리스
도의 아버지를 섬기게 할 것입니다. 영광은 영원히 그분의 것입니다.
아멘."

5 이 말을 듣고 아르테밀라가 에우불라와 더불어 바울에게 하나님 안
에서 세례를 달라고 간청했다.

6 바울은 다음 날 야수와 싸우도록 되어 있었다.

제16장

1 히에로니무스는 그 여인들이 밤낮으로 바울과 함께 있다는 말을 디
오판테스로부터 듣고, 아르테밀라와 자유인이 된 에우불라에 대해서
이만저만 화가 나지 않았다.

2 저녁을 먹고 히에로니무스는 야수 사냥을 빨리 마치기 위해 일찌감
치 물러났다.

3 여인들이 바울에게 물었다.
"당신이 자유인이 되어 바다에서 우리에게 세례를 주도록 대장장이
를 불러올까요?"

4 바울이 대답했다.
"온 세상을 그 속박에서 구해준 하나님을 나는 믿습니다. 그럴 필요
가 없습니다."

5 주님의 날에 바울이 야수들과 싸울 예정이었다.

제17장

1 그 주님의 날이 가까운 안식일에 바울이 하나님께 큰 소리로 부르짖으며 말했다.

"무수한 악에서 나를 구해준 나의 하나님, 예수 그리스도여! 당신의 사람인 아르테밀라와 에우불라 앞에서, 내 손의 족쇄가 풀리도록 허락해 주십시오."

2 바울이 이렇게 증언할 때, 대단히 우아하고 아름다운 청년이 와서 바울의 족쇄를 풀어주었다. 족쇄를 풀 때 그가 미소를 띠었다. 그리고 즉시 떠났다.

3 족쇄에 대한 뚜렷한 징표로서 환상을 보도록 허락되었던바, 바울은 야수와 벌일 싸움에 대한 비탄을 모두 잊어버렸다.

4 바울은 기쁨이 넘쳐 마치 낙원에 있는 듯 펄쩍펄쩍 뛰었다. 그리고 아르테밀라를 데리고 죄수들이 갇힌 좁고 어두운 곳을 벗어났다. (…)

5 거친 바다를 보고 아르테밀라가 기절하자 바울이 기도하였다.

"오, 빛을 주시고 비추시는 분이여! 죄수 바울이 아르테밀라를 죽이고 탈출했다는 말을 이교도가 하지 못하도록 도와주십시오." (…)

6 그 청년이 다시 나타나 미소를 띠었다. 귀부인 아르테밀라가 다시 숨을 쉬었다. 동녘이 이미 밝아 집으로 돌아갔다.

제18장

1 바울이 들어갈 때 보초들이 잠들어 있어 빵을 쪼개고 물을 가져왔

다. 그 여자에게 말씀을 마시게 하고, 남편 히에로니무스에게 돌려보냈다.

2 바울이 기도했다. 새벽에 시민들이 소리쳤다.

"구경하러 가자! 하나님을 소유한 사람이 야수들과 싸우는 것을 똑똑히 보자!"

3 아내에 대한 의심도 있고, 또 바울이 도망치지 않아 히에로니무스도 시민들과 합세했다.

4 디오판테스와 다른 노예들을 보내 바울을 경기장으로 끌어오라고 명령했다. 바울은 아무 말도 하지 않은 채 허리를 숙이고 신음하며 끌려왔다. 그 도시가 개선 행렬을 지으며 바울을 끌어낸 것이다.

5 바울을 밖으로 끌고 나와 즉시 경기장에 내동댕이쳤다. 그래서 사람들이 바울을 크게 염려했다.

6 아르테밀라와 에우불라가 바울에게 곧 닥칠 파멸로 인해 병이 들어 대단히 위험한 상태였다. 히에로니무스가 자기 아내를 적잖이 걱정하였다.

7 이미 소문이 도시 전체에 퍼졌던바, 히에로니무스는 아내를 동반하지 않았다.

8 히에로니무스가 최근에 생포한 매우 사나운 사자를 풀어 바울을 상대하도록 명령했다. (…)

9 백성이 소리쳤다.

"마술사를 죽여라! 독을 퍼뜨리는 자를 죽여 버려라!"

10 사자가 바울을 쳐다보고 바울도 사자를 쳐다보았다. 그제야 바울은

그 사자가 자기에게 와서 세례를 받은 적이 있는 바로 그 사자임을 알아보았다.

11 신앙으로 든든해진 바울이 말했다.

"사자야! 너는 내가 세례를 준 그 사자냐?"

12 그러자 사자가 바울에게 대답했다.

"예."

13 바울이 사자에게 다시 물었다.

"어떻게 해서 잡혀왔느냐?"

14 사자가 한목소리로 대답했다.

"바울, 당신이 잡혀온 것과 같습니다."

15 히에로니무스가 다른 야수를 많이 내몰아 바울을 죽이도록 했다. 그리고 그 사자를 죽여 버리라고 궁수들에게 명령했다.

16 바로 그때, 맑은 하늘에 사나운 우박이 마구 쏟아져 많은 사람이 죽고 일부는 도망쳤다.

17 다른 야수들은 우박에 맞아 모두 죽어버렸다. 하지만 바울과 사자는 건드리지 않았다.

18 우박이 하도 심해 히에로니무스의 귀가 찢어져 떨어져나갔다.

19 백성들이 비명을 내지르고 달아나며 외쳤다.

"오, 하나님! 우리를 구해주십시오. 오, 야수들과 싸우는 사람의 하나님! 우리를 구해주십시오."

20 바울이 사자와 헤어진 후 경기장을 벗어나 항구로 갔다. 마케도니아로 가는 배를 타고 떠났다. 그 도시가 마치 멸망이라도 한 듯이, 많

은 사람이 그 배에 타고 있었다.

21 바울은 피난민과 같이 배를 타고 떠났으며, 사자는 원래대로 산속으로 사라져버렸다.

제19장

1 갈리아(프랑스)에서 온 누가와 달마시아(유고)에서 온 디도가 로마에서 바울을 기다리고 있었다. 바울이 두 사람을 보고 기뻐했다.

2 로마 근교에 헛간을 세 얻어 거기서 형제들과 함께 진리의 말씀을 가르쳤다. 소문이 널리 퍼지자 많은 영혼이 주님께 돌아와 성도가 증가되었다.

3 그 소문이 로마를 휩쓸어 황제의 가문에서도 대단히 많은 사람이 믿고 바울에게 왔다. 모두 커다란 기쁨에 넘쳤다.

4 황제의 술잔을 나르는 파트로클루스가 헛간을 찾았으나, 너무 늦게 와서 군중 때문에 안으로 들어가지 못했다.

5 그는 높다란 창문에 앉아 바울이 가르치는 하나님의 말씀에 귀를 기울였다.

6 그런데 사악한 악마가 형제들의 사랑을 시기하여 파트로클루스를 창문에서 떨어져 죽게 하였다. 그 소식이 신속히 네로의 귀에 들어갔다.

7 그 사실을 영혼으로 깨달은 바울이 말했다.

"형제 여러분! 사악한 자가 여러분을 시험할 기회를 잡았습니다. 밖으로 나가보십시오. 그러면 한 젊은이가 높은 데서 떨어져 이미 죽음의 문턱에 있는 것을 발견할 것입니다. 그 젊은이를 들어 이리 데려오시오!"

8 군중이 젊은이를 보고 근심에 사로잡혔다. 바울이 말했다.

"자, 형제 여러분! 여러분의 신앙을 드러내 보일 때입니다. 이 젊은이가 다시 살아나고, 그래서 우리가 박해를 당하지 않도록, 주 예수 그리스도께 기도합시다."

9 그리고 다 같이 기도할 때, 젊은이가 숨을 다시 쉬었다. 그래서 살아난 그 젊은이를 짐승에 태워 돌려보냈다. 황제의 가문 사람들이 함께 갔다.

제20장

1 한편 파트로클루스의 죽음을 전해 듣고 네로가 매우 상심했다. 목욕을 마치고 포도주 나르는 일을 다른 사람에게 맡기라고 명령했다.

2 그때 하인들이 네로에게 소식을 전하며 말했다.

"황제 폐하! 파트로클루스가 살아나 식탁에 서 있습니다."

3 황제는 파트로클루스가 살아났다는 말을 듣고도 두려워서 안으로 들어가려고 하지 않았다.

4 그러다가 파트로클루스를 보고 자기도 모르게 소리쳤다.

"파트로클루스! 네가 살아 있느냐?"

5 파트로클루스가 대답했다.

"폐하! 저는 살아있습니다."

6 황제가 물었다.

"너를 살려낸 사람이 누구냐?"

7   굳은 신앙을 지닌 젊은이가 말했다.

"그리스도 예수, 모든 시대의 왕입니다."

8   혼란에 빠진 황제가 다시 물었다.

"그러니까, 그 사람이 모든 시대의 왕이고 모든 왕국을 멸망시킬 것이
란 말이냐?"

9   파트로클루스가 황제에게 말했다.

"그분은 하늘 아래 모든 왕국을 멸망시키고 홀로 영원히 남을 것이
며, 어떠한 왕국도 그분을 피할 수 없을 것입니다."

10 그러자 황제가 젊은이의 얼굴을 때리며 물었다.

"파트로클루스! 너도 그 왕의 군대에 봉사하느냐?"

11 젊은이가 말했다.

"그렇습니다. 황제 폐하! 제가 죽었을 때, 그분이 참으로 저를 다시
살려냈기 때문입니다."

12 평발인 바르사바스 유스도, 카파도키아 출신 우리온, 갈라디아 출신
베스도 등 네로의 최고 측근들이 말했다.

"우리도 모든 시대의 그 왕의 군대에 들어 있습니다."

13 네로가 그들을 모두 감옥에 가두었다.

제21장

1   그리고 네로가 종전에 대단히 총애하던 사람들을 지독하게 고문한
뒤, 위대한 왕의 병사들을 색출하라고 명령했다.

2   그리스도교 신자와 그리스도의 병사로 판명된 자는 사형에 처하라

는 칙령을 공포했다. 다른 많은 사람들과 더불어 바울도 체포되었다.

3 감옥의 다른 죄수가 모두 바울에게 각별한 신경을 썼던바, 황제는 바울이 그들의 두목임을 알게 되었다.

4 황제가 바울에게 물었다.

"위대한 왕의 신하였으나 지금은 나의 포로가 된 자여! 무슨 바람이 불어 로마 제국으로 몰래 들어와 나의 영토에서 병사들을 모집하고 다니느냐?"

5 성령에 가득 찬 바울이 모든 사람 앞에서 말했다.

"황제여! 우리가 병사들을 모집하는 것은 당신의 영토에서만 하는 것이 아니라 온 세상에서 하는 겁니다. 나의 왕을 섬기려고 하는 사람을 아무도 제외하지 말라는 임무를 띠고 있기 때문입니다. 당신도 그렇게 하고 싶다면 나의 왕을 섬기십시오.

이 세상의 그 어떠한 재산이나 영광도 당신을 구원하지 못합니다. 하지만 만일 당신이 굴복하고 그분에게 간청한다면 구원을 받을 것입니다. 단 하루 만에 그분이 온 세상을 불로 멸망시킬 것이기 때문입니다."

6 그 말을 들은 황제는 모든 죄수를 불에 태워 죽이고, 바울은 로마법에 따라 목을 베라고 명령했다. 그러나 바울은 말씀에 대해 침묵하지 않고, 집정관 롱구스와 백부장 체스투스에게 전했다.

7 그리고 로마의 네로는 사악한 자의 충동질에 넘어가 화를 펄펄 내었다. 수많은 그리스도교 신자가 재판 없이 사형을 당했다.

8 로마인들이 왕궁으로 몰려가 소리쳤다.

"황제 폐하! 이제 그만하십시오. 이 사람들은 우리의 시민입니다. 당신은 로마인들의 힘을 파괴하고 있습니다."

9 황제가 박해를 끝내고, 자신이 직접 심문할 때까지 그리스도교 신자를 하나도 건드리지 못하게 했다. 이윽고 칙령에 따라 바울이 황제 앞으로 끌려나왔다.

10 황제는 바울의 목을 베라는 명령을 굽히지 않았다. 바울이 말했다.

"황제여! 나는 짧은 시간 동안 나의 왕을 위해 사는 것이 아닙니다. 당신이 내 목을 베어도 나는 죽지 않을 것이며, 온 세상을 심판하러 올 주 그리스도 예수를 위해, 내가 살아있다는 증거로 당신에게 나타날 것입니다."

11 롱구스와 체스투스가 바울에게 물었다.

"죽음을 앞두고도 마음이 변치 않고 그분을 믿다니, 당신은 그 왕을 어디서 만납니까?"

12 바울이 말씀을 전해주며 말했다.

"이 무식하고 오류에 젖은 사람들아! 당신들 마음을 고쳐먹고 온 세상에 닥쳐올 그 불에서 자신을 구하시오. 당신들이 추측하듯 우리는 땅에서 나온 왕을 모시고 행군하는 것이 아니라, 하늘에서 온 왕, 살아있는 하나님, 이 세상에서 벌어진 무법적 행동들로 인해 재판관으로 오실 그분을 모시고 전진하는 것입니다. 그분이 와서 이 세상이 깨끗해질 때까지 불로 태울 때, 그분을 믿고 영원히 살 사람은 복을 받았습니다."

13 그들이 바울에게 간청하였다.

"제발 우리를 도와주십시오. 그러면 당신을 놓아주겠습니다."

14 그러나 바울은 말했다.

"나는 그리스도를 버리고 도망치는 자가 아니라, 살아있는 하나님의 합법적인 병사입니다. 롱구스와 체스투스여, 내가 죽을 몸이라는 것을 안다고 해도, 나는 그렇게 하겠습니다. 내가 하나님을 위해 살고, 또 나 자신을 사랑하기 때문에, 그 아버지의 영광 안에서 그분과 함께 다시 오려고 나는 주님께 갑니다."

15 그들 둘이 바울에게 물었다.

"당신의 목이 잘리고 나면, 우리는 어떻게 살 수 있습니까?"

16 이렇게 대화를 계속하고 있을 때, 네로가 파르테니우스와 페레타스라는 사람을 보내 바울의 목이 잘렸는지 확인하려고 했다.

17 그러나 바울이 여전히 살아있는 것을 알았다. 바울이 두 사람을 가까이 불러 말했다.

"죽은 자로부터 나는 물론, 자신을 믿는 모든 사람을 일으키는 살아있는 하나님을 믿으시오!"

18 그들이 말했다.

"우리는 지금 네로에게 간다. 네가 만일 죽어서 다시 살아난다면, 그때 우리가 네 하나님을 믿겠다."

19 그때 롱구스와 체스투스가 구원에 대해 더 질문하자 바울이 대답했다.

"새벽에 내 무덤으로 빨리 오시오. 거기서 기도하는 디도와 누가를 발견할 거요. 이 두 사람이 당신들에게 주님 안에서 봉인을 찍어줄 겁니다."

20 그리고 바울이 얼굴을 동쪽으로 향하고, 두 팔을 하늘로 들어 길게 기도했다.

제22장

1 그리고 조상들과 히브리어로 대화를 나눈 후, 바울은 더 이상 말하지 않고 목을 내밀었다. 그때 사형 집행자가 머리를 자르자, 우유가 솟구쳐 그 병사의 옷을 적셨다.

2 그 광경을 보고, 병사와 주변 사람들이 다 놀랐다. 그러한 영광을 바울에게 준 하나님께 영광을 드렸다.

3 사람들이 황제에게 가서 그 일어난 일을 보고했다. 보고를 받은 황제가 크게 놀라 어쩔 줄을 몰랐다.

4 수많은 철학자와 백부장이 황제와 함께 서 있을 때, 9시경 바울이 그들 앞에 나타나 말했다.

"황제여, 하나님의 병사인 나 바울이 여기 서 있소. 나는 죽지 않고, 나의 하나님 안에 살아있소. 그러나 불행한 당신은, 정의로운 사람들의 피를 불의하게 흘렸는바, 숱한 고통을 당하고 심한 벌을 받을 것이오. 그리고 그날이 곧 닥칠 것이오!"

5 이 말을 마치고 바울이 떠났다. 네로가 극심한 근심에 싸여 파트로클루스와 바르사바스, 그 동료들을 포함한 감옥의 죄수들을 석방하라고 명령했다.

6 바울이 지시한 대로 롱구스와 체스투스가 새벽에 일어나 두려워하며 바울의 무덤을 찾았다. 가까이 가서 보니, 두 사람이 기도하는 사

이에 바울이 서 있었다. 그 광경을 보고 놀라 입이 딱 벌어졌다.

7 한편, 롱구스와 체스투스가 다가오는 것을 본 디도와 누가는 공포에 질려서 달아났다.

8 그들이 두 사람을 따라가 말했다.

"하나님의 축복을 받은 사람들이여! 당신들을 죽이려고 우리가 추격하는 게 아니오. 바울이 약속한 대로 당신들에게서 생명을 받기 위해 따르는 것이오. 바울이 당신들 사이에 서서 기도하는 것을 우리가 보았습니다."

9 디도와 누가가 그 말을 듣고 크게 기뻐하며, 주님 안에서 봉인을 찍어주었다.

10 그리고 우리 주 예수 그리스도의 아버지 하나님께 영광을 드렸다.

11 그분에게 영광이 영원히 있기를 빈다. 아멘.

제16권

니고데모
행전

제1장

1 안나스, 가야바, 세메스, 다타에스, 가말리엘, 유다, 레위, 네프탈림,
   알렉산더, 야이루스 등의 대제사장과 율법학자, 유대인들이 공회에
   모였다.

2 그들이 빌라도에게 가서 예수의 많은 행적을 고발하며 말했다.
   "이 사람이 목수 요셉의 아들이고, 마리아에게서 태어났다는 사실을
   우린 압니다. 그런데 그는 자신이 하나님의 아들이고, 또 왕이라고
   주장합니다. 게다가 안식일을 더럽히고, 우리 선조의 율법을 파괴하
   려고 합니다."

3 빌라도가 물었다.
   "율법을 파괴하려고 그가 어떤 행동을 했습니까?"

4 유대인들이 대답했다.
   "안식일에 치유하지 말라는 율법이 있습니다. 그런데 사악한 짓을 하
   여 절름발이, 굽은 자, 마른 자, 소경, 전신 불구자, 악마에 들린 자를
   고쳐주려고 했습니다."

5 빌라도가 물었다.
   "무슨 사악한 짓을 했습니까?"

6 그들이 대답했다.
   "이 사람은 마술쟁이입니다. 악마의 두목 바알세불을 이용하여 악령
   들을 내쫓는데, 악령들이 그에게 복종합니다."

7 빌라도가 말했다.
   "악마를 내쫓는 것은 더러운 귀신이 아니라 아스클레피우스 신을 이

용하는 것입니다."

8 유대인들이 말했다.

"총독 각하, 이 사람을 재판석 앞에 세우고 심판해주십시오."

9 빌라도가 그들을 불러 모으고 말했다.

"총독에 불과한 내가 어떻게 왕을 재판할 수 있겠습니까?"

10 유대인들이 대답했다.

"우리가 그를 왕이라고 말한 것이 아니라 그가 스스로 주장한 겁니다."

11 빌라도가 심부름꾼을 불러 말했다.

"예수를 공손히 모셔오너라."

12 심부름꾼이 나가서 예수를 발견하고, 자기 손에 든 손수건을 땅바닥
에 펴놓고 말했다.

"주님, 이 손수건을 밟고 안으로 들어가십시오. 총독이 부르십니다."

13 심부름꾼의 행동을 본 유대인들이 빌라도에게 큰 소리로 항의하며
말했다.

"왜 전령을 보내 들어오라고 명령하지 않고 심부름꾼을 보냈습니까?
그러니까 심부름꾼이 저 사람을 보자마자 손수건을 땅바닥에 펴놓
고, 마치 왕처럼 밟도록 한 것입니다."

14 빌라도가 심부름꾼을 불러 물었다.

"왜 손수건을 땅에 펴서 예수가 그 위를 밟도록 했느냐?"

15 심부름꾼이 대답했다.

"총독님, 저는 예루살렘의 알렉산더에게 파견되었을 때, 그분이 당나
귀 위에 앉아있고, 히브리 아이들이 손에 나뭇가지를 들고 큰 소리로

외치며, 다른 사람들은 그분 앞에 자기네 옷을 깔고, '가장 높은 곳에 있는 당신은 지금 우리를 구원해 주십시오! 주님의 이름으로 오시는 분은 복을 받으십시오!'라고 외치는 것을 보았습니다."

16 유대인들이 그 심부름꾼에게 물었다.

"히브리 아이들이 히브리어로 소리쳤다면, 당신은 어떻게 그리스어로 알아들었단 말입니까?"

17 심부름꾼이 대답했다.

"한 유대인에게 '저들이 히브리어로 소리치는데 무슨 뜻인가요?'하고 물어보았습니다. 그때 그가 통역해주었습니다."

18 빌라도가 유대인들에게 물었다.

"그 사람들이 히브리어로 뭐라고 소리쳤습니까?"

19 유대인들이 대답했다.

"호산나 멤브로메 바루캄마 아도나이!"

20 빌라도가 물었다.

"호산나 어쩌고 하는 것을 번역하면 어떻게 됩니까?"

21 유대인들이 대답했다.

"가장 높은 곳에 있는 당신은 지금 우리를 구원해주십시오. 주님의 이름으로 오시는 분은 복을 받으십시오."

22 빌라도가 말했다.

"당신들이 아이들의 말을 증언했는데, 심부름꾼이 무슨 잘못을 했단 말입니까?"

23 유대인들이 대꾸하지 못하자 빌라도가 심부름꾼에게 말했다.

"나가서 네가 원하는 방식대로 그 사람을 데리고 오너라."

24 심부름꾼이 나가서 먼저 한 그대로 반복하고 예수에게 말했다.

"총독이 부르니까 들어가십시오."

25 이윽고 예수가 들어섰다. 그때 기수들이 군기를 들고 있었다. 군기의 황제 상들이 앞으로 고개를 숙이며 예수에게 경의를 표했다.

26 군기들의 동작을 보고 유대인들이 큰 소리로 기수들을 나무라며 항의했다.

27 빌라도가 말했다.

"황제의 초상들이 허리를 굽혀 절하고, 예수를 존경하는 것을 보고도 놀랍지 않단 말입니까?"

28 유대인들이 말했다.

"우리가 보기에는 기수들이 군기를 낮춰 예수를 존경한 겁니다."

29 총독이 기수들을 앞으로 불러내 질책하였다.

"왜 그런 짓을 했는가?"

30 기수들이 대답했다.

"우리는 그리스인으로서 신전의 봉사자들입니다. 어떻게 우리가 예수를 존경할 수 있겠습니까? 우리는 초상들을 들고만 있었고, 초상들이 스스로 허리를 굽혀 예수를 존경했습니다."

31 빌라도가 유대인 집회소 지도자와 백성의 장로들에게 말했다.

"당신들이 장사들을 골라서 군기를 들게 하시오. 그리고 황제의 초상들이 허리를 굽히는지 않는지를 알아봅시다."

32 유대인 장로들이 장사 12명을 뽑아 6명이 한 군기씩 들게 하고, 총독

의 재판석 양쪽에 세웠다.

33 빌라도가 심부름꾼을 불러 말했다.

"접견실에서 예수를 데리고 나와 네가 원하는 방식대로 다시 들여보
내도록 하라."

34 예수가 심부름꾼과 함께 접견실을 나섰다. 빌라도가 먼젓번에 초상
을 들고 있던 사람들을 불러놓고 말했다.

"만일 예수가 들어설 때, 군기들이 스스로 낮춰 절하지 않는다면, 너
희 목을 베겠다고 황제의 안전을 걸고 내가 맹세했다."

35 그리고 총독이 예수에게 들어오라고 명령했다. 심부름꾼은 종전대로
행동했고, 자기 손수건을 밟고 가도록 예수에게 청했다. 예수가 손수
건을 밟고 들어갔다.

36 예수가 안으로 들어서자 군기들이 스스로 낮춰 절을 했다.

제2장

1 그것을 보고 빌라도가 겁에 질려 재판석에서 일어서려고 했다. 그때
그의 부인이 사람을 보내 말했다.

"이 정의로운 사람에게 아무 짓도 하지 마세요. 그로 인해 제가 지난
밤 이만저만 고생이 아니었으니까요."

2 빌라도가 유대인들을 모두 불러 모으고 일어나 말했다.

"내 처가 하나님을 두려워하고, 당신들처럼 유대인의 관습을 존중한
다는 사실을 알고 있지요?"

3 유대인들이 대답했다.

"예, 알고 있습니다."

4 빌라도가 말했다.

"내 처가 사람을 보내 '이 정의로운 사람에게 아무 짓도 하지 마세요. 그로 인해 제가 지난밤 이만저만 고생이 아니었으니까요'라고 말했습니다."

5 유대인들이 말했다.

"그가 마술사라고 이미 말씀드리지 않았습니까? 그가 사모님에게 꿈을 보낸 것입니다."

6 빌라도가 예수를 불러 말했다.

"이 사람들이 당신을 거슬러 증언하는 것이 무엇입니까? 할 말이 없단 말입니까?"

7 예수가 대답했다.

"이 사람들이 힘이 없다면 아무 말도 하지 않았을 겁니다. 사람은 누구나 자기 입을 다스릴 힘이 있어 선이든 악이든 말을 하니까요. 이들은 알게 될 것입니다."

8 유대인 장로들이 예수에게 말했다.

"우리가 무엇을 알게 될 거란 말이오? 첫째 당신은 간통으로 태어났고, 둘째 당신의 출생으로 베들레헴에서 아이들이 살해되었고, 셋째 당신의 부모인 요셉과 마리아는 이집트로 도망쳤단 말이오."

9 거기 서 있던 경건한 유대인 몇이 말했다.

"요셉은 마리아와 약혼한 사이로서, 이 사람은 간통으로 태어난 것이 아닙니다. 우린 이 사람이 간통으로 태어났다는 말에 동의하지 않습니다."

10 예수가 간통으로 태어났다고 말한 유대인들에게 빌라도가 말했다.

"당신들 동족의 증언처럼, 약혼을 했으면 당신들 말은 사실이 아닙니다."

11 안나스와 가야바가 빌라도에게 말했다.

"이 사람이 간통으로 태어났다고 여기 모인 우리가 모두 고함치는데도 믿지 않으시군요. 저들은 개종자로서 그의 제자입니다."

12 빌라도가 안나스와 가야바를 불러 물었다.

"개종자가 무엇입니까?"

13 두 사람이 대답했다.

"저들은 그리스인의 자녀로 태어났으나, 지금은 유대인이 된 사람입니다."

14 그러자 예수가 간통으로 태어나지 않았다고 말한 사람들, 즉 나사로, 아스테리우스, 안토니우스, 야곱, 암네스, 제라스, 사무엘, 이삭, 피네에스, 크리스푸스, 아그립바, 유다가 말했다.

"우리는 개종자가 아니라 유대인의 자녀로서 진실을 말할 뿐입니다. 우리는 요셉과 마리아의 약혼 잔치에 참석했습니다."

15 빌라도는 예수가 간통으로 태어나지 않았다고 한 12명을 불러 모으고 명령했다.

"당신들의 말이 진실이라는 것과 예수가 간통으로 태어나지 않았다는 것을 황제의 안전에 걸고 맹세하시오."

16 그들이 말했다.

"맹세는 죄로서 맹세하지 말라는 율법이 우리에게 있습니다. 그러나 우리의 말이 사실이 아니라면, 우리가 죽어도 마땅하다는 맹세를 저 사람들로 하여금 황제의 안전에 걸고 하도록 해 주십시오."

17 빌라도가 안나스와 가야바에게 물었다.

"여기에 대해 대답하지 않겠습니까?"

18 안나스와 가야바가 빌라도에게 말했다.

"예수가 간통으로 태어나지 않았다는 이 12명의 말은 믿으면서, 이 사람이 간통으로 태어난 마술사로서 하나님의 아들이자 왕이라고 주장한다는, 여기 모인 우리 모두의 외침은 믿지 않는군요."

19 빌라도가 그 12명을 제외한 모든 사람을 밖으로 내보내고, 예수도 다른 곳으로 데려가라고 명령했다. 그리고 12명에게 물었다.

"저 사람들이 왜 예수를 죽이려고 합니까?"

20 그들이 대답했다.

"예수가 안식일에 병을 고쳐주었기 때문에 화가 머리끝까지 난 것입니다."

21 빌라도가 물었다.

"좋은 일을 했는데도 저들이 죽이려고 한단 말입니까?"

22 그들이 대답했다.

"그렇습니다."

제3장

1 화가 치밀어 오른 빌라도가 접견실에서 걸어 나와 유대인들에게 말했다.

"태양을 증인으로 삼아 말하지만, 나는 이 사람에게서 아무 잘못도 찾아내지 못했습니다."

2 유대인들이 말했다.

"만일 그가 악인이 아니라면, 당신에게 넘기지도 않았을 겁니다."

3 빌라도가 말했다.

"당신들이 이 사람을 데려다가 당신들 율법대로 재판하시오."

4 유대인들이 말했다.

"우리가 사람을 사형에 처하면 불법이 됩니다."

5 빌라도가 말했다.

"하나님이 당신들에게는 살해를 금지하고, 내게는 허락했단 말입니까?"

6 빌라도가 접견실로 다시 들어가 예수를 따로 불러 물었다.

"당신이 유대인의 왕이오?"

7 예수가 반문했다.

"그 말은 당신 스스로 하는 겁니까? 아니면 다른 사람들에게 들은 겁니까?"

8 빌라도가 물었다.

"내가 유대인이오? 당신 백성과 대제사장들이 당신을 내게 넘겼소. 대체 무슨 짓을 했소?"

9 예수가 말했다.

"내 왕국은 이 세상에 있는 것이 아닙니다. 만일 내 왕국이 이 세상에 있었다면, 내 부하들이 싸워서 나를 유대인들의 손에 넘어가지 않게 했을 겁니다."

10 빌라도가 물었다.

"그러니 당신이 왕이란 말이오?"

11 예수가 말했다.

"내가 왕이라는 것은 당신의 말입니다. 내가 태어나 이 땅에 온 것은, 진리에 속한 사람들은 누구나 내 목소리를 듣도록 하려는 데 있습니다."

12 빌라도가 물었다.

"진리는 무엇이오?"

13 예수가 대답했다.

"진리는 하늘에서 오는 겁니다."

14 빌라도가 물었다.

"땅에는 진리가 없소?"

15 예수가 대답했다.

"땅에서는 권력을 가진 사람들이 진리를 말하는 사람들을 어떻게 재판하는지 당신이 잘 압니다."

제4장

1 빌라도가 예수를 접견실에 남겨두고, 유대인들에게 다시 가서 말했다.

"나는 이 사람에게서 아무런 잘못도 찾아내지 못했습니다."

2 유대인들이 말했다.

"그 사람은 '내가 이 성전을 파괴하고 사흘 만에 재건할 수 있다'고 했습니다."

3 빌라도가 물었다.

"어떤 성전 말입니까?"

4 유대인들이 말했다.

"솔로몬이 46년에 걸쳐서 지은 성전입니다. 그런데 이 사람은 성전을 파괴하고, 사흘 만에 다시 지을 수 있다고 주장했습니다."

5 빌라도가 말했다.

"이 정의로운 사람의 피에 대해 나는 무죄합니다. 그건 당신들이 알아서 처리하시오."

6 유대인들이 대답했다.

"그 사람의 피는 우리와 우리 자손이 뒤집어쓰겠습니다."

7 빌라도가 그들을 접견실로 불러 말했다.

"이런 식으로 행동하지 마시오. 당신들이 건 혐의 가운데 하나도 저 사람을 사형에 처할 것이 없단 말이오. 당신들의 고발 내용은 모두 치유와 안식일을 더럽힌 그런 문제일 뿐이오."

8 그러자 그들이 물었다.

"누가 황제를 모독했다면 어쩔 겁니까? 사형입니까, 아닙니까?"

9 빌라도가 대답했다.

"마땅히 사형이오."

10 유대인들이 말했다.

"황제를 모독하면 누구나 사형입니다. 그런데 이 사람은 하나님을 모독했습니다."

11 총독이 접견실에서 모두 나가라고 명령하고, 예수를 다시 불러 물었다.

"나더러 당신을 어떻게 하란 말이오?"

12 예수가 대답하였다.

"당신에게 주어진 그대로 하십시오."

13 빌라도가 물었다.

"어떻게 주어졌단 말이오?"

14 예수가 말했다.

"모세와 예언자들이 나의 죽음과 부활을 이미 예언했습니다."

15 유대인들이 엿듣고 있다가 빌라도에게 말했다.

"이러한 모독을 무엇 때문에 더 들을 필요가 있습니까?"

16 빌라도가 유대인들에게 말했다.

"저 말이 모독이라면, 저 사람을 당신들 집회소에 데리고 가서 당신들 율법대로 재판하시오."

17 유대인들이 말했다.

"율법에 따르면, 사람이 사람에게 죄를 지은 경우 40대에서 하나 뺀 매질을 해야 하지만, 하나님을 모독한 경우에는 돌에 맞아 죽어야 합니다."

18 빌라도가 그들에게 말했다.

"저 사람을 끌고 가서 당신들 마음대로 처벌하시오."

19 유대인들이 말했다.

"우린 저 사람을 십자가에 못 박기를 원합니다."

20 빌라도가 말했다.

"십자가에 못 박을 만한 짓을 저 사람이 하지 않았잖소?"

21 총독이 주변에 모여 서 있는 유대인들을 둘러보았다. 많은 사람이 눈물을 흘리며 울고 있는 것을 보고 빌라도가 말했다.

"여기 모인 모든 무리가 사형을 원하는 것은 아닌 듯하오."

22 유대인 장로들이 말했다.

"우리가 모두 무리를 지어 여기 온 목적은, 저 사람이 반드시 죽어야만 한다는 데 있습니다."

23 빌라도가 물었다.

"왜 저 사람이 죽어야만 합니까?"

24 그들이 대답했다.

"저 사람이 스스로 하나님의 아들이고, 또 왕이라고 주장했기 때문입니다."

제5장

1 그때 유대인 니고데모가 총독 앞에 서 있다가 말했다.

"존경하는 총독님, 제게 몇 마디 말을 하도록 허락해 주십시오."

2 빌라도가 말했다.

"말해 보시오."

3 니고데모가 말했다.

"장로들과 제사장들과 레위 지파 사람들, 그리고 집회소에 모인 모든 분들에게 말합니다. 이 사람을 어떻게 할 작정이란 말입니까? 이 사람은 지금까지 아무도 하지 못했고, 앞으로도 할 수 없는 많은 징표와 기적을 보여주었습니다.

그러니 이 사람을 그냥 내버려 둡시다. 해치려고 하지 맙시다. 이 사람이 보여준 징표들이 하나님에게서 온 것이라면 살아남을 것이고, 사람에게서 온 것이라면 흐지부지되고 말 것입니다.

모세도 하나님께서 파견하여 이집트에 갔을 때, 이집트 왕 바로 앞에서 하나님이 명령한 많은 징표를 보여주었습니다. 바로의 신하 가운데 얀네스와 얌브레스가 있었는데, 그들도 모세가 보여준 징표와 똑같은 것을 많이 보여 이집트인들이 신으로 받들었습니다.

그런데 그들 두 사람이 보여준 징표들은 하나님에게서 온 것이 아니었던바, 두 사람은 물론 그들을 믿던 사람들도 모두 사라지고 말았습니다. 자, 이 사람은 죽어야 마땅한 사람이 아니니 그냥 풀어줍시다."

4 유대인들이 니고데모에게 말했다.

"당신은 저 사람의 제자가 되어 대신 변호하는 겁니다."

5 니고데모가 물었다.

"그러면 총독도 저 사람의 제자로서 대신 변호하는 겁니까? 저 높은 직책에 총독을 임명한 것은 황제가 아닙니까?"

6 유대인들이 화가 나서 니고데모에게 이를 갈았다. 빌라도가 유대인들에게 말했다.

"진실을 말하는데 왜 니고데모에게 이를 가는 겁니까?"

7 유대인들이 니고데모에게 말했다.

"당신이나 저 사람의 진리와 그 몫을 받으시오."

8 니고데모가 말했다.

"아멘. 당신들의 말대로 이루어지기를 바랍니다."

제6장

1 그때 유대인 하나가 허겁지겁 앞으로 나와 총독에게 한마디 하겠다고 청했다. 총독이 승낙했다.

"무슨 말이든 원하는 대로 해 보시오."

2 그가 말했다.

"저는 38년간 침대에 누워서 고통을 당하고 있었습니다. 그런데 예수가 오자, 악마에 들린 많은 사람과 각종 질병으로 누워있던 사람들이 치유를 받았습니다. 어떤 청년이 저를 동정하고 침대째 들어다 그분 앞에 놓았습니다. 저를 바라본 예수가 동정을 느껴 '당신 침대를 걷어들고 걸어가십시오.'라고 한마디 하였습니다. 그래서 저는 침대를 걷어들고 걸어갔습니다."

3 유대인들이 빌라도에게 말했다.

"무슨 날에 치유되었는지 물어봐 주십시오."

4 그가 대답했다.

"안식일이었습니다."

5 유대인들이 말했다.

"저 사람이 안식일에 치유하고 악마를 내쫓는다고 이미 말씀드리지 않았습니까?"

6 그때 다른 유대인이 나서 말했다.

"저는 태어날 때부터 소경이었습니다. 사람들 목소리는 들어도 얼굴은 전혀 보지 못했습니다. 마침 예수가 지나갈 때, 목청을 돋워 '다윗의 아들이여, 저에게 자비를 베풀어주십시오!'라고 소리쳤습니다. 그때 그분이 동정을 느껴 제 눈에 손을 대었는데, 그 즉시 저는 보게 되었습니다.”

7 또 다른 유대인이 급히 나와 말했다.

“저는 허리가 굽어 있었는데, 그분이 말 한마디로 고쳐주었습니다.”

8 그리고 또 다른 사람이 서둘러 나와 말했다.

“저는 문둥이였는데, 그분이 말 한마디로 고쳐주었습니다.”

제7장

1 그때 베로니카라는 여인이 멀리서 고함을 치며 말했다.

“저는 하혈을 하였는데, 그분 옷자락을 만지자 12년간 계속된 하혈이 멎었습니다.”

2 유대인들이 말했다.

“율법에는 여자에게 증언을 허락하지 말라고 되어 있습니다.”

제8장

1 다른 사람들, 즉 남자와 여자의 무리가 소리쳤다.

“이 사람은 예언자입니다. 악마들이 복종합니다!”

2 그들에게 빌라도가 물었다.

“당신들의 선생이 그에게 복종하지 않는 이유는 무엇입니까?”

3 그들이 대답했다.

“모르겠습니다.”

4 또 다른 사람들이 말했다.

"죽었던 나사로를 저 사람이 나흘 뒤에 살려냈습니다."

5 그러자 총독이 몸을 부들부들 떨며 유대인 무리에게 말했다.
"정녕 무죄한 피를 흘리고 싶단 말입니까?"

제9장

1 빌라도가 니고데모와 예수가 간통으로 태어나지 않았다고 말한 12명
을 불러 말했다.
"어떡하면 좋겠소? 백성들이 반란을 일으킬 기세입니다."

2 그들이 대답했다.
"모르겠습니다. 저들이 알아서 하겠지요."

3 빌라도가 다시 유대인 무리를 불러 말했다.
"누룩 없는 빵의 축일에 죄수 1명을 놓아주는 관습을 알고 있을 겁
니다. 감옥에는 살인죄로 유죄 판결을 받은 바라바라는 죄수가 있
고, 또 당신들 앞에 서 있는 이 예수라는 사람이 있습니다. 나는 이
사람에게서 아무 잘못도 찾아내지 못했습니다. 당신들 손으로 누구
를 석방해주기를 바랍니까?"

4 그러자 모두가 소리쳤다.
"바라바요!"

5 빌라도가 말했다.
"그리스도라고 하는 예수를 나더러 어떻게 하라는 말이오?"

6 유대인들이 소리쳤다.
"십자가에 못 박으시오!"

7 어떤 유대인이 말했다.

"이 사람을 석방한다면, 당신은 황제의 친구가 아닙니다. 그는 스스로 하나님의 아들이자 왕이라고 주장했습니다. 그러니까, 이 사람을 석방한다면, 당신은 황제가 아님에도, 그를 왕이 되도록 허락한 것이 됩니다."

8 그러자 빌라도가 화가 나서 말했다.

"당신들 나라는 항상 모반하고, 은인에게 반란으로 갚습니다."

9 유대인들이 반문했다.

"은인이라니, 어떤 은인 말입니까?"

10 빌라도가 대답했다.

"내가 듣기에는, 당신네 하나님이 이집트에서 노예 생활을 하던 당신들을 구출하여, 마른 땅이나 되듯이 바다를 안전하게 건너도록 인도해 주었습니다. 사막에서 길러 주고 만나와 메추리를 주었으며, 바위에서 마실 물이 솟아나게 해 주었고, 율법도 주었습니다.

그런 모든 보살핌에도 불구하고 당신들은 하나님의 분노를 자극했고, 암송아지 우상을 만들어 당신네 하나님의 화를 돋워, 그 하나님이 당신들을 멸망시키려고 했습니다. 모세가 대신 간절한 기도를 드린 덕분에 겨우 멸망을 면했는데, 이제는 내가 황제를 미워한다고 비난합니다."

11 그리고 재판석에서 일어나 자리를 뜨려고 했다. 그러자 유대인들이 크게 소리쳤다.

"우리의 왕은 황제뿐이며 예수가 아닙니다. 저 사람이 왕이나 되는 것처럼 동쪽에서 지혜로운 사람(박사)들이 정말 선물을 가져왔습니다. 왕이 태어났다는 말을 지혜로운 사람들에게 들은 헤롯은 찾아내 죽이려고 했습니다.

그런데 그 사실을 안 그의 아버지 요셉이 저 사람과 어머니를 데리고 이집트로 도망쳤습니다. 도망친 것을 안 헤롯이 베들레헴에서 태어난 히브리 아이들을 모두 죽여 버렸던 것입니다."

12 그 말을 듣고 빌라도가 겁을 집어먹었다. 소리치는 군중을 잠잠하게 하고 물었다.

"그러니까 헤롯이 찾던 사람이 바로 이 사람이란 말입니까?"

13 유대인들이 대답했다.

"예, 바로 저 사람입니다."

14 빌라도가 대야에 물을 받아 태양 앞에서 손을 씻고 말했다.

"나는 이 정의로운 사람의 피에 대해 무죄합니다. 당신들이 알아서 하시오."

15 유대인들이 다시 소리쳤다.

"저 사람의 피는 우리와 우리 자손이 뒤집어쓸 것입니다."

16 그때 빌라도가 재판석을 휘장으로 가리게 하고 예수에게 말했다.

"당신 백성은 당신이 왕이라 자칭했다고 단죄했습니다. 그러므로 나는 경건한 황제들의 법에 따라서 먼저 당신을 채찍질한 다음에, 당신이 체포된 그 정원에서 십자가에 매달라고 명령했습니다. 악당 2명, 즉 디스마스와 게스타스가 같이 십자가에 달릴 것입니다."

제10장

1 예수가 두 악당과 함께 총독 접견실을 떠났다. 지정된 장소에 이르자 사람들이 예수의 옷을 벗기고, 아마포로 허리를 가리며 가시관을 머리에 씌웠다. 마찬가지로 두 악당도 십자가에 매달았다.

2 예수가 말했다.

"아버지, 저 사람들은 자신이 하는 짓을 모르고 있습니다. 저들을 용서해 주십시오."

3 병사들이 예수의 옷을 나눠 가졌다.

4 백성들은 서서 예수를 쳐다보았다.

5 거기 함께 있던 대제사장들과 지도자들이 비웃으며 말했다.

"다른 사람들을 구해 주었으니, 이제 자신을 구원해 보라고 합시다. 만일 하나님의 아들이라면, 십자가에서 내려와 보라고 합시다."

6 병사들도 예수를 조롱하며 다가와 쓸개 탄 식초를 주며 말했다.

"네가 만일 유대인들의 왕이라면, 네 목숨을 먼저 구해 봐라."

7 판결을 내린 뒤 빌라도는, 예수가 유대인의 왕이라고 주장했다는 고발에 따라, 그 죄목을 그리스어, 라틴어, 히브리어로 적어서 붙이라고 명령했다.

8 십자가에 못 박힌 악당 가운데 하나가 말했다.

"네가 만일 그리스도라면, 너 자신과 우리를 구해 봐라."

9 그러자 디스마스가 게스타스를 꾸짖으며 말했다.

"너도 똑같은 형벌을 받으면서, 하나님이 그렇게도 두렵지 않느냐? 우리는 벌을 받아도 싸지만, 우리의 행동에 대해 마땅히 제값을 치르는 거지만, 이 사람은 잘못한 게 뭐가 있나?"

10 그리고 예수에게 말했다.

"주님, 당신의 왕국에서 저를 기억해 주십시오."

11 예수가 디스마스에게 말했다.

"참으로 말해두지만, 너는 오늘 나와 함께 낙원에 있을 것이다."

제11장

1 그때 12시경이었다. 태양이 검게 변하여 15시까지 온 땅에 어둠이 덮었다. 그리고 성전의 휘장이 둘로 찢어졌다.

2 예수가 크게 소리쳤다.

"아버지, 받다크 에프키드 로유엘"

3 이 말은 '아버지의 두 손에 내 영혼을 맡깁니다.'라는 뜻이었다. 그리고 예수는 숨을 거두었다.

4 백부장이 그 일어난 일을 다 보고, 하나님을 찬미하며 말했다.

"이 사람은 정말 정의로운 사람이었다."

5 그 자리에 온 모든 군중이 일어난 일을 목격하고, 각자 가슴을 치며 돌아갔다.

6 백부장이 총독에게 그대로 보고했다. 총독과 그 부인이 대단한 비탄에 잠겨, 그날 아무것도 먹지 않고 마시지 않았다.

7 빌라도가 유대인들을 불러 말했다.

"일어난 일들을 보았습니까?"

8 유대인들이 대답했다.

"흔히 있던 대로 일식이었습니다."

9 예수의 친지들, 그리고 갈릴리에서 따라온 여인들이 멀찌감치 떨어진 곳에 서서 모든 일을 지켜보았다.

10 공회원으로서 아리마대 출신의 요셉이라는 사람도 하나님의 왕국을 기다리고 있었다. 그가 빌라도에게 가서 예수의 시체를 달라고 요청했다.

11 요셉이 예수의 시체를 내리고 깨끗한 아마포로 쌌다. 그리고는 바위를 파서 만든 무덤, 아무도 뉘어본 적이 없는 새 무덤에 그 시신을 모셨다.

제12장

1 아리마대 요셉이 시체를 요청했다고 들은 유대인들이, 요셉과 예수가 간통으로 태어나지 않았다고 말한 12명, 니고데모, 그리고 빌라도 앞에 나와 예수의 좋은 업적을 알린 사람들을 추적했다.

2 그러나 모두 몸을 숨기고, 니고데모만 유대인들의 눈에 띄었다. 니고데모는 유대인들의 지도자 가운데 한 사람이었다.

3 니고데모가 유대인들에게 물었다.

"당신들이 어떻게 집회소에 들어갔습니까?"

4 유대인들이 대답했다.

"'어떻게 집회소에 들어갔습니까?'라니, 당신은 저 사람의 공범자이고, 내세에서 저 사람과 같은 몫을 받을 거요."

5 니고데모가 말했다.

"아멘, 아멘!"

6 요셉이 은신처에서 나와 유대인들에게 말했다.

"예수의 시체를 요청했다고 해서 왜 나한테 화를 내는 겁니까? 나는 예수를 깨끗한 아마포로 싸서 나의 새 무덤에 뉘었고, 동굴 입구에 큰 돌을 굴려다 막았습니다. 당신들은 정의로운 사람에게 잘못을 저질렀습니다. 그분을 십자가에 못 박고도 뉘우치지 않고, 오히려 그분을 창으로 찔렀던 것입니다."

7 그러자 유대인들이 요셉을 붙잡아 한 주간의 첫날까지 감시하라고 명령했다. 그리고 요셉에게 말했다.

"안식일이 밝아서 당신에게 손을 댈 수 없다는 것만 알아두시오. 당신은 매장할 가치조차 없으니, 당신의 시체를 하늘의 새떼에게 넘겨줄 것이오."

8 요셉이 말했다.

"그것은 살아있는 하나님과 거룩한 다윗을 모욕한, 자만심으로 가득 찬 골리앗의 말과 같습니다. 하나님이 예언자를 통해 말했듯이, '복수는 내 몫이니 내가 갚아줄 것이다'라고 주님도 말했습니다.

그런데 이제 육체는 할례받지 않았지만, 마음으로 할례받은 사람이, 대야에 물을 받아 태양 앞에서 손을 씻으며, '이 정의로운 사람의 피에 대하여 나는 무죄다'라고 말했습니다. 그건 당신들이 보았습니다. 하지만 당신들은 빌라도에게 '그 사람의 피는 우리와 자손이 뒤집어 쓰겠습니다.'라고 내답했습니다. 그래서 나는 당신들 말대로 하나님의 분노가 당신들과 그 자손 위에 내릴까 두렵습니다."

9 그 말을 들은 유대인들이 가슴에 원한을 품고, 요셉을 창문이 없는 건물에 가두고 보초들을 세워 지키게 했다. 그리고 요셉이 갇힌 곳의 문을 봉인했다.

10 집회소의 지도자들과 제사장들, 그리고 레위 지파 사람들이, 한 주간의 첫날에 모두 집회소로 모이라고 지시했다.

11 모든 사람이 일찍 일어나 집회소에 모여, 요셉을 어떻게 죽일지에 대하여 논의했다. 의논이 계속되고 있을 때, 유대인들이 요셉을 개처럼 끌고 오라고 명령했다.

12 그들이 가서 문을 열어보았으나 요셉이 보이지 않았다. 모든 사람이 영문도 모른 채 놀라 서로 얼굴만 쳐다보았다. 문의 봉인이 그대로 남아 있고, 열쇠는 가야바만 가지고 있었기 때문이다.

13 그들은 빌라도 앞에서 예수를 대신하여 발언한 사람들에게 더 이상 감히 손을 대려고 하지 않았다.

제13장

1 유대인들이 요셉의 일로 놀라 집회소에 모여 있을 때였다. 제자들이 예수의 시체를 훔쳐가지 못하도록 빌라도에게 요청하여 무덤을 지키게 했던 보초 몇 사람이 돌아왔다.

2 그들이 집회소의 지도자들과 제사장들, 레위 지파의 사람들에게 무슨 일이 어떻게 일어났는지 보고했다.

"하늘에서 한 천사가 내려오는 것을 보았습니다. 천사가 동굴 입구를 막은 돌을 굴려 치우고 그 위에 앉았는데, 눈처럼 희게 빛나고 번개와 같이 찬란했습니다.

우리는 어마어마한 공포에 질려서 죽은 사람처럼 엎드렸습니다. 천사가 무덤에서 기다리던 여인들에게, '두려워하지 마세요. 십자가에 못 박힌 예수를 찾고 있는 줄 압니다. 그분은 여기에 없습니다. 전에 하신 말대로 살아났습니다. 주님이 누워있던 곳을 와서 보십시오. 그리고 빨리 가서 그분 제자들에게, 그분이 죽은 자들 가운데서 일어났으며, 지금 갈릴리에 있다고 알리십시오.'라고 말하는 소리를 들었습니다."

3 유대인들이 말했다.

"천사의 말을 들은 그 여인들은 누구입니까?"

4 보초들이 대답했다.

"그 여인들이 누군지는 모르겠습니다."

5 유대인들이 물었다.

"몇 시에 그 일이 있었습니까?"

6 보초들은 말했다.

"밤 12시입니다."

7 유대인들이 물었다.

"그 여인들을 왜 체포하지 않았습니까?"

8 보초들이 말했다.

"우리는 공포에 질려 죽은 자들처럼 되었고, 햇빛을 다시 볼 희망이 없다고 생각했습니다. 그런 판에 어찌 여인들을 체포할 수 있겠습니까?"

9 유대인들이 말했다.

"주님이 살아계신 만큼, 당신들의 말을 믿을 수가 없습니다."

10 보초들이 말했다.

"그 사람의 징표를 그렇게 많이 보고서도 당신들은 믿지 않았으니, 어찌 우리를 믿을 수가 있겠습니까? 주님이 살아계신 만큼이라고 제대로 맹세했습니다. 그분은 살아있기 때문입니다."

11 그리고 다시 말했다.

"듣자 하니, 당신들은 예수의 시체를 달라고 한 사람을 가두고 문을 봉인했으며, 문을 열고는 그를 발견하지 못했다고 합니다. 그러니 요셉을 우리에게 내준다면 우리도 예수를 주겠습니다."

12 유대인들이 말했다.

"요셉은 자기 도시로 돌아갔습니다."

13 보초들이 말했다.

"그렇다면 우리가 천사에게 들은 대로 예수는 살아났고, 지금 갈릴리에 있는 것입니다."

14 이 말을 듣고 유대인들이 크게 두려워하며 말했다.

"이 말이 민간에 퍼져서 사람들의 마음이 예수에게 기울어지는 일이 없도록 하라."

15 유대인들이 회의를 열고, 보초를 섰던 병사들에게 거액의 돈을 주며 말했다.

"한밤에 자고 있을 때, 그 제자들이 와서 예수의 시신을 훔쳐갔다고 말하시오. 혹시 이 일을 총독이 알게 되더라도, 우리가 잘 말하여 당신들의 안전을 지켜주겠소."

제14장

1 그때 제사장 피네에스와 아다스 선생, 레위 지파의 안제우스가 갈릴리에서 출발하여 예루살렘에 도착했다. 그들이 집회소의 지도자들과 제사장들, 레위 지파의 사람들에게 보고하였다.

"예수와 그 제자들이 마밀크 산 위에 앉아있는 것을 우리가 보았습니다. 그때 예수가 이렇게 말했습니다.

'온 세상으로 가서 천하 만민에게 복음을 전하라. 믿고 세례를 받는 사람은 구원될 것이지만, 믿지 않는 사람은 단죄될 것이다. 믿는 사람에게는 이러한 징표가 따라다닐 것이다. 즉 내 이름으로 악마를 쫓아내고, 새로운 언어를 말하고, 뱀을 집어 들어 올릴 것이며, 독약 같은 것을 마셔도 다치지 않고, 병자에게 손을 얹으면 나을 것이다.'

이 말을 하면서 예수가 하늘로 올라갔습니다."

2 그러자 그들이 말했다.

"이스라엘의 하나님께 영광을 돌리고, 당신들이 지금 보고한 내용을 참으로 듣고 보았는지, 하나님 앞에 분명히 고백하시오."

3 세 사람이 말했다.

"우리 조상 아브라함과 이삭, 야곱의 주 하나님이 살아계신 만큼, 우리는 이 모든 것을 듣고, 그분이 하늘로 올라가는 것을 보았습니다."

4 그들이 물었다.

"당신들은 이런 이야기를 전하려고 온 겁니까? 아니면 하나님께 기도를 바치러 온 겁니까?"

5 셋이 대답했다.

"하나님께 기도를 바치러 왔습니다."

6 그들이 말했다.

"하나님께 기도를 바치러 왔다면, 모든 백성 앞에서 왜 이따위 쓸데 없는 이야기를 늘어놓는 것입니까?"

7 제사장 피네에스와 아다스 선생, 레위 지파의 안제우스가, 집회소의 지도자들과 제사장들, 레위 지파 사람들에게 말했다.

"우리가 보고 들은 것에 대하여 들려준 말이 죄가 된다면, 우리가 여 기 서 있으니 좋을 대로 하십시오."

8 그러자 그들이 율법을 들어서, 세 사람에게 그 내용을 다른 사람에 게 또 전하지 말라고 단단히 지시하였다. 그리고 먹을 것과 마실 것 을 주고, 돈을 주며 도시를 떠나게 했다.

9 그때 호위를 3명 붙여서 멀리 갈릴리까지 떠나보내라고 명령했다. 세 사람은 평안히 떠나갔다.

10 그렇게 셋이 갈릴리로 떠나자, 대제사장들과 지도자들, 그리고 장로 들이 집회소에 모여 문을 걸어 잠그고, 목 놓아 탄식하며 말했다.

"이러한 징표가 어찌하여 이스라엘에 나타나는가?"

11 안나스와 가야바가 말했다.

"무엇 때문에 근심합니까? 왜 우는 겁니까? 예수의 제자들이 무덤의 보초들에게 거액의 돈을 주고 시체를 훔쳐 가면서, 그들에게 하늘에 서 천사가 내려와 무덤 입구의 돌을 굴려치웠다는 말을 하도록 사주했다는 사실을 모르십니까?"

12 그러자 제사장들과 장로들이 반문했다.

"제자들이 시체를 훔쳐간 것은 그렇다고 칩시다. 그렇지만 어떻게 영혼이 다시 시체에 들어가며, 예수가 지금 갈릴리에서 기다리고 있단 말입니까?"

13 이 말에 안나스와 가야바가 겨우 대답했다.

"할례받지 않은 사람들의 말을 믿는 것은 율법에 어긋납니다."

제15장

1 그때 니고데모가 일어나 공회원들 앞에 서서 말했다.

"여러분의 말이 맞습니다. 주님의 백성인 여러분은, 갈릴리에서 온 사람들이 하나님을 두려워하고, 탐욕을 미워하며, 평화를 추구하는 인격적 인물이라는 사실을 알고 있습니다.

그러한 그들이 맹세하기를, '우리는 예수와 그 제자들이 마밀크 산 위에 있는 것을 보았습니다. 여러분이 제자들에게 들은 내용은 그분이 가르친 것입니다. 우리는 그분이 하늘로 올라가는 것을 보았습니다.' 라고 했습니다.

하지만 그분이 어떤 식으로 하늘에 올라갔는지 물어본 사람이 없습니다. 바로 거룩한 성경이 우리에게 말해주는 것처럼, 엘리야도 하늘에 올라갔습니다. 엘리사가 큰 소리로 부르짖자 엘리야가 양가죽 겉옷을 엘리사에게 던졌으며, 엘리사는 그 옷을 들고 요단강을 치면서 물을 건너 여리고로 들어갔습니다.

그리고 예언자의 아들들이 엘리사를 만나, '엘리사, 당신의 스승 엘리야가 어디 있습니까?'라고 물었습니다. 엘리사는 '엘리야가 하늘로 올라갔다'고 대답했습니다.

그때 사람들은 엘리사에게 '어쩌면 귀신이 엘리야를 잡아다가 산 위에 던졌는지 누가 압니까? 하인들을 데리고 가서 찾아봅시다.'라고 말했습니다.

그리고 사람들이 엘리사를 설득하여 같이 떠났습니다. 사흘간 찾아보았지만 발견하지 못하자, 사람들은 엘리야가 하늘로 올라갔다고 깨달았습니다.

그러므로 제 말에 귀를 기울여주십시오. 이스라엘의 모든 산에 사람들을 풀어서 귀신이 그리스도를 잡아다 산 위에 던졌는지, 아니면 정말 하늘로 올라갔는지 알아봅시다."

2 그 제안에 모두 찬성하고, 이스라엘 모든 산에 사람을 풀어서 예수를 찾아보았다. 하지만 발견하지 못했다.

3 그때 사람들이 아리마대의 요셉을 발견했으나, 아무도 감히 잡으려고 하지 않았다. 돌아온 사람들이 장로들과 제사장들, 레위 지파 사람들에게 말했다.

"우리가 이스라엘의 모든 산을 뒤져보았지만, 예수를 발견하지 못했습니다. 하지만 아리마대에서 요셉을 발견했습니다."

4 요셉에 대한 보고를 듣고 모두 기뻐하며 이스라엘의 하나님께 영광을 드렸다. 그리고 집회소의 지도자들과 제사장들, 레위 지파 사람들이 회의를 열어 요셉을 어떻게 맞이할지 의논하고, 두루마리를 꺼

내 아래와 같이 요셉에게 편지를 보냈다.

"평화가 당신과 함께하기를 빕니다. 우리는 하나님과 당신을 거슬러 죄를 지었다고 생각합니다. 당신이 당신 아버지들과 자녀들에게 돌아와 주기를 이스라엘의 하나님께 기도했습니다. 우리가 모두 근심에 싸여 있기 때문입니다.

당신을 감금한 방의 문을 열었을 때, 우리는 당신을 발견하지 못했습니다. 우리가 당신을 거슬러 악한 계획을 세웠지만, 주님이 당신을 도와주었습니다. 존경하는 아버지 요셉, 당신을 거슬러 세운 우리 계획을 주님이 물거품으로 만들었음을 알게 되었습니다."

5 이스라엘 전체에서 요셉의 친구 7명, 요셉도 그들을 친구라고 부르는 7명을 뽑았다. 그들에게 편지를 써 주며, 집회소의 지도자들과 제사장들, 레위 지파 사람들이 말했다.

"자, 이 편지를 요셉이 받아 읽으면 당신들과 함께 우리에게 올 것으로 알고, 읽지 않으면 아직 화가 안 풀렸을 테니, 평화를 비는 인사만 하고 그냥 돌아오시오."

6 그리고 그들을 축복하며 떠나보냈다. 그들이 요셉에게 가서 매우 공손히 인사하고 말했다.

"평화가 당신과 함께하기를 빕니다!"

7 요셉이 대답했다.

"여러분과 모든 이스라엘에 평화가 있기를 빕니다!"

8 친구들이 두루마리를 내밀었다. 요셉이 받아서 읽고 편지에 입 맞추며, 하나님께 영광을 드렸다.

"이스라엘 백성이 무죄한 피를 흘리지 않도록 구해주신 하나님을 찬양합니다! 또한 천사를 보내 나를 그 날개 밑에 보호하도록 해주신 주님을 찬양합니다."

9 요셉이 식탁을 차리자, 그들이 먹고 마시며 거기서 머물렀다.

10 다음날 모두 아침 일찍 일어나 기도했다.

11 요셉이 암나귀에 안장을 매어 친구들을 따라 거룩한 도시 예루살렘으로 갔다. 모든 백성이 요셉을 마중 나와 소리쳤다.
"돌아오는 당신에게 평화가 있기를 빕니다!"

12 요셉이 모든 백성에게 응답했다.
"평화가 여러분과 함께하기를 빕니다!"

13 모든 사람이 요셉에게 입 맞추고, 요셉과 함께 기도하며 기뻐 뛰었다.

14 니고데모가 요셉을 자기 집으로 맞아들여 성대한 잔치를 베풀고, 장로들과 제사장들, 레위 지파 사람들을 초대했다. 모두 요셉과 함께 먹고 마시고 흥겨워했다.

15 그리고 찬송가를 부른 뒤 각자 집으로 돌아갔다. 요셉은 니고데모의 집에 머물렀다.

16 다음날, 곧 준비의 날이었다. 집회소의 지도자들과 제사장들, 레위 지파 사람들이 일찍 일어나 니고데모의 집으로 왔다.

17 니고데모가 반갑게 맞이하며 말했다.
"평화가 여러분과 함께하기를 빕니다!"

18 그리고 모두 집 안으로 들였다. 공회를 열기 위해 모두 자리를 잡았다. 요셉은 안나스와 가야바 사이에 앉았다. 아무도 감히 요셉에게

말을 걸려고 하지 않았다. 요셉이 물었다.

"나더러 오라고 한 이유가 무엇입니까?"

19 모든 사람이 니고데모를 쳐다보면서, 요셉에게 말을 하라고 눈짓했다. 니고데모가 요셉에게 말했다.

"아버지! 존경하는 선생들과 제사장들, 레위 지파 사람들이 모두 궁금히 여기고 있습니다."

20 요셉이 말했다.

"물어보십시오."

21 안나스와 가야바가 율법을 들어 요셉에게 단단히 주의를 주었다.

"이스라엘의 하나님께 영광을 드리고 그분에게 고백하십시오. 예언자 여호수아의 명령을 받은 아간도 거짓 증언을 하지 않았습니다. 아무것도 감추지 않고 모조리 털어놓았습니다. 그러니 우리에게 단한 마디도 숨겨서는 안 됩니다."

22 요셉이 말했다.

"아무것도 숨기지 않겠습니다."

23 대제사장들이 말했다.

"당신이 예수의 시체를 인수하여 깨끗한 아마포로 싸 무덤에 뉘었던바, 우리가 심하게 화를 낸 것입니다. 바로 그 이유로 당신을 창문 없는 집에 가두었습니다. 문을 잠그고 봉인한 후, 당신이 갇혀 있는 곳을 보초들이 감시했습니다.

그런데 한 주간의 첫날에 문을 열었더니 당신은 없었습니다. 우리는 무척 걱정했습니다. 하나님의 백성이 어제까지 놀라움에서 깨어나지 못했습니다. 그러니 무슨 일이 있었는지 말해보시오."

24 요셉이 얘기하였다.

"준비의 날 10시경에 갇혀서 나는 안식일 내내 거기 있었습니다. 밤 12시에 내가 서서 기도할 때, 나를 가둔 그 집의 네 귀퉁이가 들리며 내 눈에 번갯불처럼 번쩍하는 것이 보였습니다. 순간 나는 공포에 질려 바닥에 엎드렸습니다.

그런데 누가 내 손을 잡아 나를 일으켜주었습니다. 물처럼 축축한 것이 내 머리에서 발까지 흘러내렸고, 향기로운 기름 냄새가 코에 닿았습니다. 그분이 내 얼굴을 닦아준 후 입을 맞추고, '요셉, 두려워하지 마라. 눈을 떠서 네게 말하는 사람이 누군지 보라!'고 했습니다.

눈을 들어 보니 예수였습니다. 나는 부들부들 떨면서 유령이라고 생각하며 십계명을 외었습니다. 그때 세 분이 나와 함께 십계명을 외었습니다. 여러분도 잘 아시다시피, 유령은 십계명을 외면 즉시 달아납니다.

그때 나는 나와 함께 십계명을 외는 그분을 '엘리야 선생님'이라고 불렀습니다. 그런데 그분은 '나는 엘리야가 아니다'라고 했습니다. 그래서 '주님은 누구십니까?'라고 물었습니다. 그분이 대답하기를, '나는 예수다. 네가 내 몸을 빌라도에게 요청했고, 깨끗한 아마포로 쌌고, 내 얼굴에 헝겊을 놓았고, 내 몸을 너의 새 무덤에 뉘었고, 동굴의 입구에 큰 돌을 굴려서 막았다'라고 했습니다.

나에게 말하는 그분에게 '제가 당신을 뉘었던 장소를 보여주십시오.'라고 했습니다. 그러자 그분이 나를 데리고 가서, 내가 그분을 뉘었던 곳을 보여주었습니다. 아마포와 그분 얼굴에 놓였던 헝겊이 거기 있었습니다. 그제야 나는 그분이 예수라고 깨달았습니다.

이윽고 그분이 내 손을 잡고 모든 문이 잠긴 그 집 한가운데 나를 놓아주고 침대로 인도한 뒤 '평화가 너와 함께하기를 빈다!'라고 말했습니다. 그리고 내게 입을 맞추며 '40일 동안 집 밖으로 나가지 마라. 내가 갈릴리에 있는 내 형제들에게 가기 때문이다.'라고 했습니다."

제16장

1 집회소의 지도자들과 제사장들, 레위 지파 사람들이, 요셉의 말을 듣고 모두 죽은 자와 같이 되었으며, 땅바닥에 엎어져 15시까지 단식하였다.

2 니고데모와 요셉이 안나스와 가야바, 제사장들과 레위 지파 사람들을 위로했다.

"자, 일어나서 빵을 먹고 원기를 회복하십시오. 내일이 주님의 안식일입니다."

3 그래서 모두 일어나 하나님께 감사하고, 음식을 먹고 마신 뒤 각자 집으로 돌아갔다.

4 안식일에 선생들과 제사장들, 레위 지파 사람들이 앉아 서로 물어보았다.

"우리에게 닥칠 분노가 무엇인가? 그 사람의 아버지와 어머니를 우리가 알기 때문이다."

5 선생인 레위가 말했다.

"내가 알기로 그분의 부모는 하나님을 두려워하고, 기도를 그치지 않았으며, 1년에 3번 십일조를 바쳤습니다. 예수가 태어나자 그 부모가 이곳에 데리고 와서, 하나님께 희생물을 바치고 봉헌물을 태웠습니다. 위대한 선생 시몬이 예수를 품에 안고, '주님, 이제 당신의 말대로 종이 평안히 떠나게 되었습니다. 당신이 모든 백성 앞에서 이스라엘의 영광을 위해 준비하신 구원을, 이방인들에게 드러날 빛을, 이 종이 두 눈으로 보았기 때문입니다.'라고 말했습니다.

그리고 부모와 아이를 축복한 후 어머니 마리아에게, '이 아이에 대해서 좋은 소식을 당신에게 알려드리겠습니다.'라고 했습니다. 마리아는 '나의 주님, 좋은 소식이라니요?'라고 물었습니다.

그러자 시몬은 '좋은 소식입니다. 보십시오. 이 아이는 이스라엘 안에서 많은 사람의 흥망의 원인이 되고, 반대의 목소리에 부딪히는 징표가 되며, 칼이 당신의 마음을 찌르듯 아프게도 하겠지만, 숱한 사람들의 가슴에 숨겨진 생각을 드러낼 것입니다.'라고 했습니다."

6 사람들이 레위에게 물었다.

"그런 걸 어떻게 압니까?"

7 레위가 대답했다.

"내가 시몬에게 율법을 배웠다는 걸 모릅니까?"

8 공회가 레위에게 말했다.

"우리는 당신의 아버지를 보고 싶습니다."

9 그래서 레위의 아버지에게 사람을 보냈다.

10 공회가 그 아버지를 심문하자 대답했다.

"내 아들의 말을 왜 믿지 않는 겁니까? 축복을 받고 정의로운 시몬이 아들에게 율법을 가르쳤습니다."

11 공회가 물었다.

"레위 선생, 당신이 말한 것이 사실입니까?"

12 레위가 대답했다.

"사실입니다."

13 그러자 집회소의 지도자들과 제사장들, 레위 지파 사람들이 서로 의견을 교환하며 말했다.

"자, 예수의 가르침과 들려 올라간 일을 우리에게 이야기한 갈릴리의 세 사람을 다시 오라고 해서, 예수가 어떤 식으로 들려 올라갔는지, 또 그들은 어떻게 보았는지 증언하도록 합시다."

14 이 말에 모두 찬성했다. 그래서 지난번에 그들을 동행했던 세 사람을 파견하며 지시했다.

"아다스 선생과 피네에스 선생, 안제우스 선생에게 가서 '평화가 여러분, 그리고 여러분과 같이 있는 모든 사람과 함께하기를 바랍니다. 공회에서 중대한 조사가 진행 중인바, 당신들을 이 거룩한 장소인 예루살렘으로 데려오도록 우리가 파견되었습니다.'라고 말하시오."

15 세 사람이 갈릴리로 가서 율법을 공부하는 그들을 보고 평화의 인사를 했다. 갈릴리 사람들이 파견된 그들에게 말했다.

"이스라엘의 모든 이와 함께 평화가 있기를 바랍니다."

16 파견된 사람들이 말했다.

"평화가 여러분과 함께하기를 빕니다."

17 갈릴리 사람들이 물었다.

"무슨 일로 왔습니까?"

18 파견된 사람들이 대답했다.

"공회가 여러분을 거룩한 도시 예루살렘으로 부릅니다."

19 공회가 자기들을 찾고 있다는 말을 듣고 세 사람은 하나님께 기도하고, 파견된 사람들과 함께 식탁에 앉아 먹고 마신 후, 일어나 평안히 예루살렘으로 갔다.

20 다음날 공회가 집회소에 자리를 잡고 세 사람에게 물었다.

"당신들은 정말 예수가 마밀크 산에 앉아 11명의 제자에게 가르치는 것을 보았습니까? 예수가 들려 올라간 것을 직접 보았습니까?"

21 세 사람이 대답했다.

"우리는 그분이 들려 올라가는 것을 보았으며, 여러분에게 말한 그대로입니다."

22 안나스가 말했다.

"세 사람을 각각 분리합시다. 그리고 그 진술이 일치하는지 어떤지 봅시다."

23 그래서 셋을 따로 앉혔다. 공회가 먼저 아다스를 불러 물었다.

"예수가 어떻게 들려 올라가는 것을 보았습니까?"

24 아다스가 대답했다.

"예수가 마밀크 산에 앉아 제자들을 가르칠 때, 구름이 그분을 하늘로 데리고 올라갔으며, 제자들은 얼굴을 땅에 대고 엎드려 있었습니다."

25 다음에 제사장인 피네에스를 불러 물었다.

"예수가 어떻게 들려 올라가는 것을 보았습니까?"

26 피네에스도 똑같은 대답을 했다. 그다음에 안제우스에게 질문했다. 안제우스도 똑같은 대답을 했다. 그러자 공회원들이 말했다.

"무슨 일이든지 증인 둘, 또는 셋의 말로 결정됩니다."

27 선생인 아부템이 말했다.

"율법에서 에녹이 하나님과 함께하다가 보이지 않게 되었는데, 하나님이 에녹을 데려갔기 때문이라고 기록했습니다."

28 선생인 야이루스가 말했다.

"우리는 또 거룩한 모세의 죽음을 들었지만, 어떻게 죽었는지 모릅니다. 주님의 율법에 모세는 주님의 입이 결정한 대로 죽었고, 지금까지 아무도 그 무덤을 알지 못한다고 적혀 있기 때문입니다."

29 선생인 레위가 말했다.

"시몬 선생이 예수를 보았을 때, '보십시오, 이 아기는 이스라엘 안에서 많은 사람의 흥망의 원인이 되고, 반대의 소리에 부딪힐 징표가 될 것입니다'라고 왜 말했겠습니까?"

30 선생인 이삭이 말했다.

"율법에 이런 얘기도 있습니다. '자, 네 얼굴 앞에 내 심부름꾼을 보낸다. 그 사람이 네 앞에 가면서 모든 선한 길에 너를 보호할 것이다. 그 사람 안에 내 이름이 남을 것이다.'라고 말입니다."

31 그러자 안나스와 가야바가 말했다.

"여러분은 에녹의 죽음을 아무도 모르고, 모세의 죽음도 확인하지 못했다는 율법의 기록을 제대로 말했습니다. 그러나 예수는 빌라도 앞에서 재판을 받아야만 했습니다. 예수가 어떻게 매를 맞고 얼굴에 침 뱉음을 당했는지 우리는 압니다.

예수가 가시관을 쓰고 채찍질을 당하고 빌라도에게서 사형 선고를 받고, 그다음에 해골의 장소에서 십자가에 못 박혔으며, 식초와 쓸개를 마실 것으로 받고, 로마군 롱기누스가 그 옆구리를 창으로 찔렀습니다.

우리가 존경하는 아버지, 요셉이 그 몸을 달라고 요청했고, 요셉은 예수가 다시 일어났다고 말합니다. 그리고 선생 셋이 '우리는 그분이 하늘로 올라가는 것을 보았습니다.'라고 선언합니다.

레위 선생은 시몬이 '보십시오. 이 아기는 이스라엘 안에서 많은 사람의 흥망의 원인이 되고, 반대의 소리에 부딪힐 징표가 될 것입니다.'라고 한 말을 전하고 또 증언했습니다.

모든 선생이 말했듯, 이것이 만일 주님에게서 오는 것이라면, 그리고 여러분의 눈에 놀라운 것이라면, '오, 야곱의 집안이여, 나무에 매달린 자는 누구나 저주를 받은 것이다.'라는 기록을 여러분이 분명히 알게 될 것입니다.

그리고 성경의 다른 구절은 '하늘과 땅을 만들지 않은 신들은 멸망할 것이다.'라고 말했습니다. 제사장들과 레위 지파 사람들은 서로 말하기를 '만일 50년 뒤에도 예수가 기억된다면, 예수는 영원히 다스리고 새로운 자기 백성을 창조할 것이다.'라고 했습니다."

32 집회소의 지도자들과 제사장들, 레위 지파 사람들이 이스라엘 전체

에게 충고했다.

"사람의 손이 만든 것을 숭배하는 사람은 저주를 받는다. 창조된 것을 창조주와 나란히 숭배하는 사람은 저주를 받는다."

33 백성들이 대답했다.

"아멘, 아멘."

34 모든 백성이 주 하나님을 찬미하고 노래를 불렀다.

"모든 약속에 따라서, 이스라엘 백성에게 휴식을 준 주님은 복을 받으십시오. 그분이 자기 종 모세에게 약속한 모든 좋은 일 가운데 단한 마디도 이루어지지 않은 것이 없습니다. 우리 주 하나님은 선조들과 함께 계셨듯이 우리와 함께 머물러주십시오. 우리를 저버리지 마십시오.

우리 안의 의지가 죽지 않도록 하시고, 우리의 마음을 당신에게 돌리시고, 당신의 모든 길을 우리가 걷도록 하시고, 선조에게 준 계명과 율법을 모두 지키게 해 주십시오.

주님은 온 땅 위에서 그날 왕이 될 것입니다. 하나님은 한 분만 있을 것이며, 그분 이름은 단 하나, 즉 우리의 주님이며 왕일 것입니다. 그분이 우리를 구원할 것입니다.

오, 주님! 당신과 같은 분이 또 없습니다. 오, 주님! 당신은 위대하고 당신 이름도 위대합니다. 오, 주님! 당신의 힘 안에서 우리를 치유해 주십시오. 그러면 우리가 치유될 것입니다. 주님, 우리를 구원해 주십시오. 그러면 우리가 구원될 것입니다.

우리는 당신의 몫이고 유산입니다. 주님은 그 위대한 이름으로 말미

암아 자기 백성을 버리지 않을 것입니다. 주님은 우리를 자기 백성으로 만들기 시작했습니다."

35 백성들이 이 찬미의 노래를 부른 뒤, 각자 집으로 돌아가며 하나님께 영광을 드렸다. 그분의 영광이 영원하기 때문이다. 아멘.

제17권

바나바
서신

제1장

1 우리를 사랑하는 우리 주 예수 그리스도의 이름 안에서, 그리고 평화 안에서, 나의 자녀 여러분이 늘 행복하길 빕니다.

2 하나님의 위대하고 탁월한 법에 대하여 여러분이 풍부한 지식을 가지고 있음을 깨닫고, 나는 여러분의 축복받은 놀라운 영혼들로 인해 크게 기뻐하는 바입니다. 여러분이 허락된 은총을 정말 합당하게 받아들였기 때문입니다.

3 그래서 나는 여러분이 구원되기를 바라고 기쁨에 충만해 있으며, 동시에 하나님의 순수한 분수에서 나오는 성령이 여러분 안에 주입되었음을 뚜렷이 봅니다.

4 이렇게 깨닫고 또 완전하게 확신하는 이유는, 여러분에게 설교를 시작한 이래, 그리스도 안에 있는 주님의 법과 길에 있어서, 예상 밖으로 엄청난 성공을 거두었기 때문입니다.

5 형제 여러분, 나는 또 여러분을 내 영혼보다 더 사랑한다고 진심으로 생각합니다. 이는 여러분 안에 신앙과 자선의 위대함뿐만 아니라, 앞으로 다가올 저 생명에 대한 희망도 들어있기 때문입니다.

6 따라서 내가 받은 것의 일부를 여러분에게 정성껏 전달할 때 내게 돌아올 보상은, 내가 이토록 훌륭한 영혼들에게 봉사했고, 여러분의 신앙과 함께 지식도 완전해지기를 바란다고, 부지런히 몇 자 적어 보냈다는 점입니다.

7 주님이 지시하는 사항이 3가지 있습니다. 생명에 대한 희망, 생명의 시작, 그리고 생명의 완성입니다.

8 주님이 예언자들을 통해 지나간 일들을 우리에게 선언했을 뿐만 아니라, 앞으로 닥칠 일들의 시작도 열어주었기 때문입니다.

9 주님의 가르침과 같이 우리는 더욱 거룩하게, 더욱 가까이 제대로 나아가는 것이 마땅합니다.

10 이러한 취지에서 스승으로서 말하는 것이 아니라, 여러분과 똑같은 일원으로 내가 몇 가지 사항을 제시하니, 많은 경우에 있어서 여러분은 더욱 큰 기쁨을 누리시기 바랍니다.

제2장

1 요즘 시대가 악하고 원수가 이 세상을 지배하고 있음을 깨달을 때, 우리는 더욱 열심히 주님의 정의로운 판단을 구해야 합니다.

2 이제 두려움과 인내가 우리의 신앙 보조자이고, 긴 시련과 절제가 동료 병사입니다.

3 이러한 것들이 주님에 대하여 순수하게 남아있는 한편, 지혜와 이해, 학문과 지식이 더불어 기뻐합니다.

4 하나님은 모든 예언자를 통해 우리의 희생물이나 불태워 바치는 제물, 또는 봉헌물을 거들떠보지도 않는다고 분명히 밝혔으며, 다음과 같이 말씀했습니다.

"무엇 때문에 이 숱한 희생물을 내게 바치느냐? 숫양을 태워서 바치는 제물과 어린 양의 기름을 피워서 바치는 것은 이제 질렸다. 나는 수소나 숫염소의 피를 즐기지 않는다. 너희가 내 앞에 올 때, 누가 그런 희생물을 가지고 와서 바치라고 했느냐?

너희는 더 이상 내 성전에 발을 들여놓지 마라. 헛된 봉헌물을 더 이상 바치지 마라. 향로에서 피어오르는 연기가 내게 지긋지긋하다. 너희 새로운 달과 안식일 예배도 도저히 참을 수가 없다. 장엄한 집회마저 사악하다. 너희 새로운 달과 지정된 축일들을 내 영혼은 증오한다."

5 하나님이 이러한 것들을 폐지한 것은, 이런 필수 조건의 멍에가 없는 우리 주 예수 그리스도의 새로운 법으로, 사람들 자신의 정신적 봉헌을 위해서입니다.

6 예전에 주님이 이렇게 다시 말씀했습니다.

"너희 조상이 이집트의 땅에서 벗어날 때, 내가 불태워 바치는 제물을 언제 한번이라도 요구한 적이 있느냐? 오히려 나는, 너희 이웃을 거슬러 마음속에 악심을 품지 말고, 헛된 맹세를 좋아하지 말라는 계명을 주었다."

7 그러니까 우리가 이해하지 못하는 것도 아니니, 자비로운 우리 아버지의 의도를 잘 파악해야 합니다.

8 아버지가 우리에게 이렇게 말씀하시는 것은, 제물 봉헌에 있어서 똑같은 잘못을 저지르고 있는 우리가, 그분에게 가까이 가는 방법을 찾고, 또 발견하기를 원하기 때문입니다.

9 그러므로 주님은 우리에게 말씀하십니다.

"하나님의 제물은 부서진 영혼이며, 부서지고 뉘우치는 마음을 하나님은 무시하지 않을 것이다."

제3장

1 형제들이여, 우리의 구원에 속하는 일들을 더욱 열심히 탐구해야 하며, 원수가 우리 안에 들어와 영적 생명을 빼앗아 가지 못하게 해야 합니다.

2 이와 관련하여 주님은 저희에게 다시 말씀하셨습니다.

　　"하늘에서 너희 목소리가 들리도록 요즈음 하는 식으로 단식하지 마라. 내가 선택한 것이 이런 단식이란 말이냐? 한 사람이 하루 동안 자기 영혼을 괴롭히는 것이 단식이냐? 갈대처럼 고개를 숙이고, 마대를 깔고, 그 밑에 재를 뿌리는 것이 단식이냐? 너희는 이런 것을 단식이라 부르고, 주님이 기꺼이 용납하는 날이라고 하느냐?"

3 주님은 우리에게 말씀하십니다.

　　"내가 선택한 단식은 사악함의 끈을 풀고, 무거운 짐을 없애고, 억압받는 자들을 자유롭게 하고, 모든 멍에를 부수어버리는 것이 아니냐? 내가 선택한 단식은, 네 빵을 배고픈 자에게 나누어주고, 버림받은 가난한 자를 네 집에 데려다 대접하는 것이 아니냐?

　　헐벗은 자를 만나면 너는 고개를 돌려 외면하지 말고, 그에게 입을 것을 주어라. 그렇게 하면 네 빛이 아침 햇살처럼 퍼져 나가고, 네 건강이 빨리 회복될 것이며, 정의로움이 네 앞에서 걸어갈 것이며, 주님의 영광이 네 보상이 될 것이다.

　　그리고 비로소 너는 주님께 부르짖어라. 그러면 주님이 응답하실 것이다. 네가 그때 소리쳐 부르면, 주님이 '내가 여기 있다'고 대답할 것이다. 너희 가운데서 멍에와 비방과 공연히 큰소리만 쳐대는 짓을 없애면, 네 영혼을 배고픈 자에게 바치면. 상처받은 영혼을 치유하면 주님이 응답하실 것이다."

4 그러므로 형제 여러분, 하나님은 이렇게 하신 말씀 안에서 우리를 위한 섭리와 사랑을 명백히 드러냈습니다. 주님이 사랑하는 아들에게 넘겨준 백성이 단순하다는 사실을 알기 때문입니다. 따라서 주님은 우리 모두에게 이러한 것들을 보여주고, 우리가 유대인의 율법으로 되돌아가는 일이 없도록 했습니다.

제4장

1 우리 주님은 자기 몸을 파괴에 넘겨주기로 단단히 결심했습니다.

2 이는 우리 죄의 용서, 즉 자신의 피를 뿌림으로써 우리를 용서하기 위한 것입니다.

3 그런데 그분에 대한 기록 중에서 어떤 것은 유대인들에게, 또 어떤 것은 우리에게 속해 있습니다.

4 성경이 이렇게 말하기 때문입니다.
'그분은 우리의 죄를 위해 상처받고, 우리의 사악함을 위해 매를 맞으며, 자신의 피로 우리를 치유했다. 어린 양처럼 도살장으로 끌려가고, 양털 깎는 사람 앞의 양처럼 벙어리가 되어 자신의 입을 열지 않았다.'

5 하나님은 지나간 것을 우리에게 선언했을 뿐만 아니라, 또 앞으로 다가올 것에 대해서도 우리가 무지 속에 남아있지 않도록 하였으니, 더욱 하나님께 감사를 드려야 합니다.

6 그러나 그분은 그들에게 말했습니다.

"새들을 위해 둥우리가 부당하게 벌려진 것은 아니다."

7 이렇게 말한 이유는, 진리의 길을 알고 있으면서도 암흑의 길에서 벗어나지 않는 사람은 마땅히 멸망할 것이기 때문입니다.

8 주님은 바로 이러한 이유로, 비록 자신이 온 땅의 주님이고, 또 하나님이 태초에 '우리의 모습과 비슷하게 사람을 만들자'고 했음에도 불구하고, 우리의 영혼을 위해 기꺼이 수난을 당했습니다.

9 그분이 사람들 손에서 받는 줄 알면서도, 어떻게 수난을 당했는지 내가 여러분에게 보여주겠습니다.

10 그분에게서 예언의 은총을 받은 사람들이 그분에 대해 미리 말했습니다.

11 그러나 죽음을 없애고 죽은 이들로부터 부활한다는 것을 알리기 위해, 그분은 필요에 따라 기꺼이 육체를 가지고 나타났으며, 이것은 예전에 우리 조상에게 한 약속을 지키고, 자신의 새로운 백성을 준비하고, 자신이 땅 위에 있는 동안 그들에게 스스로를 보여주며, 부활 후에는 세상을 심판하기 위한 것입니다.

12 드디어 그분은 이스라엘 백성을 가르치고, 그들 가운데 많은 기적과 징표를 드러내며 설교도 하고, 이스라엘 백성에 대해 자신이 참으로 풍성한 사랑을 보여주었습니다.

13 나중에 자신에 대한 복음을 공표할 사도들을 택할 때, 죄를 매우 많이 저지른 사람들을 골랐습니다.

14 이는 그분이 정의로운 사람이 아니라, 죄인이 회개하도록 부르러 왔

다는 사실을 보여주기 위한 것이었습니다. 그리고 자신이 하나님의 아들임을 명백히 드러냈습니다.

15 만일 그분이 육체를 가지고 오지 않았다면, 사람들이 구원을 받기 위해 어떻게 그분을 쳐다볼 수 있었겠습니까? 그분 손이 만들어 낸 물건이며, 앞으로 사라질 태양만 사람들이 쳐다봐야 한다면, 태양 광선에 눈이 부셔 똑바로 쳐다보는 일을 계속할 수 없었을 것입니다.

16 그래서 하나님의 아들이 육체를 가지고 온 것은, 자신의 예언자들을 박해해서 살해한 그들의 사악함을 메워주기 위한 것입니다.

17 그분은 같은 이유로 수난을 당했습니다. 하나님은 그분 육체의 상처가 그들에게서 온 것이라고 했습니다.

'내가 양치기를 내려치면 양 떼가 흩어질 것이다.'

18 그분이 십자가에 매달리는 것이 마땅한 일이었기 때문에 수난을 당한 것입니다. 그분에 대해서 '칼에서 내 목숨을 구해주시오.' 또한 '당신의 공포로 내 살을 꿰뚫어주시오.'라고 한 예언도 있기 때문입니다.

19 그리고 '사악한 짓을 하는 무리가 나를 거슬러 일어났다.' 또 '그 사람들이 내 손과 발을 꿰뚫었다.'라는 예언도 있습니다.

20 또 그분은 이렇게 말했습니다.

'나는 등을 매질하는 자들에게 내주고, 얼굴을 단단한 바위처럼 내놓았다.'

제5장

1 그분이 하나님의 계명을 다 지킨 후 뭐라고 말했습니까?

'누가 나와 겨루겠는가? 그런 사람이 있다면 나를 대항해 일어나 보라. 누가 나를 비난하겠는가? 그런 사람이 있으면 주님의 종 앞에 가까이 데리고 오라. 너희는 저주를 받아라! 너희는 모두 헌 옷처럼 낡아 해어지고, 모조리 좀에 쏠려버릴 것이다.'

2 또 예언자가 덧붙이기를 이렇게 말했습니다.

'그분은 걸림돌로 놓였다. 내가 시온의 중한 돌, 가장 좋은 모퉁이 돌, 영광스러운 돌을 머릿돌로 놓았는데, 결과는 무엇이냐? 그러니 그분 안에 희망을 거는 사람은 영원히 살 것이다.'

3 그러면 어떻게 된 것입니까? 우리의 희망이 돌 위에 있다는 말입니까? 천만에요! 주님이 그분의 육체를 고통에 견디도록 단단하게 만들었던바, 그분이 말했습니다.

'나는 단단한 바위처럼 나를 내놓았다.'

4 그 예언자는 추가했습니다.

'주님은 오늘을 위대하고 놀라운 날로 만들었다.'

5 이 모든 사항을 나는 여러분이 알아들으라고 좀 더 쉽게 풀어쓰고 있는 것입니다. 여러분을 위해서 나는 목숨마저 기꺼이 버릴 수 있습니다.

6 그러나 그 예언자는 다시 무엇이라고 말했습니까?

'사악한 무리의 의견이 나를 둘러쌌다. 벌통에 벌이 몰려들듯이 달려들었다. 그리고 내 옷을 둘러싸고 제비를 뽑았다.'

7 우리 구세주가 육체를 가지고 나타나 고통을 받게 되었던 만큼, 수난도 마찬가지로 예언되어 있었습니다. 그 예언자가 이스라엘을 거슬

러 말했습니다.

'정의로운 자는 우리에게 불리하니 함정에 빠뜨리자고 하면서, 그들이 자기에게 해롭고 사악한 의견을 스스로 따랐던바, 그 영혼들은 저주를 받아라!'

8 모세도 그와 비슷하게 말했습니다.

'주 하나님이 말씀하시니 들어라. 너희는 주님이 아브라함과 이삭, 야곱에게 서약한 좋은 땅으로 들어가라. 그 땅을 너희에게 줄 것이니 차지하라. 젖과 꿀이 흐르는 땅이다.'

9 그러면 이제 이 말의 영적인 의미가 무엇인지 배우십시오. 그 말은 이와 같습니다.

'너희에게 육체를 가지고 나타날 예수를 신뢰하라.'

10 인간은 고통을 당하는 땅입니다. 이는 아담이 흙에서 태어난 것과 마찬가지입니다.

11 그러면 젖과 꿀이 흐르는 좋은 땅으로 들어가라는 말은 무슨 뜻입니까? 우리에게 지혜를 주고 자기 비밀을 이해할 정신을 준 우리 주님을 축복합시다.

12 예언자가 말했습니다.

'주님의 어려운 말을 누가 이해하겠는가? 지혜롭고 총명하며 주님을 사랑하는 사람만이 이해한다.'

13 죄를 용서하여 우리를 새롭게 했다고 본 그분은, 우리의 영혼을 다른 형태로 빚어서, 그분이 직접 우리를 다시 만들어 어린아이들과 같은 영혼을 가지도록 하였습니다.

14 그러므로 성경은 우리에 대해 아버지가 아들에게 말했습니다.

'우리와 비슷하게, 우리의 모습을 닮도록 사람을 만들자. 그리고 땅의 짐승과 하늘의 새와 바다의 물고기를 지배하게 하자.'

15 주님은 자신이 빚어낸 사람을 보고, 사람이 매우 좋은 작품이라고 평가하며 말했습니다.

'번식하고 증가해서 온 땅을 뒤덮어라.'

16 주님은 자신의 아들에게 말했습니다.

'사람이 먼 훗날, 어떻게 새로운 피조물이 되어 우리에게 올지 앞으로 네게 보여주겠다.'

17 주님은 또 말했습니다.

'보라! 맨 꼴찌를 맨 첫째로 만들 것이다.'

18 이에 대하여 예언자가 말했습니다.

'젖과 꿀이 흐르는 땅으로 들어가 그 땅을 지배하자.'

19 여러분은 우리가 어떻게 새롭게 빚어지게 되었는지 알 것입니다.

20 또 주님이 다른 예언자를 통해 말했습니다.

'보라! 주님이 이렇게 말씀하신다. 나는 이 사람들, 즉 주님의 성령을 받은 사람들에게서 돌의 마음을 꺼내버리고, 그 자리에 육체의 마음을 집어넣을 것이다.'

21 그분은 육체를 가지고 분명히 자신을 드러내며 우리 가운데 살아가려고 했습니다.

22 나의 형제들이여, 우리 마음의 집은 주님에게 바쳐진 거룩한 성전입니다.

23 또 주님이 말했습니다.

'나의 주 하나님 앞에서 내가 어디에 나타나고, 또 영광을 받아야 할 것인가?'

24 주님은 대답합니다.

'나는 내 형제들이 모인 가운데서 당신에게 고백하고, 성인들의 교회에서 노래를 부르겠습니다.'

25 그러므로 주님이 저 좋은 땅으로 데리고 들어간 사람들은 바로 우리입니다.

26 그러면 젖과 꿀은 무슨 의미를 지니겠습니까? 아이가 우선은 젖으로, 그다음에는 꿀로 영양분을 받아 자라듯이, 우리도 그분의 약속과 말씀에 대한 신앙으로 목숨을 부지하며 계속 살아가고, 땅을 지배할 것입니다.

27 그래서 그분이 이렇게 말했던 것입니다.

'번식하고 증가하여 물고기 등을 지배하라.'

28 그러나 지금 누가 야생 동물이나 물고기, 공중의 새를 지배할 수 있습니까?

29 지배한다는 것은 힘을 가지는 것이라고 여러분은 알고 있으니, 인간은 자신이 지배하는 대상물 위에 군림하지 않으면 안 되는 것입니다.

30 그러나 지금은 우리가 그런 처지에 있지 못한 만큼, 그분은 언제 우리가 지배할 수 있을지에 대해서, 우리가 완전해지고 주님의 계약의 상속자가 될 때라고 말해줍니다.

제6장

1 사랑하는 나의 자녀들이여, 좋으신 하나님이 우리에게 모든 것을 이미 드러내어, 우리가 누구에게 감사와 찬미를 바쳐야 할지 알려주었다는 사실을 명심하십시오.

2 하나님의 아들, 모든 것의 주시며, 산 자와 죽은 자를 심판하러 오실 그분의 수난은, 그 채찍질로 우리에게 생명을 주기 위한 것이었습니다.

3 그러니까 하나님의 아들이 우리를 위해서가 아니었다면, 수난을 당할 수가 없었다고 믿어야 합니다.

4 그때 주님이 십자가에 매달리자, 사람들은 그분에게 식초와 쓸개를 주었습니다.

5 성전의 제사장들이 이것도 예견했으니 잘 들어두십시오.

6 지정된 단식을 수행하지 않는 사람은, 그 죽음을 죽어야만 한다고 기록된 계명과 같이 주님이 선언했습니다.

7 그분 자신도 언젠가는 우리의 죄를 위해 자신의 몸을 바칠 것이었기 때문입니다.

8 그래서 제단에 바쳐진 이삭의 모습이 그대로 다시 나타나게 되었습니다.

9 그렇다면 예언자를 통해서 그분이 말한 것이 무엇입니까?
'자기네 모든 죄를 위하여 단식의 날에 바친 염소를 사람들이 먹도록 하라.'

10 형제 여러분! 잘 들어두십시오. 모든 제사장과 그 사람들은 식초로 씻지 않은 내장을 먹을 것입니다.

11 왜 그렇습니까? 내가 알기로 이렇게 말했기 때문입니다.

'새로운 백성의 죄를 위해 이제부터 내 살을 바칠 것이다. 너희는 쓸개를 섞은 식초를 내게 마실 것으로 줄 것이다. 그러므로 사람들이 단식하고, 마대와 재를 뒤집어쓰고 탄식하는 동안, 너희는 그저 먹기만 해라.'

12 그분은 그들을 위해 수난을 당할 것이라고 예견되었으니, 그분이 어떻게 그것을 드러냈는지 살펴보십시오.

13 그분은 말합니다.

'튼튼하고 비슷한 염소 2마리를 가져다가 바쳐라. 대제사장이 1마리를 불태워 제물로 삼도록 하라. 그러면 나머지 1마리를 가지고 어떻게 해야 하겠느냐?'

14 또 그분은 말합니다.

'그 염소는 저주받은 것으로 만들어라.'

15 이것이 예수의 모습으로 얼마나 정확히 나타났는지 곰곰이 생각해 보십시오.

'모인 사람이 모두 그 염소를 저주하고 때린 후, 머리에 진홍색 양털을 씌워 황야로 데리고 가라.'

16 그 염소에게 그렇게 한 뒤, 염소를 끌어가도록 지명된 사람이 황야로 끌고 가서 진홍색 양털을 치우고, 그 대신 가시덤불을 씌웠습니다.

17 우리는 가시덤불의 새순을 들에서 발견하면 먹곤 하는데, 그것은 그 가시나무의 열매가 아주 맛있기 때문입니다.

18 이러한 예식을 치르는 목적이 무엇입니까? 1마리는 제단 위에 바쳐지

고, 또 1마리는 저주받았다는 점을 깊이 생각하십시오.

19 그러면 저주받은 염소에게 왜 관을 씌웠습니까? 그것은 그 사람들이 진홍색 옷으로 몸을 두른 그리스도를 그날 볼 것이며, 이렇게 말할 것이기 때문입니다.

'우리가 십자가에 못 박고, 경멸하고, 창으로 찌르고, 조롱하던 사람이 바로 그가 아닌가? 자신이 하나님의 아들이라고 말하던 그가 바로 그 사람임에 틀림이 없다.'

20 그때 그분이 땅 위에 있던 모습 그대로 오실 것인바, 유대인들도 그때까지 튼튼하고 비슷한 염소 두 마리를 가져오라는 명령을 받을 것입니다.

21 그 사람들은 우리 구세주가 앞으로 하늘의 구름 속에서 다시 올 때, 염소들이 꼭 닮은 데 대해 놀랄 것입니다.

22 여러분은 우리를 위해 수난당할 예수의 모습을 여기서 또다시 보게 됩니다.

23 그런데 양털을 가시덤불 사이에 놓는 것은 무슨 뜻입니까? 이것도 역시 교회에 보내는 예수의 모습입니다.

24 가시가 너무 예리할 뿐만 아니라 얻기도 어려운 것처럼, 진홍색 양털을 치우는 사람도 많은 곤란을 겪기 때문입니다.

25 그리스도는 말합니다.

'나를 보고 또 내 왕국에 들어올 사람은, 많은 고통과 시련을 거쳐야만 나에게 도달할 수 있다.'

제7장

1 그러면 그것이 어떠한 모습이었다고 여러분은 생각합니까? 죄를 완전히 씻으려는 성인 남녀는 어린 암소를 바치고, 그것을 죽인 뒤 모두 태워서 버리라고 이스라엘 백성에게 명령했습니다.

2 그러면 젊은이들이 재를 모아 그릇에 담고, 진홍색 양털과 우슬초를 막대기에 묶어서, 모인 사람에게 일일이 재를 뿌려야만 했습니다. 그래야 죄가 깨끗이 씻어졌던 것입니다.

3 이 어린 암소는 예수 그리스도입니다. 어린 암소를 바치는 사악한 사람들은 예수를 죽음으로 끌고 간 죄인들로서, 죽인 뒤에는 더 이상 손을 쓰지 못해 어린 암소를 다루는 영광이 없습니다.

4 그러나 재를 뿌리는 일을 맡은 젊은이들은, 우리에게 죄의 용서와 마음의 정화를 설교하는 사람들입니다. 주님은 이들에게 복음을 전하는 권세를 주었습니다.

5 처음에는 12명으로서, 이들은 이스라엘이 12부족인바, 각 부족을 의미합니다.

6 그러면 왜 재를 뿌리던 일이 세 젊은이에게 맡겨졌습니까? 이것은 하나님 앞에서 아브라함과 이삭, 야곱이 위대한 인물로서 그들을 의미합니다.

7 막대기에 양털은 왜 매달았습니까? 이것은 예수의 왕국이 십자가 위에 세워졌기 때문입니다. 따라서 그분을 믿는 사람은 영원히 살 것입니다.

8 그러면 왜 양털과 우슬초를 함께 묶었습니까? 이는 그리스도의 왕국

에 사악하고 더러운 시기가 있을 것이나 우리는 구원될 것이며, 어떤 잘못된 체질로 인해 육신적으로 병든 사람이 우슬초로 치유될 것이라는 의미입니다.

9 이렇게 이루어지는 일들이 우리에게 명백히 드러난 반면, 유대인들에게는 숨겨져 있습니다. 유대인들이 주님의 목소리에 귀를 기울이지 않기 때문입니다.

제8장

1 성경은 우리의 귀에 대하여, 하나님이 우리의 마음과 함께 귀도 할례 했다는 점을 말해줍니다.

2 거룩한 예언자들을 통해 주님이 말했습니다.
'귀로 들음으로써 이 사람들이 나에게 복종한다.'

3 또 이렇게도 말했습니다.
'저 멀리 떨어진 사람들이 나의 행적을 듣고 이해할 것이다.'
'너희 마음을 할례하자.'
'오, 이스라엘이여 들어라! 너희 하나님 주님이 말씀하신다. 성령이 영원히 살려고 하는 사람은 내 아들의 목소리를 들으라고 예언했다.'
'오, 하늘이여 들어라! 오, 땅이여 귀를 기울여라!'
'백성의 지도자들아, 주님의 말씀에 귀를 기울여라.'
'오, 자녀들아 들어라! 황야에서 고함치는 분의 목소리에 귀를 기울여라.'

4 그분은 귀를 할례 하여 자기 말을 듣고 믿으라고 한 것입니다.

5 　유대인들이 믿는 할례는 이렇게 해서 폐지되었습니다. 하나님이 말씀하시는 할례는 육체의 할례가 아니기 때문입니다.

6 　유대인들은 사악한 자의 속임수에 넘어가 그분의 계명을 위반했습니다. 유대인들에 대하여 하나님이 말했습니다.

'주님이신 여러분의 하나님이 말씀하십니다. 가시나무 사이에 씨를 뿌리지 말고, 너희 자신을 주님이신 하나님께 할례 하라.'

7 　이 말이 무슨 뜻입니까? 여러분의 주님께 귀를 기울이십시오.

8 　또 그분은 말했습니다.

'너희 딱딱해진 마음을 할례 하라. 너희 목을 뻣뻣하게 지탱하지 마라.'

'보라! 모든 민족이 할례를 했다.'

9 　모든 민족이 음경 끝의 살을 자르지 않았습니다. 유대인들은 마음을 할례하지 않았습니다.

10 　하지만 여러분은 유대인의 징표로서 할례를 했다고 말할 것입니다.

11 　그렇다면 시리아인과 아라비아인, 우상을 섬기는 제사장들이 모두 할례를 받았는데, 이 사람들이 그렇다고 해서 이스라엘의 약속에 속한단 말입니까? 심지어 이집트인들도 할례를 받았습니다.

12 　그러므로 자녀들이여, 처음으로 할례를 시작한 아브라함이 성령 안에서 예수를 고대하면서, 세 글자의 신비를 받아 할례를 했다는 점을 더욱 철저히 이해하기 바랍니다. 아브라함이 자기 가문의 남자 318명에게 할례를 베풀었다고 기록했기 때문입니다.

13 　그러면 아브라함에게 밝혀진 신비는 무엇입니까? 먼저 10과 8, 그리고 100이라는 숫자를 잘 보십시오. 10과 8이라는 단어가 숫자로 나

타나면 I와 H가 되는데, 이것은 예수라는 뜻입니다.

14 또 우리가 십자가를 통해 은총을 받게 되었는바, 성경에 300이라는 단어가 추가되었습니다. 숫자를 나타내는 그 문자는 T, 즉 십자가의 모습이 됩니다.

15 그러므로 두 글자로는 예수를, 세 번째 글자로는 십자가를 의미한 것입니다.

16 우리에게 자신의 가르침을 무상으로 선물한 그분은, 내가 이것보다 더 확실한 진리를 다른 누구에게도 가르친 적이 없음을 잘 압니다.

17 그러나 여러분은 이 진리를 배울 자격이 충분하다고 확신합니다.

제9장

1 그러면 모세가 왜 이렇게 말했습니까?
'너희는 돼지나 독수리, 매, 까마귀의 고기를 먹지 마라. 또 비늘이 없는 물고기도 먹지 마라.'

2 그 해답은, 모세가 그다음에 나오는 3가지 가르침을 영적 의미에서 깨닫고 있었기 때문입니다.

3 그 외에 모세는 신명기에서 말합니다.
'나는 이 백성에게 내 지시 사항을 주겠다.'

4 그러므로 이런 것을 먹지 말라고 한 것은, 하나님의 계명이 아니라, 모세가 영적 의미로 유대인에게 말한 것입니다.

5 그러면 이제 모세가 유대인에게 먹지 말라고 금지한 암돼지의 의미를 풀어봅시다. 이것은 돼지와 같은 사람하고는 어울리지 말라는 뜻

입니다.

6 돼지와 같은 사람은 넉넉하고 편안하면 하나님을 망각하고, 무엇인
가 결핍하면 주님을 알아봅니다.

7 암퇘지는 배가 부르면 주인을 알아보지 못하고, 배가 고프면 꿀꿀거
리다가 먹이를 주면 조용합니다.

8 독수리나 매, 솔개, 까마귀의 고기를 먹지 말라는 것은, 이 짐승과
같은 사람하고는 어울리지 말라는 뜻입니다.

9 이러한 부류의 인간은 노동과 땀으로 자기 식량을 얻으려 하지 않
고, 남의 식량을 불의하게 빼앗기만 하고, 남에게 올가미를 걸려고
항상 노리며, 동시에 청렴결백한 사람처럼 행세합니다. 이러한 새들
만 자기 힘으로 먹이를 구하지 않습니다.

10 이들도 빈둥빈둥 놀면서, 다른 사람이 애써 마련한 식량을 먹어치울
방법만 생각하며, 자기네 사악한 짓으로 파괴적인 인간이 됩니다.

11 모세가 또 장어나 문어, 오징어 따위를 먹지 말라고 한 것은, 이와 같
은 사람과 수작을 나누어 닮지 말라는 뜻입니다. 이러한 사람은 모
두 사악하고 죽음으로 단죄되었습니다.

12 이런 물고기는 저주를 받아 진흙탕 속에 처박혀 살면서, 다른 물고
기처럼 헤엄도 치지 못하고, 깊은 물 맨 밑바닥의 더러운 곳이나 휘
젓습니다.

13 모세는 또 토끼도 먹지 말라고 했습니다. 이 말은 우리에게 무슨 의
미를 던집니까? 간음하지 말고, 또 간음하는 자를 닮지 말라는 뜻입
니다.

14 토끼는 매년 새끼를 많이 배어 급속히 증가하고, 살면 살수록 더욱 번식하기 때문입니다.

15 하이에나를 먹지 말라고도 했습니다. 이 말은 간음하지 말고, 남을 타락시키지 말라는 뜻입니다. 또 그런 사람을 닮지 말라는 말입니다. 왜 그렇습니까? 이 짐승은 매년 성을 바꿔 어느 때에는 수컷이 되고, 어느 때에는 암컷이 됩니다.

16 마찬가지 이유로 모세가 족제비를 미워한 것은 당연합니다. 자신의 불결함 때문에 입으로 사악한 짓을 하는 사람을 닮지 말라는 뜻입니다.

17 또 입으로 사악한 짓을 하는 불순한 여자들과 어울리지 말라는 뜻입니다. 족제비가 입으로 새끼를 배기 때문입니다.

18 그러므로 육류에 대해서 이야기할 때, 모세는 이러한 율법의 영적 의미 안에서 3가지 중요한 지시를 내렸습니다. 그러나 육체의 욕망을 따르는 유대인은 오로지 육류에 대한 것으로 받아들였습니다.

19 그래서 다윗이 이 3가지 지시를 올바로 깨닫고 같은 말을 하였습니다. '깊은 물 밑바닥의 암흑 속에 있는 물고기들을 언급한 바와 같이, 하나님을 두려워하지 않는 자들의 말에 귀를 기울이지 않고 살아가면 복을 받는다. 암퇘지처럼 주님을 두려워하는 척하면서도, 죄를 저지르는 죄인과 함께 어울리지 않는 사람도 복을 받는다. 가만히 앉아있다가 잡아먹을 기회만 노리는 새들처럼, 남을 경멸하는 무리에 섞이지 않는 사람도 복을 받는다.'

20 육류에 대한 율법을 진정한 지식에 따라서 완전하게 해석하면 위에 설명한 바와 같습니다.

21 모세가 말했습니다.

'너희는 굽이 갈라진 짐승과 새김질하는 짐승의 고기는 먹어라.'

22 이 말은 먹이를 취하는 이러한 짐승이 자신을 길러주는 그분을 알고, 그분 안에서 쉬고, 그분 안에서 기뻐한다는 뜻입니다.

23 계명을 존중하며 한 모세의 그 말은 정말 타당한 것입니다.

24 그러면 주님을 두려워하는 사람들, 마음속 깊이 받아들인 말씀의 계명을 곰곰이 묵상하는 사람들, 주님의 정의로운 판단을 선언하고, 계명을 지키는 사람들에게 굳게 매달려야 한다는 말은 무슨 뜻입니까?

25 요약하면, 묵상은 즐거운 일이며, 따라서 주님의 말씀 안에 자기 자신을 훈련시킨다는 점을 알고 있는 것입니다.

26 그러면 왜 이 사람들은 굽이 갈라진 짐승의 고기를 먹어도 됩니까? 정의로운 사람들은 이 세상에서 살고 있지만, 저 세상에도 기대를 걸기 때문입니다.

27 형제 여러분! 모세가 이러한 사항을 얼마나 멋지게 지시했는지 깨달아 아십시오.

28 그러나 우리가 어떻게 이 모든 내용을 알고, 또 이해한단 말입니까?

29 우리는 계명을 올바로 깨닫고, 주님이 시키는 대로 말하는 것입니다.

30 따라서 우리는 이 모든 것을 알기 위해 귀와 마음을 할례 했습니다.

제10장

1 그러면 이제 물과 십자가에 대해서, 주님이 미리 드러내려고 의도한 적이 있는지 살펴봅시다.

2 먼저 물에 대해서는, 이스라엘 백성이 죄를 용서하는 세례를 받지 못하고, 죄의 용서가 없는 다른 것을 만들도록 기록되어 있습니다.

3 예언자가 이렇게 말했습니다.

'오, 하늘이여! 놀라움에 잠겨라. 땅도 이 일로 부들부들 떨어라. 이 백성이 엄청난 짓, 사악한 짓을 두 가지 저질렀다. 살아있는 물의 샘인 나를 떠났고, 물이 고일 수 없는 엉터리 저수지들을 스스로 만들었다. 어찌하여 나의 거룩한 산 시온을 버림받은 황야라고 하느냐? 너희는 둥지를 빼앗긴 어린 새처럼 될 것이다.'

4 예언자가 또 말했습니다.

'내가 너보다 앞서 가서 산을 평평하게 만들고, 청동 성문을 부수고, 쇠 빗장을 꺾어버리고, 네게 캄캄하게 숨겨져 보이지 않는 보물을 줄 것이다. 이는 내가 주 하나님이라는 사실을 저 사람들에게 알리기 위한 것이다.'

5 이렇게 말한 예언자도 있습니다.

'그분은 강한 바위의 높은 굴에 거주할 것이다.'

'그분의 물은 충실하다. 너희는 영광의 왕을 보고, 너희 영혼은 주님에 대한 두려움을 배울 것이다.'

6 또 다른 예언자가 말했습니다.

'이러한 일을 하는 사람은 냇가에 심긴 나무, 철마다 열매를 내는 나무와 같다. 그 일은 시드는 일이 없고, 그 사람은 무슨 일을 하든지 번영할 것이다.'

7 사악한 무지는 경우가 다르고, 바람 따라 땅 위에 흩어져 사라지는

먼지와 같습니다.

8 그러므로 하나님을 두려워하지 않는 자는 심판을 견디지 못하고, 죄인의 무리는 정의로운 판단을 당하지 못할 것입니다. 주님은 정의로운 자의 길을 알고, 하나님을 두려워하지 않는 무리의 길은 멸망할 것입니다.

9 저 예언자가 십자가와 물을 어떻게 연결하는지 생각해 봅시다.
'십자가를 믿고 물에 들어가는 사람은 복을 받는다. 때가 되면 보상을 받을 것이다.'
'그때 내가 보상을 줄 것이다.'

10 그러나 현재에 대해서는, 그 사람들의 잎사귀가 떨어지지 않을 것이라고 했습니다. 이 말은 여러분 입에서 나오는 모든 말이, 신앙과 자선을 통해 많은 사람의 개종과 희망이 될 것이라는 뜻입니다.

11 이와 마찬가지로 다른 예언자가 말했습니다.
'온 땅이 야곱의 땅을 칭찬했고, 그래서 그분의 정신적 그릇(주 그리스도의 몸)을 확대했다.'

12 그다음 구절은 무엇입니까?
'오른쪽에 흐르는 강이 있고, 강가에 아름다운 나무들이 자랐다. 그 열매를 먹는 자는 영원히 살 것이다.'

13 이 말의 뜻은, 죄와 더러움에 가득 찬 우리가 물에 들어가지만, 물에서 나올 때는 열매를 가지고, 성령에 따라 우리의 마음이, 두려움과 예수 안의 희망을 간직한다는 말입니다.

14 다시 말해서, 부르시는 분의 말을 듣고 믿는 사람은 누구나 영원히

산다는 것입니다.

제11장

1 이와 같이 그분은 다른 예언자를 통해 십자가에 대한 말을 이렇게 했습니다.

'그러면 언제 이 일들이 이루어질 것인가? 주님은 넘어진 나무가 일어서고, 그 나무에서 피가 흐를 때라고 하신다.'

2 여기에서 우리는 십자가와 또 거기 매달릴 분에 대한 말을 다시 듣고 있는 것입니다.

3 한 걸음 더 나아가 그분은 모세를 통해 말씀했습니다. 이스라엘이 이민족과 싸워 패배했을 때, 하나님은 이스라엘이 자기들 죄로 어떻게 죽음에 넘겨졌는지 깨닫게 만들었습니다.

4 성령은 십자가의 징표와 그 위에서 수난당할 분을 동시에 드러낼 생각을 모세의 마음에 심어주었습니다.

5 그래서 이스라엘이 그분을 믿지 않으면, 영원히 정복당한다는 것을 깨닫게 하였습니다.

6 모세는 조금 높은 땅 한가운데 갑옷이며 투구를 산더미처럼 쌓고, 그 위에 올라가 두 팔을 벌렸습니다. 그러자 이스라엘은 다시 승리했습니다.

7 그러나 모세가 두 팔을 내리면, 이스라엘 민족이 다시 살육을 당했습니다. 왜 그랬습니까? 이스라엘이 그분을 믿지 않으면, 구원받을 수 없음을 깨닫게 하려는 것이었습니다.

8 다른 예언자의 입을 통해 그분은 말했습니다.

'나는 순종하지 않는 백성, 내 올바른 길을 거슬러 말하는 백성을 향해 종일 두 팔을 내뻗었다.'

9 또 모세는 예수의 모습, 그분도 죽을 것이지만, 사람들은 죽은 자라고 여기는 그분이, 이스라엘의 살해된 사람들의 모습처럼 다른 사람들에게 생명을 주는 것을 보여줍니다. 하나님이 모든 종류의 뱀을 시켜 이스라엘 백성을 물게 하였던바, 그들이 죽었습니다.

10 이는 하와가 뱀에 의해 최초로 죄를 짓고, 하나님은 이스라엘이 자기 죄로 죽음의 고통에 넘겨질 것임을 똑바로 깨닫게 했습니다.

11 이스라엘을 지휘하던 모세의 이 말은, 자기 자신을 이스라엘에게 주 예수의 모습으로 보여주기 위한 것이었습니다.

'너희는 조각된 상이나 주조한 상을 만들어 너희 하나님으로 섬겨서는 절대 안 된다.'

12 모세가 구리 뱀을 만들어 높이 세우고 소리치며, 백성들을 모두 불러 모았습니다. 백성들은 모세에게 대신 속죄하고 기도하여, 자기들이 치유되게 해달라고 간청했습니다.

13 그러자 모세는 이렇게 말했고, 백성은 그 말을 따랐습니다.

'너희 가운데 누구든지 뱀에게 물리면, 막대기에 높이 매달린 이 뱀 앞으로 나오라. 그리고 그분을 믿으라. 비록 그가 죽었다고 해도, 그분이 생명을 줄 수 있으니 즉시 구해질 것이다.'

14 여기서도 예수의 영광이 드러나며, 또한 그분 안에, 그분에게 모든 것이 있다는 사실을 잘 깨달을 것입니다.

15 모든 백성이 그 말에 귀를 기울여야 합니다. 유일한 예언자인 모세가 눈의 아들 여호수아(헬라어로 예수)에게 이름을 지어줄 때 한 말을 유의하십시오. 아버지는 눈의 아들 여호수아를 통해 자기 아들 예수에 대해 모든 것을 드러냈습니다.

16 가나안 땅을 정탐하라고 눈의 아들을 떠나보낼 때, 모세가 여호수아라는 이름을 지어주며 말했습니다.

'책을 들고 가서, 마지막 날에 하나님의 아들 예수가, 아말렉 가문을 뿌리째 잘라낼 것이라고 주님이 한 말씀을 적어라.'

17 여기서도 사람의 아들이 아니라, 하나님의 아들 예수가 육체와 구체적 모습으로 드러났습니다.

18 그러나 그리스도가 다윗의 아들이라고 앞으로 전해질 것이며, 또 다윗은 사악한 자의 잘못을 잘 알고 두려워하며 말했습니다.

'내 주님에게, 네 원수를 발판으로 삼아줄 때까지, 너는 내 오른편에 앉아있으라고 말했다.'

19 또 이사야도 같은 식으로 말했습니다.

'주님이 나의 주 그리스도에게, 내가 모든 민족을 그 앞에 굴복시키려고 그 오른팔을 잡아주었으며, 왕들의 세력을 꺾어버리겠다고 하였다.'

20 다윗과 이사야가 어떻게 그분을 주님, 하나님의 아들이라고 불렀는지 잘 보십시오.

제12장

1 우리는 한 걸음 더 나아가, 상속자가 이 백성인지 유대인인지, 약속

이 우리와 함께 있는지 유대인과 함께 있는지, 세밀히 살펴봅시다.

2 우선 백성에 대하여 성경이 말하는 내용에 귀를 기울입시다.

'이삭은 임신을 못 하는 아내 리브가를 위해 기도했고, 리브가는 임신을 했다. 주님은 리브가에게, 네 뱃속에 두 민족이 들어 있고, 두 백성이 네 몸에서 나올 것이다. 한 백성이 다른 백성을 지배할 것이며, 형이 동생을 섬길 것이다.'

3 여기서 우리는 이삭이 누구이고 리브가는 누구인지, 그리고 다른 민족보다 더 강해질 민족이 무엇인지 잘 깨달아야 합니다.

4 다른 예언에서 야곱은 아들 요셉에게 더욱 분명히 말했습니다.

'야곱이 이르기를, 보라! 주님은 내가 그 얼굴을 보지 못하게 속이지 않았다. 축복하려고 하니 네 아들들을 데리고 오너라. 그러자 요셉이 므낫세와 에브라임을 자기 아버지 앞에 데려갔다. 그리고 아버지가 형 므낫세에게 축복하기를 원했다. 그래서 장남을 야곱 오른편에 세웠다. 그러나 야곱은 앞으로 나올 백성과 모습을 성령으로 예견했다.'

5 성경에 어떻게 기록되었습니까?

'야곱이 두 손을 교차시켜 오른손을 차남인 동생 에브라임 위에 얹고 축복했다. 그러자 요셉이 야곱에게, 므낫세가 장남이니 그 위에 아버지의 오른손을 얹어 달라고 했다. 그러나 야곱은 요셉에게 이르기를, 나도 알고 있다. 암, 알고말고. 그렇지만 형이 물론 축복은 받겠지만, 동생을 섬길 것이다.'

6 여러분은 누가 최초의 백성으로서, 계약의 상속자가 되어야 한다고 지적하는지 잘 압니다.

7 그러므로 또 하나님이 이 점에 대하여, 아브라함에게도 주의 깊게 한 말을 살펴본다면, 우리는 완전히 깨닫게 될 것입니다.

8 아브라함이 믿고 또 그 정의로움에 대해 논쟁이 벌어졌을 때, 성경이 아브라함에게 무엇이라고 했습니까?

'보라! 할례 없이 주님을 믿는 너를 내가 여러 백성의 아버지로 만들었다.'

9 그러니 이제 우리는, 하나님은 우리 선조에게 맹세한 계약, 이 백성에게 주겠다고 한 것을 이루었는지 살펴봅시다.

10 물론 그분은 창으로 죽었습니다. 그러나 저들은 죄 때문에 받을 자격이 없었습니다. 예언자가 이렇게 말했습니다.

'모세는 주님이 백성과 맺은 계약을 받기 위해 40일 밤낮을 시내산에서 계속 단식했다. 주님의 손가락이 성령 안에서 쓴 석판 2개를 받았다. 그 석판을 받아 들고 모세가 백성들에게 전달하려고 산에서 내려왔다. 주님이 모세에게 이르기를, 모세야, 모세야! 네가 이집트에서 데리고 나온 백성이 사악한 짓을 하고 있으니, 빨리 내려가 보라.'

11 자, 그러면 어떻게 그 석판을 받았는지 알아봅시다. 모세는 주님의 종으로서 석판을 받았습니다.

12 그러나 주님은 우리에게 직접 석판을 주었습니다. 우리를 위해 수난을 당함으로써 우리가 그분의 상속받을 백성이 된 것입니다.

13 그러므로 유대인들은 자기네 죄의 대가를 치러야 하는 반면, 우리는 그분이 직접 상속자로 만들어 주 예수의 계약을 받게 되었습니다.

14 예언자가 또 말했습니다.

'너를 구원한 주 하나님이 이르기를, 보라! 내가 너를 이방인들의 빛으로 세워 모든 땅끝의 구원자가 되게 하였다.'

15 이러한 목적으로 준비된 그분이 우리 가운데 나타나, 이미 죽음에 점령당하고 과오 덩어리 길에 넘어진 우리의 마음을 암흑에서 구하고, 자기 말로 우리와 계약을 맺으려 한 것입니다. 아버지가 그분에게 우리를 암흑에서 구하여 거룩한 백성이 되도록 하였기 때문입니다.

16 이와 관련하여 예언자가 말했습니다.

'너의 주 하나님인 내가 너를 정의로움으로 불러들였다. 내가 네 손을 잡아주고 강하게 만들 것이다. 그리고 너를 백성의 계약, 이방인들의 빛으로 삼겠다. 이는 장님의 눈을 뜨게 하고, 죄수를 감옥에서 풀어주며, 암흑 속에 앉은 사람을 빛으로 끌어내려는 것이다.'

17 그러므로 우리가 어디서부터 구해졌는지 곰곰이 생각해보십시오. 예언자는 또 말했습니다.

'주님이 내게 기름을 발라주었으니 주님의 성령이 내 위에 있다. 그분이 나를 파견하여 서민들에게 기쁜 소식을 전파하고, 마음이 부서진 사람들을 치유하고, 포로들을 석방하며, 장님의 눈을 뜨게 하고, 주님의 정의의 해와 권리 회복의 날을 선포하고, 비탄에 잠긴 모든 이를 위로하게 하였다.'

제13장

1 한 걸음 더 나아가, 하나님이 시내산에서 모세에게 직접 말씀하신 십계명 중에도 기록되어 있습니다.

'주님의 안식일을 깨끗한 손과 마음으로 거룩하게 지내라.'

2 다른 곳에서 그분은 말했습니다.

'너희 자녀들이 내 안식일을 지킨다면, 나도 그 자녀들을 잘 돌볼 것이다.'

3 천지 창조 당시에도 이미 그분은 안식일에 대해서 언급했습니다.

'하나님은 6일 동안 자기 손으로 일하신 후, 7일째 되는 날 끝마치고, 이날을 쉬면서 거룩한 날로 삼았다.'

4 그분이 6일 만에 일을 마쳤다는 말이 무슨 뜻인지, 나의 자녀 여러분은 곰곰이 생각해보십시오. 이 말은 주 하나님이 6,000년 만에 이 세상 모든 것이 끝나도록 한다는 뜻입니다.

5 주님 자신이 하루가 1,000년 같다고 증언했기 때문입니다.

'보라! 이날은 1,000년같이 될 것이다.'

6 그러므로 6일 만에, 즉 6,000년 만에 모든 것이 완성될 것입니다. 그러면 7일째 되는 날 쉬었다는 말은 무슨 뜻입니까?

7 이 말은 그분의 아들이 와서 사악한 자의 계절을 폐지하고, 하나님을 두려워하지 않는 무리를 심판하며, 해와 달과 별을 변하게 하는 날이 되면, 7일째 그분이 영광스럽게 쉴 것이라는 뜻입니다.

8 그분은 끝으로 추가했습니다.

'깨끗한 손과 마음으로 안식일을 거룩하게 지내라.'

9 모든 일에 깨끗한 마음을 가지지 않고서도, 하나님이 거룩하게 한 그날을 거룩하게 지낼 수 있다고 생각하는 사람이 있다면, 스스로 크게 속는 것입니다.

10 보십시오! 정의로운 약속을 우리가 받았으니, 사악함이 더 이상 깃들지 못하고, 모든 것이 주님의 손으로 새롭게 되어, 우리가 먼저 스스로 거룩한 사람으로서 안식일을 거룩하게 할 때, 비로소 그분은 복된 휴식으로 그날을 정말 거룩하게 할 것입니다.

11 끝으로 그분이 저 사람들에게 말했습니다.
'너희는 새로운 달과 안식일을 참을 수 없다.'

12 이 말이 무슨 뜻인지 곰곰이 생각해보십시오. 그분은 이렇게 말하는 것입니다.
'너희가 지금 지키는 안식일은 받아들일 수 없다. 내가 만든 원래의 안식일만 받아들이겠다. 모든 일에서 쉬고 8일째 되는 날, 즉 다른 세상의 일을 시작하겠다.'

13 그러므로 우리는 8일째 되는 날, 즉 예수가 죽은 자들 가운데서 일어났고, 제자들에게 자기 자신을 드러내 보인 뒤, 하늘로 올라간 그날을 기꺼이 지키는 것입니다.

14 성전에 대하여 여러분에게 할 말이 아직 남아있습니다. 이 가련한 사람들이 스스로 속아서, 자신을 만든 하나님을 믿는 것이 아니라, 성전을 마치 하나님의 집이나 되는 듯 믿는데, 이 점을 설명해야겠습니다.

15 저 사람들이 이방인들과 마찬가지로, 그분을 성전 안에 거룩하게 모셨던 것입니다. 그러나 하나님은 성전을 대수롭지 않게 여긴다는 사실을 알아야 합니다.

16 주님이 말했습니다.
"누가 하늘을 자로 재고, 땅을 손으로 잴 수 있는가? 나 외에 누가 그런 능력이 있는가? 하늘이 나의 옥좌이고 땅이 나의 발판이다. 너희가 나를 위해 지었다는 집이 도대체 뭐냐? 나의 안식처라는 것이 무엇이냐?"

17 그러므로 저 사람들의 희망이 모두 헛되다는 것을 잘 알아두십시오. 그분이 또 말했습니다.

"보라! 성전을 파괴하는 사람들, 그들이 이 성전을 다시 세울 것이다."

18 일은 그렇게 이루어졌습니다. 여러 전쟁을 통해 적군이 성전을 파괴했고, 적군의 종들이 다시 성전을 세웠습니다.

19 예루살렘과 성전, 이스라엘 백성이 모두 버림을 받을 것이라는 사실이 이미 드러났습니다. 성경에 이렇게 기록되어 있습니다.

'주님이 자기 목장의 양 떼를 넘겨주고, 우리와 탑이 파괴되도록 하는 일이 마지막 시대에 일어날 것이다.'

20 주님의 말씀대로 그렇게 이루어질 것입니다. 하나님의 성전이 과연 있는지 질문해 봅시다. 물론 있습니다. 그분 자신이 만들고 완전하게 하겠다고 한, 그 성전이 있는 곳에 있습니다.

'한 주간이 끝나자마자 주님의 성전이 주님의 이름으로 영광스럽게 세워질 것이다.'

21 나는 성전이 있다고 단언합니다. 그러나 그 성전이 어떻게 주님의 이름으로 세워진단 말입니까? 이제 그 설명을 하겠습니다.

22 우리가 하나님을 믿기 전에는 우리 마음의 집이, 인간의 손으로 만든 성전과 같이 부패하고 연약했습니다. 우상 숭배로 가득 찬 집, 악마들의 집, 거기서 무슨 일을 하든지, 모두 하나님을 거스르는 것이었

습니다.

23 그러나 성전은 주님의 이름으로 세워질 것입니다. 주님의 성전이 어떻게 지어질지 생각해보고, 그 건축 수단이 무엇인지 배우십시오.

24 죄를 용서받고 또 주님의 이름을 믿어 우리는 새로워졌고, 창조 당시처럼 새로 지어졌습니다. 그러므로 하나님은 진정으로 우리의 집, 즉 우리 안에 거주하십니다.

25 그러나 어떻게 우리 안에 그분이 살고 있습니까? 그분의 신앙적 말씀과 약속의 부르심, 그분의 올바른 판단의 지혜와 가르침의 계명이 우리 안에 살아있고, 그분 자신이 우리 안에서 예언하고, 그분 자신이 우리 안에 거주하고, 죽음의 사슬에 묶여있던 우리에게 우리 성전의 문, 즉 지혜의 입을 열어주고, 우리에게 참회를 가르칩니다.

26 이렇게 해서 그분은 우리가 부패할 수 없는 성전이 되도록 해줍니다. 구원을 바라는 사람은 사람에게 기대를 걸 것이 아니라, 자기 안에 거주하고 자신을 통해 말씀하시는 그분에게 기대를 겁니다.

27 그리고 자기 입에서 나오는 그런 말을 들은 적도, 듣기를 원한 적도 없다는 사실에 스스로 매우 놀랄 것입니다. 이것이 주님을 위해 지어서 바치는 영적 성전입니다.

제14장

1 지금까지 나는 여러분의 구원에 유익한 일들과 필요한 사항을 최대한으로 알아듣기 쉽게 빠짐없이, 충분하게 밝혔다고 믿습니다. 현재의 일과 미래의 일을 더 이상은 알 수 없기 때문입니다. 그러므로 이

정도로 충분합니다.

2 이제 다른 지식과 가르침으로 넘어갑시다. 가르침과 세력에는 두 길, 즉 빛의 길과 암흑의 길이 있습니다. 그러나 이 두 가지 길은 그 차이가 너무나 큽니다.

3 빛의 길에는 하나님의 천사들이 지도자로 지정되었고, 암흑의 길에는 사탄의 천사들이 지정되었습니다. 빛은 영원한 주님이고, 암흑은 불의한 시대의 왕입니다.

4 그러면 빛의 길은 무엇입니까? 자신의 지정된 자리에 도달하고 싶은 사람은, 자기 행동(선행)으로 빨리 갈 수 있도록 해야 한다는 것입니다. 그리고 다음과 같이 살도록 우리에게 주어진 지식입니다.

5 너를 만드신 그분을 사랑하라.

6 너를 죽음에서 구원한 그분에게 영광을 드려라.

7 마음이 단순하고 정신이 풍부하도록 하라.

8 죽음의 길을 걷는 사람들과 가까이 지내지 마라.

9 하나님이 기뻐하지 않는 것은 어떤 것이든 하지 마라.

10 모든 위선을 미워하라.

11 주님의 계명을 하나라도 소홀히 마라.

12 교만하지 말고 겸손해라.

13 명예를 탐내지 마라.

14 이웃을 해치려는 나쁜 생각은 아예 품지 마라.

15 지나친 자만심은 버려라.

16 간음이나 간통을 하지 마라.

17 남색에 빠져서도 안 된다.

18 하나님의 말씀을 절대로 더러운 목적으로 사용하지 마라.

19 남의 잘못을 꾸짖을 때 결코 사람을 차별하지 마라.

20 온화하고 조용한 사람이 되라.

21 들은 말에 대하여 경외심을 품으라.

22 형제를 미워하는 마음을 품지 마라.

23 근거가 있든 없든 의심하지 마라.

24 주님의 이름을 쓸데없이 들먹거리지 마라.

25 이웃을 네 영혼보다 더 사랑하라.

26 태아를 죽이지 말고 출산해라.

27 출생한 뒤에도 아이를 죽이지 마라.

28 네 아들과 딸에게서 손을 떼지 말고, 주님을 두려워하도록 어려서부터 가르쳐라.

29 이웃의 재산을 탐내지 마라.

30 또 남을 착취하지도 마라.

31 오만한 사람들에게 맞장구치지 마라.

32 오히려 정의로운 사람과 서민들과 어울려라. 무슨 일을 당하든지 기꺼이 받아들여라.

33 겉 다르고 속 다른 생각이나 말을 하지 마라. 그런 말은 죽음의 덫이다.

34 주님에게 복종하라.

35 지상의 주인(지배자)들을 하나님의 대리인으로 보고 존경과 두려움으로 섬겨라.

36 하나님을 믿는 네 종들에게 지시를 내릴 때 가혹하게 하지 마라. 너와 종들을 모두 다스리는 하나님을 네가 두려워하지 않는 경우가 생길까 우려된다. 또 그분은 사람을 차별해서 부르지 않고, 성령이 준비한 사람은 누구나 부르기 위해서 왔다.

37 네가 가진 것을 모두 이웃과 나누어 쓰라.

38 무엇이든지 '이것은 내 것이다.'라고 주장하지 마라. 영원불멸한 것에 네가 참여했다면, 썩어버릴 것을 같이 나누어 쓰지 못할 이유가 어디 있느냐?

39 쓸데없이 남 앞에 나서 떠들어대지 마라. 입은 죽음의 덫이다.

40 있는 힘을 다해서 네 영혼을 돌보아라.

41 무엇이든지 얻으려고 손을 내밀지 말고, 내주어야 할 때는 움켜쥐지 마라.

42 네게 주님의 말씀을 전해주는 사람을 극진히 사랑하라.

43 앞으로 닥칠 심판을 밤낮으로 기억하라.

44 정의로운 사람들을 날마다 찾아다녀라.

45 남을 어떻게 말로 충고할지 생각하고 또 실천하라.

46 남의 영혼을 어떻게 구할 수 있을까 곰곰이 생각하라.

47 가난한 사람에게 주기 위해 내 손으로 일하라. 그러면 네 죄가 용서될 것이다.

48 무엇을 나누어 줄까 말까 망설이지 말고, 일단 주고 난 뒤에는 이러쿵저러쿵 떠들어대지 마라.

49 달라는 사람이 있으면 누구에게나 주어라. 그러면 네 선물에 대해

홀륭한 보상을 해주는 분을 알게 될 것이다.

50 받은 것을 잘 간직하라. 거기서 더하지도 말고 빼지도 마라.

51 사악한 무리를 항상 피하라.

52 정의로운 판단을 내려라.

53 분열은 절대 일으키지 말며, 대립하는 사람들 사이에 평화를 이루고, 그들을 하나가 되게 하라.

54 네 죄를 고백하라.

55 양심에 꺼리는 점이 있으면 기도에 나오지 마라.

56 이것이 빛의 길입니다.

제15장

1 암흑의 길은 뒤틀리고 저주에 가득 찬 것으로, 벌을 받아 영원한 죽음으로 이끕니다. 그 길을 걷는 사람은 자신의 영혼을 망치게 됩니다.

2 영혼을 망치는 것은 우상 숭배, 과신, 권세 자랑, 위선, 이중적 생각, 간통, 살인, 약탈, 자만, 위반, 속임수, 악의, 교만, 마술, 탐욕, 그리고 하나님을 두려워하지 않는 것입니다.

3 이 길을 걷는 사람들은 선한 자들의 박해자, 진리의 증오자, 거짓말의 애호가가 되며, 정의로움의 보상을 알지 못하고, 선한 것에 매달리지 않습니다.

4 이 사람들은 과부와 고아에게 정의로운 판단을 내리지 않고, 하나님을 두려워하지 않으며, 사악한 짓만 노리고 있습니다.

5 이들은 친절이나 인내와 거리가 멀고, 허영을 사랑하고, 대가를 추구

하며, 가난한 이들을 동정하지 않고, 무거운 짐에 허덕이는 사람과 억압받는 자들을 위해 조금도 수고하지 않습니다.

6 악을 떠들어대기만 하고, 자기들을 만드신 그분을 알지 못하며, 어린 아이들을 죽이고, 하나님이 창조한 사람들을 타락시키고, 도움이 필요한 사람들을 외면하고, 약한 사람들을 억압하며, 부자들의 이익을 대변하고, 가난한 사람들에게 불의의 재판관이 됩니다. 이들은 모두 죄인입니다.

7 앞에서 언급한 주님의 올바른 계명을 세워, 우리는 이런 사람들 가운데 걸어가야만 합니다. 이렇게 행동하는 사람은 주님의 왕국에서 영광을 받을 것입니다.

8 그러나 저쪽 길을 택하는 사람은 그 행적과 더불어 멸망할 것입니다. 바로 그 이유 때문에 부활과 심판이 있습니다.

9 여러분 가운데 덕망이 높은 사람들에게 부탁합니다. 그들은 내가 좋은 뜻으로 여러분에게 하는 충고를 받아들일 것입니다.

10 여러분이 선행을 베풀어주어야 할 사람들이 여러분과 함께 있으며, 그런 사람들을 저버리지 마십시오. 사악한 무리와 함께 모든 사물이 파괴될 날이 가까이 왔습니다.

11 주님은 가까이 계시며, 그분은 보상을 가지고 있습니다.

12 그러므로 거듭거듭 여러분에게 부탁합니다. 여러분은 서로 선의의 계명을 주고받으십시오. 서로 충실한 충고자가 계속 되십시오.

13 여러분 가운데서 위선을 말끔히 제거하여 버리십시오.

14 온 세상의 주님이신 하나님이 여러분에게 지혜와 지식과 좋은 의견

을 주고, 인내 안에 그분의 심판을 이해하도록 해주기를 빕니다.

15 하나님에 대해서 배우고, 주님이 여러분에게 요구하는 것을 탐구하고 또 실천하여, 심판의 날에 구원을 받도록 하십시오.

16 여러분 가운데 선한 것을 기억한다면 나를 기억해주십시오.

17 이러한 가르침을 잘 생각해 보고, 나의 소망과 여러분에 대한 관찰이 좋은 결실을 내도록 하십시오.

18 나의 부탁은 여러분 스스로 베풀어달라는 것입니다. 여러분이 이 아름다운 육체의 그릇 안에 있는 동안 이러한 가르침을 모두 받았지만, 끊임없이 이 가르침을 추구하고 모든 계명을 남김없이 지켜 달라는 것입니다.

19 이 계명들은 타당하고 또 지킬 가치가 있습니다.

20 나는 능력이 미치는 범위 내에서 더욱 부지런히 글을 적어 보내며, 여러분을 기쁘게 하려는 것입니다.

21 자녀 여러분, 사랑과 평화 안에서 안녕히 계십시오. 영광과 모든 은총의 주님이 여러분의 영혼과 함께하기를 빕니다. 아멘.

(바울의 여행 동반자 사도 바나바의 편지 끝이다.)

제18권

베드로
계시록

제1장

1 하나님의 날이 올 때, 사람들이 체험할 마지막 날의 일을 보라.

2 하나님이 심판을 결정하면, 모든 사람을 동쪽에서 서쪽까지 불러 모아 그 앞에 세울 것이다.

3 영원히 살아계신 아버지가 지옥에게 명하기를, 철문을 열어 그 안에 있는 모든 것을 내놓으라고 할 것이다.

4 짐승과 새들에게는 잡아먹었던 육체를 모두 토해 내라고 지시할 것이다. 하나님은 사람들이 제각기 모습으로 나타나기를 원하기 때문이다.

5 하나님 앞에서는 아무것도 사라지는 것이 없다. 모든 것이 그 이유가 있고, 불가능한 것이 없기 때문이다.

6 심판의 날에, 결정의 날에, 하나님의 말로 모든 것이 일어난다.

7 그분이 세상을 창조하고, 그 안에 있는 모든 것에게 명령했을 때 그 모든 것이 일어났듯이, 마지막 날도 그렇게 될 것이다.

8 하나님께는 모든 것이 가능하다. 성경에서 말하고 있다.

"사람의 아들아, 뼈들에게 예언하라. 뼈와 뼈가 붙어 관절을 이루고, 그 위에 근육과 신경과 살과 살갗과 털이 붙으라고 지시하라."

9 위대한 우리엘이 하나님의 명령으로 영혼과 정신을 줄 것이다. 하나님께서 우리엘에게 심판의 날 죽은 자들의 부활을 맡긴 것이다.

10 땅에 뿌려진 밀알을 보고 곰곰이 생각해보아라. 영혼도 없고 마른 것을 사람이 땅에 뿌린다. 그러면 그 씨가 다시 살아 결실을 맺고, 땅은 자기에게 맡겨진 서약대로 그 씨를 다시 돌려준다.

11 사람이 죽으면 씨처럼 땅에 뿌려진 것이며, 다시 살고 생명을 회복할
것이다. 그러니 그분을 믿고 그분에게 선택받은 사람들을, 결정의 날
에 하나님이 다시 살리는 것은 당연한 일이다.

12 이러한 사람들을 위해서 그분이 땅을 창조한 것이다. 이 모든 사람의
땅이 결정의 날에 다시 돌려줄 것이다. 땅도 하늘도 그날 심판을 받
기 때문이다.

13 하나님에 대한 신앙에서 떨어져 나가고 죄를 지은 사람들에게도, 이
모든 일이 심판의 날에 일어날 것이다. 폭포처럼 불이 쏟아져 내릴
것이다.

14 짙은 암흑이 밀어닥쳐서 온 세상을 뒤덮으며, 모든 불이 변해서 불타
는 석탄이 될 것이다. 물속의 모든 것이 불타고 바다가 불이 될 것이
다. 하늘 아래서 꺼지지 않는 불이 맹렬하게 일어나, 분노의 심판을
위해 흐를 것이다.

15 별들은 창조되지 않기라도 한 듯이 불길에 녹아버리고, 물이 없어 하
늘의 연결 고리가 창조되지 않기라도 한 듯이 없어질 것이다.

16 하늘의 번개들이 사라지고, 그 황홀 속에서 세상을 놀라게 할 것이
다. 죽은 육체의 영혼들이 번개와 같이 되고, 하나님의 명령으로 불
이 될 것이다.

17 창조된 모든 것이 무너져 내릴 때, 동쪽의 사람들은 서쪽으로, 서쪽
의 사람들은 동쪽으로, 남쪽의 사람들은 북쪽으로, 북쪽의 사람들
은 남쪽으로 도망칠 것이다.

18 무시무시한 불의 분노가 어디서나 사람들을 삼킬 것이다. 꺼지지 않

는 불이 사람들을 몰아서, 꺼지지 않는 불의 강물에 담아 분노의 심판으로 운반해 올 것이다.

19 부글부글 끓는 물결이 사람을 각기 분리하면, 사람의 자녀들 가운데서 엄청나게 이를 가는 소리가 날 것이다.

20 찬란히 빛나는 영원한 구름을 타고, 내가 하나님의 천사들에 둘러싸여, 하늘의 아버지 오른편 옥좌에 앉는 것을 모든 사람이 볼 것이다.

21 그때 아버지는 내 머리에 왕관을 씌워 줄 것이며, 그 광경을 보는 민족들이 자기 민족을 위해서 통곡할 것이다.

22 각 개인의 행위들이 민족 앞에 드러나고, 하나님은 민족들을 불의 강으로 들어가라고 명령할 것이다.

23 각자의 행동에 따라서 보상이 내릴 것이다. 선행을 한 선택받은 사람들은 내게 오고, 불에 삼켜져 죽는 일이 없을 것이다.

24 그러나 사악한 사람들, 죄인들과 위선자들은 영원히 사라지지 않는 암흑 깊숙한 곳에 처박히고, 벌로 불을 받을 것이다.

25 천사들이 죄인들을 끌어내고, 각자의 죄에 따라 영원한 벌을 내릴 장소로 몰아갈 것이다.

26 홍수에 사라진 죄인들의 영혼, 각종 우상, 주조된 금속 상, 각종 사랑, 그림, 모든 산, 돌, 길가에 깃들어 사람들에게 신이라는 말을 듣던 모든 존재의 영혼을, 하나님의 천사 우리엘이 끌어갈 것이며, 이러한 존재들은 그 깃든 장소와 함께 영원한 불에 탈 것이다.

27 그 존재들이 깃든 장소가 모두 없어진 뒤, 존재들은 영원히 처벌받을 것이다.

제2장

1 먼젓번 장소와 대비되는 다른 곳, 매우 어두운 처벌의 장소가 보였고, 처벌을 받는 사람들도 보였다. 처벌을 담당하는 천사들은 그곳 분위기에 따라 검은 옷을 입고 있었다.

2 어떤 사람들은 헛바닥으로 매달렸는데, 올바른 길을 모독했기 때문이다. 그들 밑에 불이 훨훨 타올라 고통을 주었다.

3 불타는 진흙탕으로 가득 찬 드넓은 호수에 처박힌 사람들이 보였다. 올바른 길에서 벗어난 그들 위에 처벌의 천사들이 자리를 잡았다.

4 살인자들과 그 패거리들이 독사로 가득 찬 계곡에 처박혀 물어뜯기고, 고통에 몸을 뒤틀며, 검은 구름처럼 덮치는 구더기에 짓눌리는 모습을 보았다.

5 그때 살해된 사람의 영혼들이 당당히 서서 살인자들의 처벌을 내려다보며 말했다.
"오, 하나님! 당신의 심판은 올바릅니다."

6 다른 장소를 보라. 거대한 구덩이에 올바른 길을 거부한 사람들이 처박혀 있다. 처벌의 천사들이 나타나 그들 위에 처벌의 불을 붙인다.

7 여자 둘이 있다. 목이 머리카락으로 대롱대롱 매달려 구덩이에 던져진다. 아름답게 보이는 게 아니라, 간음을 위해 남자들의 영혼을 호려 파멸시키려고 머리카락을 땋았던 여자들이다.

8 이 여자들과 간음한 남자들이 불타는 곳에 그 가랑이로 매달려 서로 말했다.
"영원한 고문을 당할 줄은 몰랐다."

9 다른 남자들과 여자들이 그들 위에 알몸으로 서 있다. 그 자녀들이 반대편 기쁨의 장소에 마주 서 있다.

10 자녀들이 부모 때문에 한숨을 지으며 하나님께 소리쳤다.
"이들은 당신의 사람에게, 당신이 모든 사람에게 지정해 준 빛을 우리에게서 빼앗아갔습니다."

11 그 어머니들의 젖통에서 젖이 흘러나와 얼어붙고 악취를 풍기며, 그 젖에서 육체를 잡아먹는 야수들이 나와 남편들과 함께 여자들을 영원히 고문한다.

12 하나님의 계명을 저버리고 자녀를 죽였기 때문이다. 자녀들은 테믈라코스 천사에게 넘겨질 것이다.

13 그러나 자녀를 죽인 사람들은, 하나님이 원하는 대로 영원히 고문을 당할 것이다.

14 그 근처에서 나는 다른 계곡을 보았다. 거기 고문당하는 사람들의 똥오줌이 흘러서 호수를 이루었다. 그 위에 여자들이 앉았고, 똥오줌이 턱까지 차올랐다.

15 여자들 반대편에 너무 일찍 태어난 많은 자녀가 울면서 앉아있었다. 그 자녀들로부터 불길이 터져 나와 여자들의 눈을 태워버렸다. 이 여자들은 사생아를 임신하여 낙태한 것이다.

16 다른 남자들과 여자들은 허리까지 치솟는 불길 속에 서 있었다. 어두운 곳에 던져져 악령들에게 시달림을 당하고, 지칠 줄 모르는 구더기가 내장을 파먹었다. 이들은 정의로운 사람들을 박해하고 넘겨주었다.

17 속임수를 일삼던 다른 남자들과 여자들이 자기 혀를 씹고, 시뻘겋게 단 쇠로 고문을 당하며 눈이 불로 지져졌다. 이들은 비방을 일삼고 나의 정의로움을 의심했다. 그들은 입술이 잘려나가고, 그 입과 뱃속으로 불이 들어갔다. 이들은 거짓말로 순교자들을 살해했다.

18 또 다른 곳에는 칼날이나 쇠꼬챙이보다 날카로운 조약돌들이 불에 타고 있었다. 누더기를 걸친 남자들과 여자들이 그 위에서 뒹굴며 고통을 당했다. 이들은 부자로서 자기 재산을 믿었으며, 고아와 과부에게 자비를 베풀지 않고, 오히려 하나님의 계명을 경멸했다.

19 또 다른 곳의 거대한 호수는 배설물과 피, 들끓는 진흙탕이 가득했다. 거기 남자들과 여자들이 무릎까지 빠진 채 서 있었다. 이들은 돈을 빌려주고 많은 이자를 요구했다.

20 다른 남자들과 여자들이 높은 산에서 아래쪽으로 스스로 몸을 던지면, 고문자들이 다시 벼랑 위로 쫓아버리고, 그러면 다시 몸을 던지고, 이러한 고문이 쉴 새 없이 반복되었다.

21 이 남자들은 남자와 노는 여자처럼 행동하여 스스로 자기 육체를 더럽혔다. 이 여자들은 여자와 노는 남자처럼 행동하여 자기 육체를 스스로 더럽혔다.

22 그 절벽 근처에 맹렬한 불로 가득 찬 곳이 있었다. 거기 하나님을 대신한 형상들을 자기 손으로 만들었던 남자들이 서 있었다. 그들 옆에 시뻘겋게 단 쇠막대를 든 남자들과 여자들이 서로 지져대며, 그 고문을 쉬지 않고 했다.

23 그 가까이 다른 남자들과 여자들이 불에 타서 구워졌다. 하나님의

길을 저버린 사람들이었다.

24 우리의 왕이며 나의 주 예수 그리스도가 내게 말했다.

"거룩한 산으로 가자."

25 그 제자들이 기도하며 함께 따라갔다. 거기 두 사람이 있었는데, 우리는 그 얼굴을 쳐다볼 수 없었다. 빛을 발산하는 그 얼굴은 태양보다 더 찬란하고, 그 옷도 빛나서 도저히 묘사할 수 없었다.

26 이 세상에 비교할 것이 하나도 없었다. 그 우아하고 아름다운 모습을 입으로는 도저히 표현이 불가능했다. 그 모습이 놀랍고 신비로웠기 때문이다.

27 큰 사람은 얼굴이 수정보다 더 찬란히 빛났다. 얼굴, 몸, 머리의 색깔은 장미꽃과 같았다. 두 어깨와 이마에 아름다운 꽃으로 엮은 감송향의 관이 놓이고, 머리카락은 물 위의 무지개와 같았다.

28 그 사람의 용모가 이처럼 아름다웠다. 몸에는 온갖 장신구를 다 갖추었다. 우리가 문득 두 사람을 쳐다보고 경탄하지 않을 수 없었다.

29 내가 주님께 다가가 물었다.

"저 사람들은 누구입니까?"

30 주님이 대답했다.

"네가 정의로운 형제들의 모습을 보고 싶어 했는데, 바로 이 사람들이 정의로운 형제들이다."

31 내가 물었다.

"다른 정의로운 사람들은 모두 어디 있습니까? 사람들이 이러한 영광을 누리는 그 세상은 어떤 곳입니까?"

32 그러자 주님이 내게 이 세상 바깥의 매우 광활한 장소를 보여주었다.

33 거기는 모든 것이 광채로 번쩍이고, 공기가 햇살로 충만하고, 땅에서는 시들지 않는 꽃들이 가득하고, 영광스럽게 시들지 않는 꽃을 피우고, 복된 열매를 맺는 나무들과 향료가 온 땅에 깔렸다.

34 꽃들의 향기가 하도 강해서 우리마저 그 향기를 맡았다.

35 주민들은 천사의 빛나는 옷을 입었다. 그 옷은 그 장소에 적절했다.

36 천사들이 주민과 어울려 걸어 다녔다. 주민은 모두 동등한 영광을 누리고, 그 장소에 대해서 기뻐하며 한목소리로 주 하나님을 찬미했다.

37 주님이 우리에게 말했다.

"여기가 너희 대제사장들, 즉 정의로운 사람들의 장소다."

38 나는 기쁨에 넘쳤다. 나의 주 예수 그리스도의 책에 기록된 것을 믿고 이해했다.

39 내가 주님께 물었다.

"주님, 천막 셋, 즉 하나는 주님을 위해, 하나는 모세를 위해, 또 하나는 엘리야를 위해 내가 세우기를 원합니까?"

40 주님이 화를 내며 말했다.

"사탄이 네게 전쟁을 일으켜 네 이해력을 흐리게 하고, 이 세상의 좋은 것들이 너를 정복한다. 너는 눈을 뜨고 귀를 열어야 한다. 나에게, 그리고 선택받은 자들에게는 사람의 손이 만든 천막이 아니라, 하늘의 아버지가 만든 천막이 마땅하다."

41 우리는 기쁨에 가득 찬 그것을 보았다. 문득 하늘에서 목소리가 들렸다.

"이 사람은 내가 사랑하고 기꺼이 여기는 나의 아들이다. 내 계명들은…."

42 우리 위로 어마어마하게 크고 짙은 흰 구름이 몰려와 우리 주님과 모세와 엘리야를 데려갔다.

43 나는 무서워서 몸을 부들부들 떨었다. 우리가 고개를 들자 하늘이 열렸다. 우리는 육체를 가진 사람들을 보았다.

44 그들이 와서 우리 주님과 모세와 엘리야에게 인사를 하고, 다 함께 2번째 하늘로 들어갔다.

45 이 세대가 그분을 찾으며, 야곱의 하나님의 얼굴을 찾는다고 한 성경이 이루어졌다.

46 하늘에서 거대한 두려움과 경이로움이 자리를 잡았다. '왕들, 너희 문을 열어라!'고 한 성경이 이루어지기 위해 천사들이 한군데로 모여들었다. 그 뒤에 열렸던 하늘이 닫혔다.

47 우리는 기도를 마치고 산에서 내려왔으며, 하늘의 생명책에 정의로운 사람들의 이름을 기록한 하나님을 찬미했다.

제3장

1 나는 부글부글 끓는 불의 강을 보았다. 거기 수많은 남녀가 무릎까지 빠져 있었다.

2 다른 남자들은 배꼽까지, 또 다른 사람들은 입술까지, 그리고 또 다른 사람들은 머리카락까지 잠겨 있었다.

3 내가 천사에게 물었다.

"불의 강에 잠긴 저 사람들은 누구입니까?"

4 천사가 대답했다.

"뜨겁지도 않고 차지도 않으며, 정의로운 무리에도 속하지 않고 불의 한 무리에도 속하지 않은 자들이다. 지상에서 살아있는 동안 어떤 때는 기도를 했지만, 다른 때는 죽을 때까지 죄와 간음을 저지른 자들이다."

5 다시 천사에게 물었다.

"무릎까지 빠진 사람들은 누구입니까?"

6 천사가 대답했다.

"교회 밖으로 나가 괴상한 교리를 토론하는데 정신을 판 사람들이다. 배꼽까지 잠긴 이유는, 그리스도의 몸과 피를 받아먹은 뒤, 밖으로 나가 간음을 범하고 죽을 때까지 죄를 지었기 때문이다.

하나님의 교회 안에서 서로 비방한 사람들은 입술까지 잠겨 있다. 눈썹까지 잠긴 사람들은, 서로 눈짓을 교환하며 이웃을 해칠 음모를 꾸몄기 때문이다."

제4장

1 북쪽을 보니 각종 형벌의 장소에 남녀가 가득 차 있었다. 그 위에 불의 강물이 쏟아져 내렸다. 매우 큰 구덩이였다. 그 깊이는 1,500m나 되어 보였다.

2 거기 떨어진 수많은 영혼들이 한숨을 쉬고 울며 말했다.

"주님, 우리에게 자비를 베풀어주십시오."

3 그러나 아무도 관심을 갖지 않았다. 내가 천사에게 물었다.

"어떤 사람들입니까?"

4 천사가 대답했다.

"하나님의 도움에 희망을 걸지 않았던 사람들이다."

5 나는 말했다.

"이런 영혼을 30세대나 40세대를 연이어 여기다 포개어 넣는다면, 구덩이를 더 깊이 파기 전에는 만원이 되지 않을까 합니다."

6 천사가 말했다.

"심연은 무한하다. 심연 아래 또 심연이 있다. 누가 돌을 집어 매우 깊은 우물에 던지면, 많은 시간이 지나 돌이 바닥에 닿는 것처럼 심연도 그러하다. 영혼을 여기 처넣으면 바닥에 닿을 때까지 적어도 500년은 걸린다."

제5장

1 나는 또 다른 불의 강을 보았다. 거기서 타르타로스의 수호자인 천사들이 어떤 사람의 목을 조르고 있었다. 손에 든 금속 삼지창으로 그 노인의 배를 꿰뚫었다.

2 내가 천사에게 물었다.

"저렇게 심한 형벌을 받는 저 노인은 누구입니까?"

3 천사가 대답했다.

"네가 보는 저 사람은 자기 직무를 제대로 수행하지 않은 장로다. 먹고 마시고 간음하면서 주님의 거룩한 제단에 제물을 바쳤다."

4 그 근처에 악한 천사 넷이 다른 노인을 허겁지겁 끌어왔다.

5 불의 강에 무릎까지 빠뜨리고 돌로 치면서, 얼굴을 폭풍처럼 가격하여 상처를 냈다. 자비를 베풀어달라는 말조차 못 하게 만들었다.

6 내가 물었더니 천사가 대답했다.

"네가 보는 저 사람은 목사다. 자기 직분을 충실히 수행하지 않았다. 한때 위대한 이름을 받았지만, 생전에 그 이름을 준 그분의 거룩함 속으로 들어가지 않았다. 저 사람은 정의로운 판결을 내리지 않고, 과부와 고아에게 자비를 베풀지도 않았다. 이제 그 사악함과 행동에 따라 벌을 받는다."

7 불의 강에 무릎이 빠진 다른 사람을 보았다. 피투성이가 되어 두 손을 벌리고 있었다. 입과 콧구멍에서 구더기가 기어 나왔다.

8 그가 신음하며 울고 말했다.

"이 형벌의 장소에서 내가 다른 사람들보다 더 지독하게 당하고 있으니 자비를 베풀어주십시오."

9 내가 물었다.

"저 사람은 누구입니까?"

10 천사가 대답했다.

"저 사람은 전도사다. 봉헌물을 먹어치우고 간음을 하여 하나님의 눈에 올바르지 못하게 행동했다. 그래서 쉬지 않고 이러한 벌을 받는다."

11 그 옆에 다른 사람이 급히 끌려와 불의 강에 무릎까지 처박히는 것을 보았다. 형벌을 담당한 천사가 불타는 거대한 면도날을 가지고 그의 입술과 혀를 갈가리 찢었다.

12 나는 한숨을 쉬고 울며 물었다.

"저 사람은 누구입니까?"

13 천사가 대답했다.

"네가 보는 저 사람은 교사다. 사람들에게 성경을 읽어주면서도 자기는 하나님의 계명을 지키지 않았다. 이제 저 사람도 자기 벌을 받는다."

제19권

바울
계시록

제1장

1 거룩한 사도 바울의 계시다. 바울이 3번째 하늘의 낙원에 올라가 사람이 표현할 수 없는 말을 듣고 본 내용이다.

2 테오도시우스 아우구스투스 2세와 치네지우스가 공동 집정관으로 있을 때, 어떤 점잖은 사람이 예전에 바울의 소유였던 바로 그 집에 살고 있었다.

3 밤에 천사가 그 사람에게 나타나 계시를 주면서, 그 집의 기초를 파내어 거기서 발견된 것을 공개하라고 말했다. 하지만 그는 망상이라고 여겼다.

4 천사가 3번이나 나타나 그를 책망하며, 그 집의 기초를 파헤치라고 독촉했다. 그래서 파 보았더니 대리석 상자가 나왔다.

5 그 속에 바울의 계시록과 바울이 하나님의 말씀을 전할 때 신고 다닌 신발이 들어 있다는 글이 상자 옆에 새겨져 있었다.

6 그는 두려워서 상자를 열지 못하고 재판관에게 가지고 갔다. 재판관이 그 상자를 받아서 관례에 따라 납으로 봉인한 뒤, 그 속에 다른 것이 들어 있을까 두려워 테오도시우스 황제에게 보냈다.

7 황제가 그 상자를 접수하여 열자 바울의 계시록이 들어 있었다. 황제는 복사본을 하나 만든 다음, 원래의 필사본을 예루살렘으로 보냈다.

8 원래의 필사본 내용은 아래와 같다.

제2장

1 내가 위를 높이 쳐다보니, 태양과 같이 빛나는 얼굴을 한 다른 천사

들이 있었다. 그들은 허리에 황금 띠를 두르고, 손에는 종려나무 가지와 하나님의 표지를 들고 있었다.

2 그들은 하나님 아들의 이름이 새겨진 옷을 입었는데, 친절과 동정심으로 가득 차 있었다. 내가 쳐다보며 물었다.

"저토록 아름답고 동정심에 가득 차 있는 분들은 누구입니까?"

3 천사가 대답했다.

"정의로움의 천사다. 하나님이 자신을 돕는 분이라고 믿는 정의로운 사람들의 영혼이 필요할 때, 그들을 인도하기 위해서 파견된 것이다."

4 내가 물었다.

"정의로운 사람이나 죄인이 죽으면 증인들을 만나야 합니까?"

5 천사가 대답했다.

"모든 영혼이 한 줄기 길을 지나서 하나님께로 간다. 그러나 정의로운 사람은 자기를 돕는 거룩한 분이 있는바, 하나님 앞으로 나아갈 때 두려워할 필요가 없다."

제3장

1 그 일대를 둘러보니 젖과 꿀이 가득 차 흐르는 강이 있었다. 그 강물 끝에 열매가 가득한 나무들이 촘촘했다. 그 나무들은 다양했다. 서로 다른 12개의 열매를 매년 12배로 결실했다.

2 나는 그곳의 피조물과 하나님의 모든 업적을 보았다. 종려나무들도 보았다. 어떤 것은 10m, 또 어떤 것은 5m쯤 되었다. 그 땅은 순은보다 7배나 찬란했다.

3   나무들은 뿌리에서 꼭대기에 이르기까지 열매로 가득 찼다. 각 나무
     는 뿌리에서 가운데까지 가지만 1만 개, 열매 송이는 수만 개나 되었
     다. 가지마다 1만 개의 송이가 달리고, 송이마다 1만 개의 대추야자
     가 달렸다.

4   포도나무도 마찬가지였다. 포도나무마다 1만 개의 가지가 나고, 가지
     마다 1만 개의 포도송이가 달리고, 송이마다 1만 개의 포도 알갱이
     가 달렸다.

5   거기 다른 종류의 나무도 수십 억, 수백 억 그루나 있었는데, 열매가
     위의 숫자대로 열렸다.

6   내가 천사에게 물었다.
     "나무마다 이렇게 무수한 열매가 맺히는 까닭은 무엇입니까?"

7   천사가 대답했다.
     "주 하나님이 자신의 풍성함을 열어서, 자격 있는 사람들에게 한없는
     선물을 주시기 위함이다. 이 사람들이 세상에 살아있을 때, 하나님
     의 거룩한 이름을 위해 스스로 고난을 당하며, 무슨 일이든 다 했기
     때문이다."

제4장

1   내가 천사에게 물었다.
     "주 하나님이 성인들에게 약속한 것이 이뿐입니까?"

2   천사가 대답했다.
     "천만에! 7배나 더 위대한 것들이 또 있다."

3 내가 너희에게 말해두지만, 정의로운 사람들이 육체를 떠나서, 하나
님이 약속에 따라 준비한 좋은 것들을 보면, 한숨을 쉬고 다시 울면
서 말할 것이다.

"우리는 왜 이웃을 불쾌하게 자극하는 말을 하루에 한마디라도 했던가?"

4 내가 다시 천사에게 물었다.

"하나님의 약속이 이것뿐입니까?"

5 천사가 대답했다.

"네가 지금 보고 있는 것은, 결혼한 사람들이 정결하게 행동하여 혼
인의 순결을 보전한 데 대한 보답이다. 하지만 처녀들에게 정의로움
을 위하여 굶주리고 갈증을 견딘 사람들과 하나님의 이름을 위하여
스스로 고난을 당한 사람들에게는, 앞으로 네게 보여줄 것의 7배를
하나님이 주실 것이다."

제5장

1 이것을 보고 나자 천사가 나를 그곳에서 데리고 떠났다. 놀라웠다.
아주 깨끗한 물이 흐르는 강이 보였다. 그 물은 우유보다 더 희었다.

2 내가 천사에게 물었다.

"이것은 무엇입니까?"

3 천사가 대답했다.

"이는 그리스도의 도시가 위치한 아케루시아 호수다. 하지만 누구나
이 도시에 들어갈 수 있는 것은 아니다. 이것이 하나님께 이르는 길
이기 때문이다.

만일 불경스럽고 간음한 사람이 회개하고 적합한 결실을 맺는다면, 그가 육체를 떠난 뒤 우선 여기에 도착하여 하나님을 숭배하고, 하나님의 명령에 따라 미가엘 천사에게 넘겨지며, 대천사는 그를 이 아케루시아 호수에서 세례를 준다. 그리고 죄를 짓지 않는 사람들과 함께 그를 그리스도의 도시로 인도한다."

4 나는 매우 놀랐고, 내가 본 모든 것에 대하여 주 하나님을 송축했다.

제6장

1 천사가 나에게 말했다.

"나를 따라오너라. 그리스도의 도시로 인도해주겠다."

2 천사가 아케루시아 호숫가에 서서 나를 황금의 배에 태웠으며, 내가 그리스도의 도시에 도착할 때까지, 천사 3,000명이 내 앞에서 노래를 불렀다.

3 그때 그리스도 도시의 시민들이 내가 온다고 해서 뛸 듯이 기뻐했다.

4 나는 안으로 들어가 그 도시를 보았다. 도시 전체가 완전히 순금이었다. 12겹의 성벽으로 둘러싸였고, 성안에 탑이 12개 있었다.

5 성벽과 성벽 사이의 거리는 각각 1스타디움이었다. 내가 천사에게 물었다.

"1스타디움이 얼마나 되는 거리입니까?"

6 천사가 말했다.

"그것은 주 하나님과 땅에 있는 사람들 사이의 거리다. 그리스도의 도시가 참으로 크기 때문이다."

7 그 도시를 둘러싼 성벽에는 엄청 아름다운 성문이 12개나 있고, 4줄기 강물이 도시를 감쌌다. 그것은 꿀의 강, 젖의 강, 포도주의 강, 기름의 강이었다.

8 내가 천사에게 물었다.

"이 도시를 에워싸고 있는 저 강들은 무엇입니까?"

9 천사가 대답했다.

"이 4개의 강은 약속의 땅에 사는 사람들을 위해 풍성하게 흐른다. 꿀의 강은 비손, 젖의 강은 유프라테스, 기름의 강은 기혼, 그리고 포도주의 강은 티그리스다.

정의로운 사람들이 세상에 살아있는 동안 자기 힘으로 이러한 물건을 사용하지 않고, 이런 물건 없이 굶주렸으며, 하나님의 이름을 위하여 스스로 고난을 당했던바, 이 도시로 들어오면 수량과 분량을 재지 않고 주님이 주시는 것이다."

제7장

1 성문을 통해 내가 안으로 들어가 보니, 그 도시의 문 앞에 굵고 매우 높은 나무들이 있었다. 열매는 없고 잎사귀뿐이었다.

2 그 나무 사이로 사람들이 흩어져 있었다. 내가 도시로 들어가는 것을 보고 나무들이 통곡하였다. 나무들이 그들을 대신하여 스스로 몸을 낮춰 절하고, 다시 허리를 펴는 식으로 속죄하였다.

3 그것을 보고, 나는 그들과 함께 울면서 천사에게 물었다.

"그리스도의 도시로 들어가지 못하는 저 사람들은 누구입니까?"

4 천사가 대답했다.

"저들은 밤낮으로 단식하며 열심히 극기를 실천했지만, 다른 사람들보다 오만한 마음을 가지고 스스로 영광과 찬미를 누렸으며, 이웃을 위해서 아무것도 하지 않았다.

어떤 사람들에게는 친절하게 인사했지만, 다른 사람들에게는 '평안하십니까?'라는 말조차 건네지 않았다. 자기 마음에 드는 사람에게만 수도원의 문을 열어주었고, 이웃에게 쥐꼬리만 한 선행을 하고 으스대기가 이만저만이 아니었다."

5 내가 천사에게 물었다.

"그래서 어떻다는 것입니까? 오만이 이 사람들을 그리스도의 도시로 들어가지 못하게 막는단 말입니까?"

6 천사가 대답했다.

"그렇다! 오만은 모든 악의 뿌리다."

제8장

1 천사의 인도를 받으며 나는 앞으로 나가 꿀의 강에 이르렀다. 거기서 이사야, 예레미야, 에스겔, 아모스, 미가, 스가랴 등 크고 작은 예언자들을 만났다. 모두 나를 반겼다.

2 내가 천사에게 물었다.

"이것은 무슨 길입니까?"

3 천사가 대답했다.

"예언자들의 길이다. 영혼의 고뇌를 겪은 사람과 하나님을 위해 자기 뜻을 버린 사람은, 누구나 세상을 떠나 주 하나님께 인도되어 그분을 숭배한 뒤, 하나님의 명령으로 미가엘에게 넘겨지고, 미가엘은 그를 도시로 들여 예언자의 장소로 인도한다. 그가 하나님의 뜻을 실천했던바, 예언자들이 자기 친구와 이웃으로 영접한다."

제9장

1 천사가 나를 젖의 강으로 인도했다. 거기서 헤롯왕이 그리스도의 출생으로 죽인 모든 아기를 보았다. 그들이 나를 반겼다.

2 천사가 내게 말했다.

"순결과 순수를 보전한 사람이 육체를 떠나면, 누구나 주 하나님을 숭배한 뒤 미가엘에게 넘겨지고, 이 아기들에게 인도된다. 아기들이 그를 영접하면서 '당신은 우리의 형제요, 친구요, 동료입니다.'라고 말한다. 그들과 더불어 그는 하나님의 약속을 상속할 것이다."

제10장

1 천사가 나를 데리고 도시의 북쪽으로 인도하여 포도주의 강이 있는 장소로 갔다. 거기서 나는 아브라함, 이삭, 야곱, 롯, 욥, 그리고 다른 성인들을 보았다. 모두 나를 반겼다.

2 내가 천사에게 물었다.

"여기는 어떤 곳입니까?"

3 천사가 대답했다.

"나그네에게 친절을 베푼 사람이 세상을 떠나면, 먼저 주 하나님을 숭배한 뒤 미가엘에게 넘겨진다. 그리고 이 길을 따라서 도시로 들어온다. 모든 정의로운 사람이 아들과 형제로서 그를 영접하며, '나그네에게 인정과 친절을 베풀었으니, 우리 하나님의 도시에서 상속을 받으시오.'라고 말한다.

그때 정의로운 사람은 각자 자신의 행위에 따라 이 도시에서 하나님의 선물을 받을 것이다."

제11장

1 천사가 나를 도시 동쪽에 있는 기름의 강으로 인도했다. 거기서 매우 기뻐하며 시편을 노래하는 사람들을 보았다.

2 내가 천사에게 물었다.

"이 사람들은 누구입니까?"

3 천사가 대답했다.

"하나님께 온 마음을 다해 자신을 바치고 오만을 품지 않은 사람들이다. 주 하나님 안에서 기뻐하고, 온 마음을 다해 그분을 찬미하는 사람은, 누구나 이 도시로 인도되어 온다."

제12장

1 천사가 나를 12번째 성벽에 가까운 도시 중심부로 데리고 갔다. 거기는 다른 곳보다 더 높았다.

2 내가 천사에게 물었다.

"그리스도의 도시 안에서 여기보다 더 영광스러운 곳이 있습니까?"

3 천사가 대답했다.

"열두 번째 성벽 가까운 곳이 바깥보다 더 뛰어나다. 두 번째 성벽이 첫 번째보다 낫고, 세 번째가 두 번째보다 낫다."

4 내가 말했다.

"어째서 한쪽이 다른 쪽보다 더 영광스럽단 말입니까? 설명해주십시오."

5 천사가 대답했다.

"그리스도의 도시에 있다고 해도, 비방이나 시기, 질투, 오만을 조금 이라도 안에 품고 있으면, 그 사람의 영광이 그만큼 줄어든다. 네 뒤 를 돌아보아라."

제13장

1 내가 뒤를 돌아보니, 여러 성문에 황금 옥좌들이 놓여있고, 그 위에 보석이 박힌 황금 관을 쓴 사람들이 앉아있었다.

2 12명 사이로 안쪽에 한 단계 높은 옥좌들이 보였는데, 더 영광스러 운 듯했다. 아무도 찬미하지 못할 정도였다.

3 내가 천사에게 물었다.

"저 옥좌에 앉은 사람들은 누구입니까?"

4 천사가 대답하였다.

"저들은 마음이 선하고 이해심이 많지만, 주 하나님을 위해 스스로 바보가 되었다. 성경을 모르고 시편도 별로 아는 게 없지만, 하나님 의 계명에 대한 부분에만 주의를 기울였다. 그 계명을 듣고 정성을 다해 실천하였다. 주 하나님 앞에 참된 열성을 보였다.

주 하나님 앞에 있는 모든 성인들이 이들에 대해 크게 경탄하며, '아는 것도 없고 배운 것도 없는 이 사람들이, 그 무죄함으로 어떻게 저토록 고귀하고 아름다운 옷을 입을 자격을 얻었는지 보자.'고 하면서 자기들끼리 토론을 한다."

제14장

1 그 도시 중심부에서 매우 크고 높은 제단을 보았다. 제단 옆에 서 있는 사람은 태양처럼 얼굴이 빛났고, 손에 현악기와 하프를 들고 노래했다.

"할렐루야!"

2 그 소리가 도시 전체에 울렸다. 모든 사람이 탑과 성문에서 그 소리를 듣고 "할렐루야!"로 응답하니, 도시의 기초가 흔들렸다.

3 내가 천사에게 물었다.

"이토록 엄청난 힘을 가진 저분은 누구입니까?"

4 천사가 대답했다.

"저분은 다윗이고, 이 도시는 예루살렘이다. 영원한 왕 그리스도가 그 왕국을 믿고 오게 되면, 다윗이 앞으로 나아가 노래하고, 정의로운 사람이 모두 동시에 '할렐루야!'로 응답할 것이다."

5 내가 물었다.

"다른 모든 성인에 앞서 왜 다윗만 노래를 시작하는 겁니까?"

6 천사가 대답했다.

"하나님의 아들 그리스도가 아버지의 오른편에 앉았기 때문이다. 그

래서 다윗이 7번째 하늘의 그리스도 앞에서 시편을 노래하는 것이
다. 하늘에서 하는 것과 같이 아래서도 그렇게 해야만 한다.

다윗 없이는 하나님께 희생을 바칠 수 없고, 그리스도의 몸과 피를
희생으로 바칠 때 다윗의 노래가 필요하기 때문이다. 하늘에서 이행
하는 것을 그대로 땅에서도 해야 한다."

제15장

1 내가 천사에게 물었다.

"'할렐루야'가 무슨 뜻입니까?"

2 천사가 대답했다.

"너는 탐구하고 모든 구석을 찾아봐라."

3 그리고 천사가 다시 말했다.

"'할렐루야'는 하나님과 천사들의 언어인 히브리어다. 그 의미는 테셀
카트 마리트 마카다."

4 내가 대답했다.

"테셀 카트 마리트 마카는 '우리 모두 다 함께 그분을 송축하자'라는
뜻입니다."

5 그리고 천사에게 다시 물었다.

"'할렐루야'라고 말하는 사람은 모두 주님을 송축합니까?"

6 천사가 대답했다.

"그렇다. 누가 '할렐루야!'라고 하는데, 거기 있는 사람 가운데 하나라
도 따라 하지 않는다면, 그는 노래하지 않아 죄를 짓는 것이다."

7 내가 물었다.

"노망들거나 매우 늙은 사람도 그런 죄를 짓는 겁니까?"

8 천사가 대답했다.

"그렇지는 않다. 그러나 노래할 수 있음에도 참여하지 않는 사람은 이 말을 무시하는 것이다. 오만하고 신앙이 없어 자신의 창조주 하나님을 송축하지 않는 것이다."

제16장

1 이 말을 마친 천사가 도시에서 나무 사이로 빠져나가며, 좋은 것이 풍성한 지역을 떠나 나를 인도했다. 그리고 젖과 꿀의 강에 이르렀다. 이어서 하늘의 기초를 맡은 바다에 도착했다.

2 천사가 입을 열어 나에게 물었다.

"네가 이곳을 떠나고 있음을 알고 있느냐?"

3 내가 대답했다.

"그렇습니다."

4 천사가 말했다.

"자, 따라오너라. 불경스러운 자와 죄인들의 영혼을 보여주고, 그곳이 어떤지도 알려주겠다."

5 나는 천사와 함께 떠나 해 지는 곳으로 갔다. 거기서 거대한 강물이 떠받치고 있는 하늘의 시작을 보았다.

6 내가 물었다.

"이 강물은 무엇입니까?"

7 천사가 대답했다.

"온 땅을 둘러싸고 있는 바다다."

8 그 바닷가에 서서 바라보니, 빛은 전혀 없고 암흑과 슬픔, 비탄이 가득하여 내가 한숨을 쉬었다.

제17장

1 거기 다른 구덩이가 있고, 한가운데 강이 흘렀다. 강물에 빠진 무수한 남녀를 구더기가 파먹고 있었다.

2 내가 한숨을 쉬고 울면서 천사에게 물었다.

"저 사람들은 누구입니까?"

3 천사가 대답했다.

"엄청난 이자로 고리대금을 일삼고, 자기네 재산을 믿었으며, 하나님이 자기를 돕는 분이라고 희망을 걸지 않았던 사람들이다."

제18장

1 나는 단단히 폐쇄된 다른 장소로 눈을 돌렸다. 벽으로 둘러싸인 그곳에 불이 타올랐다. 거기서 나는 자기 혀를 씹어 먹고 있는 남녀들을 보았다.

2 그래서 내가 물었다.

"저 사람들은 누구입니까?"

3 천사가 대답했다.

"하나님의 말씀에 전혀 주의를 기울이지 않고, 그 말씀을 모독한 사람들이다. 하나님과 천사들을 깡그리 무시했다. 그래서 이제 특별한 벌을 받는 것이다."

제19장

1 구덩이 아래쪽에 있는 다른 구멍을 보았다. 피로 가득 찬 듯했다.

2 내가 천사에게 물었다.

"저곳은 무엇입니까?"

3 천사가 대답했다.

"모든 형벌이 저곳으로 흘러 모인다."

4 남녀가 입술까지 잠긴 것을 보고 다시 물었다.

"어떤 사람들입니까?"

5 천사가 대답했다.

"남자와 여자에게 마술과 주술을 부려서, 그들이 죽을 때까지 평화를 발견하지 못하게 만든 마술사들이다."

6 불구덩이 안에서 시커먼 얼굴을 한 남녀들을 보고, 내가 한숨을 쉬고 울면서 물었다.

"저 사람들은 누구입니까?"

7 천사가 대답했다.

"간통자와 간음자들이다. 남자는 아내가 있음에도 간통을 했고, 여자도 남편이 있는데 간통을 했다. 그래서 쉬지 않고 저런 벌을 받는다."

8 나는 검은 옷을 입은 처녀들과 불타는 쇠사슬을 손에 든 무시무시한 천사 넷을 보았다. 천사들이 처녀들의 목을 그 쇠사슬로 묶어 암

흑으로 끌고 갔다.

9 내가 울면서 천사에게 물었다.

"저 여자들은 누구입니까?"

10 천사가 대답했다.

"처녀로 지내라고 지정되었으나, 부모를 속이고 자기 처녀성을 더럽힌 여자들이다. 그래서 특별한 벌을 끊임없이 받는다."

제20장

1 손발이 갈가리 찢기고, 알몸으로 얼음과 눈 위에 놓인 남녀들을 구더기가 파먹는 장면을 보았다.

2 내가 울면서 물었다.

"저 사람들은 누구입니까?"

3 천사가 대답했다.

"고아와 과부, 가난한 자를 해친 자들로, 주님에게 희망을 걸지도 않았다. 그래서 특별한 벌을 끊임없이 받는다."

제21장

1 나는 개울물 위로 걸쳐진 다른 사람들을 보았다. 혓바닥이 바싹 말라붙어 있었다. 빤히 보이는 곳에 과일이 풍성하게 차려져 있었지만 먹을 수가 없었다.

2 내가 물었다.

"저 사람들은 누구입니까?"

3   천사가 대답했다.

"지정된 시간에 앞서 단식을 깬 사람들이다. 그래서 끊임없이 저런 벌을 받는다."

제22장

1   나는 눈썹과 머리카락으로 매달려 있는 다른 남녀들을 보았다. 아래에서 불의 강이 올라왔다.

2   내가 물었다.

"저 사람들은 누구입니까?"

3   천사가 대답했다.

"자기 남편과 아내에게는 몸을 허락하지 않고, 오히려 간통자에게 몸을 준 자들이다. 그래서 특별한 벌을 끊임없이 받는다."

제23장

1   나는 먼지를 뒤집어쓴 남녀들을 보았다. 그 얼굴은 피와 같았다. 타르와 유황 구덩이에서 불의 강으로 달려가고 있었다.

2   내가 물었다.

"저 사람들은 누구입니까?"

3   천사가 대답했다.

"소돔과 고모라의 죄를 저지른 자들, 즉 동성연애자들이다. 그래서 특별한 벌을 끊임없이 받는다."

제24장

1 찬란한 옷을 입고 눈이 먼 채, 불구덩이에 떨어져 고통받고 있는 남녀들을 보았다.

2 내가 물었다.

"저 사람들은 누구입니까?"

3 천사가 대답했다.

"이교도들이다. 자선을 베풀었지만 주 하나님을 알지 못했다. 그래서 특별한 벌을 끊임없이 받는다."

제25장

1 나는 불타는 피라미드 위에 놓인 다른 남녀들을 보았다. 야수 떼가 남녀를 갈가리 찢어댔으나, '주님, 우리에게 자비를 베풀어주십시오.'라는 말조차 하지 못했다.

2 처벌의 천사들이 가장 참혹한 벌을 주면서 말했다.

"하나님의 아들의 심판을 알아들어라! 너희는 미리 경고를 받았기 때문이다. 거룩한 성경을 낭독할 때, 너희는 주의를 기울이지 않았다. 너희 악행이 너희를 여기 끌어왔고, 이 벌을 받게 함으로써 하나님의 심판은 정의로운 것이다."

3 나는 한숨을 쉬고 울면서 물었다.

"불 속에서 목이 졸리며 벌을 받는 저 남녀는 누구입니까?"

4 천사가 대답했다.

"하나님이 해산하라고 뱃속에 심어준 것을 더럽힌 여자들, 그리고 그 여자들과 잠자리를 같이한 남자들이다."

5 그때 그 자녀들은 하나님과 처벌을 담당한 천사들에게 호소하며 말했다.

"하나님이 빚어준 것을 더럽힌 부모에게서 우리를 건져주십시오. 부모는 하나님의 이름을 가지고 있지만, 그 계명은 지키지 않았으며, 우리를 개에게 먹이로 주고, 돼지에게 짓밟히게 하며, 강물에 던지기도 합니다."

6 자녀들은 처벌을 담당한 타르타로스의 천사들에게 넘겨졌다. 천사들은 드넓은 자비의 장소로 인도했다. 반면에 그 부모들은 영원히 목졸림을 당했다.

제26장

1 그 광경에 이어서 나는 타르와 유황이 잔뜩 묻은 누더기를 걸친 남녀들을 보았다. 용들이 그 목과 어깨, 다리를 칭칭 감았다.

2 불타는 뿔을 가진 천사들이 그들을 가두고, 두들겨 패고, 콧구멍을 막으며 말했다.

"마땅히 회개하고 하나님을 섬겨야 하는 시간을 왜 미리 알아보지 못하고, 또 그렇게 행동하지 않았느냐?"

3 나는 한숨을 쉬고 울면서 말했다.

"인간에게 재앙이다. 죄인들에게 재앙이다. 왜 태어났던가?"

4 천사가 나에게 말했다.

"너는 울고 있느냐? 너는 주 하나님보다 더 동정심이 많단 말이냐?

주님은 영원히 복을 받았고, 심판을 정했으며, 각자에게 선과 악을
선택하고, 원하는 대로 행하도록 허락했다."

5 내가 더욱 세차게 흐느끼자 천사가 말했다.
"더 참혹한 벌을 보지도 않고 울고 있단 말이냐? 따라오너라. 이것보
다 7배나 더 심한 벌을 보여주겠다."

제27장

1 천사가 나를 처벌의 장소인 북쪽으로 데리고 가서 우물 위에 놓았
다. 그 우물은 7개의 봉인이 처져 있었다.

2 나를 인도한 천사가 그곳의 천사에게 말했다.
"하나님이 극진히 사랑하는 바울이 들여다볼 수 있도록 우물의 뚜껑
을 열어라. 하계의 모든 형벌을 목격할 힘을 바울이 받았다."

3 그 천사가 나에게 말했다.
"이곳의 악취를 견디지 못할 테니 멀찌감치 떨어져 서 있어라."

4 이윽고 뚜껑이 열렸다. 다른 형벌보다 더 지독하게 코를 찌르는 악취
가 즉시 뿜어 나왔다. 내가 우물 속을 들여다보니 온통 불구덩이였
다. 우물 입구는 사람이 하나 겨우 들어갈 만큼 좁았다.

5 천사가 말했다.
"이 심연의 우물에 처넣어지면, 아버지와 아들, 성령, 거룩한 천사들
앞에서 그 이름이 결코 거론되지 않는다."

6 내가 물었다.
"여기에 처넣어지는 사람들은 누구입니까?"

7 천사가 대답했다.

"그리스도가 육체 안에서 세상에 온 것과 처녀 마리아가 그리스도를 낳았다는 것을 부정하고, 성찬의 빵과 축복의 잔이 그리스도의 몸과 피가 아니라고 주장한 사람들이다."

제28장

1 내가 북쪽에서 서쪽으로 돌아서 보니, 쉬지 않고 움직이는 벌레가 있었다. 거기서 이를 가는 소리가 들렸다. 그 벌레는 길이가 50㎝쯤 되고 머리가 2개였다.

2 나는 추위에 갇힌 남녀들이 이를 가는 것을 보았다. 그래서 물었다.

"저기 있는 사람들은 누구입니까?"

3 천사가 말했다.

"그리스도가 부활하지 않았으며, 육체의 부활이 없다고 주장한 사람들이다."

4 내가 다시 물었다.

"저곳에는 불이나 열이 전혀 없습니까?"

5 천사가 대답했다.

"저곳에는 추위와 눈밖에 없다."

6 그리고 천사가 말했다.

"태양이 저 위로 떠오른다고 해도, 추위와 눈이 너무 심해 따뜻해질 수 없다."

제29장

1 그 말을 듣고, 나는 두 손을 뻗어 한숨을 쉬고 울면서 말했다.

"우리가 모두 죄인이라면, 차라리 태어나지 않았으면 더 좋았을 것입니다."

2 그곳에 있던 사람들이 내가 천사 곁에서 우는 것을 보고, 자기들도 울면서 큰 소리로 말했다.

"하나님, 우리에게 자비를 베풀어주십시오."

3 그 말이 끝나자 하늘이 열리고, 천사의 군대를 거느린 대천사 미가엘이 하늘에서 내려오는 것이 보였다.

4 죄인들이 다시 눈물을 흘리며 소리쳤다.

"대천사 미가엘이여, 우리에게 자비를 베풀어주십시오. 우리와 인류에게 자비를 베풀어주십시오. 당신의 기도 덕분에 땅이 존속하기 때문입니다.

우리가 이제 심판을 보고 하나님의 아들을 알았습니다. 여기 들어오기 전에는 우리가 이런 기도를 할 수 없었습니다. 심판이 있다는 말을 생전에 듣기는 했지만, 온갖 풍파와 속세의 번거로운 생활 때문에 우리는 회개할 겨를이 없었습니다."

5 미가엘이 대답했다.

"미가엘의 말을 잘 들어라. 하나님 앞에 항상 서 있는 천사가 바로 나다. 내가 모시는 하나님이 살아있듯이, 나는 하루도 빠지지 않고 밤낮으로 인류를 위해 기도하고, 아직 지상에 있는 사람들을 위해서 기도한다.

그러나 사람들은 악행과 간음을 그치지 않고, 지상에 있는 동안 나를 도와서 선행을 하지 않는다. 마땅히 회개해야 하는 그 시간을 그들은 허영으로 보낸다. 과거에도 항상 그랬지만, 지금도 나는 하나님이 이슬을 내리고 비를 내리도록 기도하며, 땅이 열매를 낼 때까지 계속한다.

단언하지만, 누가 만일 극히 사소한 선행이라도 한다면, 나는 그를 변호하고 보호하며, 처벌의 심판을 면하게 해 줄 것이다. 너희 기도는 어디 있느냐? 너희 회개는 어디 있느냐? 너희는 시간을 무시하고 허송했다.

그러니 이제는 울어라. 나도 너희와 함께 울겠다. 내가 거느린 천사들과 극진히 사랑받는 바울도 같이 울 것이다. 어쩌면 자비로운 하나님이 너희에게 은혜를 베풀어주실지 모른다."

6 그 말을 들은 사람들이 통곡을 하고, 한없이 눈물을 흘리며 한목소리로 외쳤다.

"하나님의 아들이여, 우리에게 당신의 자비를 베풀어주십시오."

7 나 바울은 한숨을 쉬고 말했다.

"주 하나님, 당신이 빚은 사람들에게 자비를 베풀어주십시오. 당신 자신의 모습에게 자비를 베풀어주십시오."

제30장

1 내가 여전히 나무에 대한 생각에 잠겨 있을 때였다. 저 멀리서 처녀가 다가오고, 그 앞에 천사 200명이 찬송가를 부르는 모습이 시야에

들어왔다.

2 내가 천사에게 물었다.

"저토록 찬란한 영광에 싸여 다가오는 처녀는 누구입니까?"

3 천사가 대답했다.

"주님의 어머니인 처녀 마리아다."

4 마리아가 다가와 나에게 인사를 했다.

"하나님과 천사, 사람들이 극진히 사랑하는 바울에게 인사한다. 모든 성인이 나의 주님이자 아들인 예수에게 간청했다.

'바울이 세상을 떠나기 전에 육체를 가지고 여기 오도록 해 주십시오.'

5 주님이 대답했다.

'참고 기다려라. 얼마 있으면 너희가 바울을 볼 것이며, 너희와 함께 영원히 있을 것이다.'

6 모든 성인이 말했다.

'바울이 육체를 가지고 있을 때 만나보고 싶습니다. 우리를 슬프게 하지 마십시오. 당신의 이름이 바울을 통하여 세상에서 크게 영광을 받았으며, 바울이 크고 작은 일을 모두 떠맡은 것도 우리가 보았습니다. 우리는 여기 들어오는 사람들에게, 세상에서 누가 그들을 인도했는지 물어보곤 합니다. 그러면 그들이, 바울이라는 사람이 그리스도를 선포하며, 우리가 그 설교의 힘과 감미로움에 끌려 믿게 되었고, 많은 사람이 왕국에 들어갔다고 대답합니다.'

7 이와 같이 정의로운 사람들이 모두 내 뒤를 따라 너를 만나러 오고 있다. 내 아들이자 주님인 예수 그리스도의 뜻을 실천한 사람들은,

내가 가장 먼저 와서 그들을 만나보고, 그들이 평화 안에서 나의 사랑하는 아들을 만날 때까지, 여기서 마냥 나그네로 남아 있지 않을 것이다."

제31장

1 세 사람의 말이 채 끝나기 전에, 저 멀리서 영광에 싸여 다가오는 12명이 보였다.

2 내가 천사에게 물었다.
"저 사람들은 누구입니까?"

3 천사가 대답했다.
"선조들이다."

4 선조들이 가까이 다가와 내게 인사했다.
"하나님과 사람들이 극진히 사랑하는 바울에게 인사한다. 주님은 우리를 슬프게 하지 않았고, 네가 세상을 떠나기 전에, 육체를 가지고 있는 동안 너를 볼 수 있게 되었다."

5 선조들은 르우벤에서 베냐민에 이르기까지 차례대로 자기 이름을 댔다.

6 요셉이 말했다.
"이집트로 팔려갔던 사람이 나다. 형제들이 나를 거슬러 한 모든 행동에도 불구하고 나는 악하게 대하지 않았으며, 그 일로 아침부터 저녁까지 형제들을 해치지도 않았다. 주님을 위해서 어떤 일에 피해를 입고도 참고 견디는 사람은 복이 있다. 그가 세상을 떠날 때 주님이 수십 배로 보상할 것이다."

제32장

1 요셉의 말이 끝나기 전에, 나는 저 멀리서 아름다운 사람이 오는 것과 찬송가를 부르는 천사들을 보았다.

2 내가 물었다.

"저 아름다운 얼굴의 사람은 누구입니까?"

3 천사가 되물었다.

"누군지 모르겠느냐?"

4 내가 대답했다.

"모르겠습니다."

5 천사가 말했다.

"율법을 준 모세다. 하나님이 모세에게 율법을 주었다."

6 가까이 다가온 모세가 울면서 나에게 인사했다. 내가 모세에게 물었다.

"당신은 온순함에 있어서 모든 사람을 뛰어넘는다고 들었습니다. 왜 웁니까?"

7 모세가 대답했다.

"나는 힘들여 심어놓았던 사람들을 위해 운다. 아무도 열매를 맺지 못하고 발전하지 못했기 때문이다. 내가 치던 양 떼가 모두 흩어져, 마치 목자 없는 것처럼 되었음을 보았다. 이스라엘 자녀들을 위하여 내가 참고 견딘 모든 노력이 깡그리 무시당하는 것을 보았다.

내가 아무리 위대한 업적을 많이 남겼어도 이스라엘 자녀들은 깨닫지 못했다. 이방인과 할례받지 않은 자, 우상 숭배자들이 개종하여 하나님의 약속에 들어오는데, 이스라엘이 들어오지 않는 것을 보고 나는 놀랐다.

나의 형제 바울아, 네가 설교하는 예수를 사람들이 매달았을 때, 내게 율법을 준 모든 것의 하나님이신 아버지, 미가엘과 모든 천사와 대천사, 아브라함과 이삭과 야곱, 그리고 정의로운 사람들 모두가 십자가에 매달린 하나님의 아들을 위하여 울었다.

그때 모든 성인이 나에게 시선을 집중하고 쳐다보며 말했다. '모세, 당신의 백성이 하나님의 아들에게 하는 짓을 보시오!' 너는 축복을 받았고, 네 말을 믿은 백성과 세대도 복을 받았다."

제33장

1 모세의 말이 끝나기 전에 12명이 와서 나를 보고 물었다.

"하늘과 땅에서 대단한 칭송을 받는 바울이 너인가?"

2 나는 그 말에 물었다.

"당신들은 누구입니까?"

3 첫째 사람이 말했다.

"나는 이사야다. 므낫세가 나무 톱으로 내 목을 잘랐다."

4 둘째 사람도 마찬가지로 말했다.

"나는 예레미야다. 이스라엘 자녀들이 돌로 나를 쳐서 죽였다."

5 셋째 사람이 말했다.

"나는 에스겔이다. 이스라엘 자녀들이 내 다리를 잡고 산으로 질질 끌고 올라가, 바위 위에서 내 머리통을 깨부숴 버렸다. 우리는 이스라엘 자녀들을 구하기 위해 이 모든 시련을 참고 견디었다.

그런 시련을 받은 뒤, 나는 주님 앞에 엎드려 그들을 위해 기도했다. 주님의 날 2시까지 무릎을 꿇고 있었다. 그때 미가엘이 와서 나를 땅에서 들어 올렸다.

너는 복을 받았고, 너를 통해 믿은 사람들도 복을 받았다."

제34장

1 예언자들이 지나간 후, 얼굴이 아름다운 다른 사람을 보았다.

2 내가 천사에게 물었다.

"저 사람은 누구입니까?"

3 천사가 대답하였다.

"소돔에서 정의로운 사람으로 판명된 롯이다."

4 롯은 나를 보자 크게 기뻐하며 다가와 인사했다.

"바울아, 너는 복을 받았다. 네 봉사를 받은 세대도 복을 받았다."

5 내가 물었다.

"소돔에서 정의로운 사람으로 판명된 롯이 당신입니까?"

6 롯이 대답했다.

"내가 천사들을 나그네로 집안에 맞아들였다. 소돔의 남자들이 그들의 몸을 더럽히려고 하였다. 나는 남자를 모르는 내 두 딸을 내주며, '내 딸들을 너희 마음대로 해라. 그러나 이 사람들에게는 나쁜 짓을 하지 마라. 내 집의 지붕 아래 들어온 손님이기 때문이다'라고 말했다.

사람이 무슨 일을 하든지, 하나님은 그가 돌아올 때 수십 배로 갚아준다는 사실을 굳게 믿고 깨달아야 한다. 너는 복을 받았고, 네 말을 믿은 백성도 복을 받았다."

제35장

1 롯의 말이 끝나자 얼굴이 매우 아름다운 사람, 찬송가를 부르는 천사들을 대동하고, 저 멀리서 미소를 띠며 다가오는 모습이 보였다.

2 내 곁에 있던 천사에게 물었다.
"그러면 정의로운 사람마다 같이 다니는 천사가 있습니까?"

3 천사가 말했다.
"성인들에게는 각자 도와주고 찬송가를 불러주는 천사가 한 명씩 있는데, 서로 떨어지지 않는다."

4 내가 물었다.
"저 사람은 누구입니까?"

5 천사가 대답했다.
"욥이다."

6 욥이 가까이 다가와 나에게 인사했다.
"나의 형제 바울아, 너는 하나님과 사람들 앞에서 큰 영예를 얻었다. 나는 곪아 터진 상처로 30년 동안 엄청난 고통을 당한 욥이다. 내 몸에 돋아난 종기가 처음에는 좁쌀만 하다가 사흘 만에 주먹보다 더 커졌다. 거기서 나오는 구더기는 손가락 넷의 길이였다.
악마가 3번이나 내게 와서 하나님을 저주하고 죽으라고 재촉했다. 그때 악마에게 '만일 죽는 날까지 계속 고통을 당하는 것이 하나님의 뜻이라면, 나는 끊임없이 주 하나님을 찬미하며 큰 보상을 받을 것이다. 이 세상의 시련은 앞으로 올 위안에 비하면 아무것도 아니라는 것을 내가 알기 때문이다.'라고 말했다.

바울아, 너는 복을 받았고, 네 활동을 통하여 믿게 된 민족도 복을 받았다."

제36장

1 욥의 말이 끝나기 전에, 저 멀리서 다른 사람이 큰 소리로 외치며 다가오는 모습이 보였다.

"바울아, 너는 복을 받았다. 나는 주님이 사랑하는 너를 보았기 때문에 복을 받았다."

2 내가 천사에게 물었다.

"저 사람은 누구입니까?"

3 천사가 대답했다.

"대홍수 시대의 노아다."

4 우리는 즉시 인사를 나누었다. 그가 크게 기뻐하며 말했다.

"너는 하나님이 극진히 사랑하는 바울이다."

5 내가 물었다.

"당신은 누구입니까?"

6 그가 말했다.

"나는 대홍수 시대에 살았던 노아다. 나는 입은 옷을 벗지 않고 머리도 깎지 않은 채, 100년 동안 방주를 만들었다. 게다가 아내를 가까이하지 않으려고 자제했다. 그런데 100년 동안 내 머리카락이 자라지 않았고, 옷도 더러워지지 않았다.

나는 그 시대 사람들에게 '대홍수가 닥칠 것이니 너희는 회개하라'고 말하며 간청했다. 그러나 그들은 나를 비웃고 내 말을 조롱했다. 오히려 그들은 '지금은 마음대로 놀고, 죄를 짓고, 가능한 대로 많이 간음하는 사람의 시대다. 하나님은 우리를 보지 못하고, 우리가 하는 행동을 알지 못한다. 대홍수 따위가 지상에 찾아올 리 없다'고 말했다.

그래서 하나님이 생명의 영혼을 지닌 모든 육체를 멸망시킬 때까지, 사람들이 계속해서 죄를 지었다. 그러나 불경한 세대 전체보다도 하나님이 정의로운 사람 하나를 더 잘 본다는 것을 명심하라. 너는 복을 받았고, 네 활동을 통하여 믿게 된 백성도 복을 받았다."

제37장

1 나는 앞의 모든 사람을 뛰어넘는 대단히 아름다운 사람을 보았다.

2 천사에게 물었다.

"주님, 저 사람은 누구입니까?"

3 천사가 대답했다.

"너희 모든 사람의 아버지인 아담이다."

4 아담이 가까이 와서 기뻐하며 내게 인사했다.

"하나님이 사랑하는 바울아, 용기를 내라. 내가 회개한 후 동정심 많고 자비로운 그분의 칭찬을 받은 것처럼, 너는 수많은 사람을 회개로 인도했다."

제38장

1 나 바울은 다시 정신을 차린 후, 그동안 본 것을 깨닫고 이해하며 두루마리에 기록했다.

2 생전에 나는 이 신비를 드러낼 틈이 없었던바, 전부 기록하여 어느 신자의 집 벽 밑에 묻어두었다.

3 나는 길리기아의 도시 다소에서 그 신자와 함께 살았다. 내가 이 임시적인 삶에서 풀려나 주님 앞에 섰을 때 주님이 말씀하셨다.

"바울아, 어느 집 벽 밑에 묻어두라고 내가 이 모든 것을 보여주었단 말이냐? 사람들이 읽고 진리의 길을 따르며, 저 참혹한 고통을 겪지 않도록, 너는 사람을 보내 그 내용을 드러내라."

4 그래서 이 계시록이 발견된 것이다.

제20권

아담과 하와의
생애

제1장

1 낙원에서 쫓겨난 후, 아담과 하와는 천막을 치고 슬픔에 못 이겨 7일 간 통곡하며 탄식했다.

2 7일이 지나자, 그들은 배가 고파 먹을 것을 찾으러 돌아다녔다. 하지 만 아무것도 발견하지 못했다.

3 하와가 아담에게 말했다.

"주인님, 저는 배가 고파요. 가서 우리가 먹을 음식을 찾아보세요. 어 찌면 하나님이 마음을 누그러뜨리고, 우리를 불쌍히 여겨 낙원으로 다시 불러들일지 모르잖아요?"

4 아담이 자리에서 일어나 그 지방 일대를 7일간 돌아다녔다. 그러나 낙원에서 먹던 음식은 발견하지 못했다.

5 하와가 아담에게 말했다.

"주인님, 저를 죽여주세요. 아, 저는 죽고 싶어요! 제가 죽는다면, 하 나님이 당신을 낙원으로 다시 불러들일지 몰라요. 저 때문에 하나님 이 당신에게 분노했으니까요."

6 아담이 대답했다.

"하나님의 다른 저주를 받을까 두려우니, 제발 그런 소리는 하지 마 시오. 내가 어떻게 손을 뻗쳐 나 자신의 살을 향해 해칠 수 있단 말 이오? 차라리 우리가 가서 먹을 것을 함께 찾아봅시다. 그래야 우리 가 쇠약해지지 않고 목숨을 부지할 수 있소."

7 그들이 다시 7일 동안 먹을 것을 찾아 헤맸으나, 낙원에서 먹던 것은 하나도 보이지 않고 짐승들의 먹이만 보였다.

8 아담이 하와에게 말했다

"주님은 짐승들과 야수들에게 이것을 먹이로 지정했지만, 우리에게 는 천사들의 음식을 제공해 왔소. 그러니 우리를 만드신 하나님께서 우리를 보고 얼마나 크게 탄식했겠소. 우리는 마땅히 마음속 깊이 참회해야 하오. 그러면 주 하나님이 우리를 참아주고 불쌍히 여겨, 목숨을 이어가라고 음식을 주실 것이오."

제2장

1 하와가 아담에게 말했다.

"주인님, 참회가 뭐지요? 제가 무슨 참회를 해야 한단 말인가요? 계속 해서 지고 갈 수 없는 과도한 짐을 우리가 짊어지면 안 돼요. 우리가 약속한 것을 지키지 않은 탓으로, 하나님이 우리 기도를 들어주지 않고 고개를 돌릴 테니까요. 제가 당신에게 근심과 재앙을 안겨준 후, 당신은 얼마나 많이 참회하려 했던가요."

2 아담이 하와에게 말했다.

"당신은 나하고 똑같은 시련을 견디어 낼 수 없소. 그러니 힘이 자라 는 데까지만 하시오. 나는 40일간 단식을 하겠소. 당신은 일어나 티 그리스 강으로 가시오. 그리고 깊은 강물 속에 돌을 놓고, 그 위에 서서 머리만 내민 채 있으시오. 말은 한마디도 하지 마시오.
금지된 나무의 열매를 따 먹고 우리 입술이 더러워진 후, 우리는 주 님께 간청할 자격도 없기 때문이오. 당신은 강물 속에서 37일 동안 서 있으시오. 나는 요단강 물속에서 40일 동안 지내겠소. 어쩌면 주님이 우리를 불쌍히 여길지도 모르오."

3 하와가 티그리스 강으로 걸어가서 아담이 지시한 대로 했다.

4 아담도 요단강으로 가서 물속에 돌을 넣고 목만 내민 채 그 위에 서 있었다.

5 아담이 말했다.

"요단강 물이여, 나와 함께 슬퍼하라. 강물 속에서 헤엄치는 모든 생물을 불러 모아 내 주변을 둘러싼 채, 그들도 나와 함께 비탄에 잠기게 하라. 자기를 위해서가 아니라 나를 위해서 비탄에 잠기게 하라. 그들이 아니라 내가 죄를 지었기 때문이다."

6 모든 생물이 즉시 모여 그를 둘러쌌다. 그때부터 요단강의 물이 흐르지 않고 정지했다.

제3장

1 그 후 18일이 지났다. 화가 난 사탄이 빛나는 천사의 모습으로 변신하여, 티그리스 강의 하와에게 갔다. 하와가 울고 있었다.

2 악마가 그 슬픔을 같이 느끼는 척하고 자기도 울면서 말했다.

"울음을 그치고 강물에서 나오시오. 이제는 슬픔과 한숨을 버리시오. 당신과 당신의 남편 아담이 왜 아직도 비탄에 잠겨 있는 거요? 주 하나님이 당신의 한숨에 귀를 기울였고, 당신의 참회를 받아들였소. 천사인 우리가 모두 당신을 위해 중간에 서서 주님께 간청했소. 그래서 주님이 나를 파견하여 당신을 강물에서 나오게 하고, 당신들이 낙원에서 먹던 음식이 없다고 통곡하는바, 바로 그 음식을 주라고 했소. 그러니 당신은 강물에서 나오시오. 낙원의 음식이 준비된 곳으로 데려다주겠소."

3 하와가 그 말을 믿고 물에서 나왔다. 강물이 하도 차가워서 그녀의 몸은 시퍼렇게 변해 있었다.

4 강물에서 나온 하와가 땅바닥에 쓰러지자 악마가 일으켜 아담에게 데리고 갔다.

5 하와와 악마를 본 아담이 구슬프게 울며 큰 소리로 부르짖었다.

"오, 하와! 하와! 왜 참회를 중단했소? 어찌하여 우리 원수에게 다시 유혹되었단 말이오? 우리가 낙원에서 쫓겨나고 정신적 기쁨을 박탈당한 것이 바로 저 악마 때문이 아니요?"

6 그 말을 듣고, 하와가 자신이 악마에게 속아 강물에서 나왔음을 깨달았다. 그래서 땅바닥에 엎드렸다. 그녀의 슬픔과 한숨, 통곡은 2배로 증가했다.

7 하와가 울부짖으며 악마에게 말했다.

"오, 악마야, 저주를 받아라! 왜 공연히 우리를 공격하느냐? 너는 우리와 무슨 상관이 있느냐? 우리가 네게 무슨 짓을 했다고 우리를 따라다니며 속이느냐? 왜 우리에게 악의를 품고 있느냐? 우리가 네 영광을 빼앗고 수치스럽게 만들었단 말이냐? 오, 이 원수야, 왜 우리가 죽을 때까지 따라다니며 배신하고 질투하느냐?"

제4장

1 악마가 한숨을 내쉬며 말했다.

"오, 아담이여! 나의 증오와 질투, 슬픔은 모두 당신 탓이오. 다시 말하면, 내가 천사들과 더불어 천국에서 누렸던 영광을 빼앗기고 추방당한 것도 바로 당신 때문이며, 내가 지상으로 쫓겨난 것도 당신 때문이었소."

2 아담이 말했다.

"내가 네게 무슨 짓을 했다는 거냐? 너에 대해서 내가 무슨 잘못을 저질렀단 말이냐? 우리는 너를 해친 적이 절대로 없다. 그런데 왜 우리를 따라다니며 괴롭히느냐?"

3 악마가 말했다.

"아담이여, 무슨 말을 그렇게 하는 거요? 당신 때문에 나는 천국에서 추방당한 거요. 당신이 창조되었을 때, 나는 하나님 앞에서 쫓겨나고, 천사의 자격을 잃고 유배당했소. 하나님이 당신에게 생명의 입김을 불어넣었을 때, 그리고 당신의 얼굴과 모습이 하나님의 모습 안에서 만들어졌을 때, 미가엘 대천사가 당신을 데리고 온 다음, 하나님 앞에서 당신을 숭배하라고 우리에게 명령했소.

그리고 주 하나님이 '아담을 보라. 나는 아담을 우리의 모습에 따라 비슷하게 만들었다'고 선언했소. 그러자 미가엘이 나가서 모든 천사들을 불러 모으고, '주 하나님이 지시한 대로, 주 하나님의 모습을 숭배하라'고 말했소. 그리고 미가엘 자신이 제일 먼저 숭배한 뒤, 나를 불러 '야훼 하나님의 모습을 숭배하라'고 했소.

그래서 '나는 아담을 숭배하지 않겠소.'라고 대꾸했소. 미가엘이 계속해서 숭배를 강요하여 '왜 강요하는 거요? 나보다 열등하고, 또 나보다 뒤에 창조된 사람을 나는 숭배하지 않겠소. 창조의 순서로 보아 내가 그보다 먼저 창조되었소. 그가 창조되기 전에 나는 이미 창조되었소. 오히려 아담이 나를 숭배해야만 하오'라고 대꾸했소.

나의 부하인 다른 천사들도 내 말을 듣고, 아담을 숭배하지 않기로 했소. 미가엘은 '하나님의 모습을 숭배하라. 숭배하지 않으면 주 하나님이 네게 분노할 것이다'라고 선언했소. 나는 '주 하나님이 나에게 역정을 낸다면, 나는 하늘의 모든 별 위에 내 옥좌를 놓고, 가장 높으신 그분과 동등하게 될 거요'라고 말했소.

그래서 주 하나님이 나에게 분노하여, 나와 내 부하 천사들의 영광을 거두고 추방했소. 그리고 우리는 천국의 거처에서 이 세상으로 쫓겨나 지상으로 떨어진 거요. 당신 때문에 그 엄청난 영광을 박탈당했던바, 우리는 즉시 비탄에 잠겼소.

그리고 당신이 말할 수 없는 행복과 기쁨에 젖어있는 것을 보고, 우리는 정말 괴로웠소. 그래서 나는 당신의 아내를 속였고, 내가 영광으로부터 추방당한 것처럼, 당신도 아내를 통해서 행복과 기쁨으로부터 추방되도록 만든 거요."

4 악마의 말을 듣고, 아담이 목 놓아 울부짖으며 소리쳤다.

"오, 주님! 나의 하나님! 나의 목숨은 당신 손에 달려 있습니다. 내 영혼의 파멸을 노리는 이 원수를 멀리멀리 쫓아내주십시오. 그리고 그가 스스로 저버린 영광을 저에게 주십시오."

5 그러자 악마는 즉시 사라져버렸다.

6 그러나 아담은 요단강 물속에 서서 목만 내민 채 40일 동안 참회를

계속했다.

제5장

1 하와가 아담에게 말했다.

"주인님, 당신은 계속 살아계셔야 해요. 처음과 나중의 잘못을 당신이 저지르지 않았으니, 당신에게는 삶이 허락되었어요. 그러나 저는 하나님의 계명을 지키지 못하고 원수에게 2번이나 속았지요. 그러니이 삶의 빛으로부터 저를 분리해주세요. 저는 해가 지는 곳으로 가서 죽을 때까지 거기 머물겠어요."

2 그리고 하와는 서쪽으로 걸어가기 시작했고, 한숨을 푹푹 내쉬며 큰소리로 비통하게 울었다.

3 하와가 서쪽에 거처를 마련할 때 임신 3개월이었다.

4 해산이 가까워지자 하와는 심한 진통에 시달리며 부르짖었다.

"주님, 제게 자비를 베풀어주세요. 도와주세요."

5 그러나 그 소리는 용납되지도 않았고, 하나님의 자비도 내리지 않았다.

6 그래서 하와는 혼잣말을 했다.

"누가 나의 주인인 아담에게 이 소식을 전해줄 수 있을까? 오, 하늘의 빛이여, 제발 부탁하니 동쪽으로 돌아갈 때, 나의 주인 아담에게 소식을 전해다오."

7 바로 그때 아담이 말했다.

"하와의 하소연이 내게 들렸다. 어쩌면 뱀이 다시 그녀와 다투고 있는지도 모르겠다."

8 그래서 그는 심한 진통에 시달리고 있는 하와에게 달려갔다. 하와가 말했다.

"주인님, 당신을 보는 순간 고통스럽던 내 영혼이 활기를 되찾았어요. 주 하나님이 당신의 말을 들어 저를 가련히 여기시고, 가장 지독한 이 고통에서 벗어날 수 있도록 탄원해주세요."

제6장

1 아담이 하와를 위해 주님께 기도했다.

2 그러자, 보라! 12명의 천사와 2명의 위대한 천사가 와서 하와의 좌우에 섰다.

3 미가엘이 하와 오른쪽에 서서 얼굴과 가슴을 어루만지며 말했다.

"하와여, 아담으로 인해 당신이 복을 받았소. 그가 기도와 탄원을 많이 했던바, 당신을 도와주려고 내가 파견된 거요. 자, 일어나 출산할 준비를 하시오"

4 하와가 아들을 낳았다. 그 아들이 광채를 발했다. 아기가 즉시 일어나 달려가더니, 손에 갈대를 하나 쥐고 와서 어머니께 바쳤다.

제7장

1 아담이 하와와 아기를 동쪽으로 데리고 갔다.

2 주 하나님이 미가엘 천사에게 여러 가지 씨앗을 주며 아담에게 전달하라고 했다. 그리고 아담과 그 모든 자손이, 그 씨앗에서 얻는 수확으로 먹고 살도록 밭을 갈며 일하는 방법을 가르쳐주었다.

3 그 후 하와가 다시 임신하여 아들을 낳았는데, 아벨이었다. 가인과 아벨은 같이 지냈다.

4 하와가 아담에게 말했다.

"주인님, 제가 잠을 자는 사이 환상을 보았어요. 아벨의 피가 가인의 손에 담겨 있는데, 가인이 그 피를 마시고 있었어요. 그래서 제가 지금 슬퍼하는 거예요"

5 아담이 대답했다.

"가인이 아벨을 죽여서는 절대로 안 돼! 둘을 갈라놓고 따로 살게 합시다."

6 그래서 가인을 농부로, 아벨을 양치기로 만들어 둘이 따로 떨어져 살게 했다.

7 그럼에도 가인이 아벨을 죽였다. 그때 아담은 130세였다. 그리고 살해될 때의 아벨은 122세(22세의 오기로 추정)였다.

8 그 후 아담이 아내를 안았고, 하와가 임신하여 셋이라는 아들을 낳았다.

9 그래서 아담이 하와에게 말했다.

"자, 가인이 때려눕힌 아벨 대신에 내가 아들을 얻었다"

10 셋을 낳은 뒤에도 아담은 800년을 더 살며, 아들 30명과 딸 30명을 더 낳아 자녀가 63명이 되었다.

11 그들은 각자 자기 나라에서 번식했다.

제8장

1 아담이 셋에게 말했다.

"내 아들 셋아, 내가 보고 들은 것을 전해줄 테니 잘 들어라. 네 어머니와 내가 낙원에서 쫓겨나 기도할 때, 하나님의 전령이자 대천사인 미가엘이 우리에게 왔다.

2 그때 나는 바람과 같은 전투용 마차를 하나 보았는데, 그 바퀴들이 불타고 있었다. 나는 정의로운 사람들의 낙원으로 운반되었고, 그 전투용 마차에 앉은 주님도 보았다. 그 얼굴은 한없이 뜨거운 화염이었다.

3 그리고 마차 좌우에 수천 명의 천사들이 서 있었다. 그것을 보고 나는 정신이 산란했다. 공포가 나를 휘어잡았고, 나는 지상의 하나님 앞에서 경배했다.

4 하나님이 나에게 '보라! 너는 죽을 것이다. 나의 계명을 무시하고 오히려 네 아내의 말에 귀를 기울였다. 내가 네게 아내를 준 것은, 아내를 장악하여 네 마음대로 다스리라고 한 것인데, 너는 내 말을 거역하고 아내의 말을 따랐다.'고 했다.

5 그 말을 듣고 나는 땅에 엎드려 주님을 경배했다. '주님, 전능하고 자비로우며, 거룩하고 정의로운 하나님! 당신의 위엄을 연상시키는 이름들이 지워지지 말게 하시고, 내 영혼을 소생시켜 주십시오. 나는 죽어가고 있고, 내 정신은 입에서 빠져나가고 있습니다. 당신이 진흙으로 빚은 나를 당신 앞에서 내쫓지 마시고, 당신이 기른 나에게 은총을 거절하지 말아주십시오.'라고 했다.

6 그러자 주님이 '보라! 너에 대한 말을 내가 들었다. 나는 네가 세상에

사는 세월을 정확히 헤아릴 것이다. 너는 지식을 소중히 간직하도록 만들어졌는바, 네 후손 가운데 나를 섬기는 사람들이 영원히 끊어지지 않을 것이다.'라고 했다.

7 그 말을 듣고 나는 땅에 엎드려 주님을 경배했다. '당신은 영원하고 가장 높은 하나님입니다. 모든 피조물이 당신에게 영예와 찬미를 드립니다. 당신은 모든 빛보다 더 찬란하게 빛나는 참된 빛이고, 살아 있는 생명이며, 도저히 이해될 수 없는 위대한 분입니다. 위대한 천사들이 당신에게 영예와 찬미를 드립니다. 당신은 모든 인류 안에서 자비의 기적을 일으킵니다.'라고 했다.

8 내가 주님을 숭배하고 나자, 미가엘 대천사가 즉시 내 손을 잡고, 하나님이 방문하여 다스리는 낙원에서 나를 내쫓았다. 미가엘이 손에 지팡이를 잡고 낙원 주변에 있는 호수에 대자, 그 물이 얼어붙었다. 미가엘과 내가 얼음 위를 걸어서 건너갔고, 그는 나를 처음 만났던 곳으로 데리고 갔다."

제9장

1 아담은 930세가 되자, 자신의 죽음이 가까워졌음을 깨달았다. 그래서 말했다.
"죽기 전에 축복하고 유언을 남길 테니, 내 모든 아들을 불러 모아라."

2 아들들이 평소에 주 하나님을 숭배하던 장소에 모였다. 세 그룹으로 나눠 아담이 볼 수 있도록 자리를 잡았다.

3   그들이 아담에게 물었다.

"아버지, 무슨 일로 우리를 모두 불러 모았습니까? 그리고 왜 침대에 누워있습니까?"

4   아담이 말했다.

"아들들아, 내가 병들어 이제 고통을 겪고 있다."

5   그들이 물었다.

"병과 고통이 무엇입니까?"

6   그때 셋이 말했다.

"아버지, 당신은 전에 늘 먹던 그 낙원의 열매를 지금 애타게 바라겠지요. 그래서 슬픔 속에 누워있는 겁니다. 말씀만 하시면 제가 낙원 입구에 가서, 머리에 먼지를 뒤집어쓰고, 그 대문 앞에 엎드려 큰 소리로 통곡하며, 주님께 간청해보겠습니다. 그러면 주님이 제 간청을 듣고, 천사들을 보내 당신이 염원하는 그 열매를 줄지도 모릅니다."

7   아담이 말했다.

"그게 아니다. 아들아! 나는 그 열매를 그리워하는 것이 아니라, 기운이 하나도 없고, 심한 육체적 고통에 시달리고 있다."

8   셋이 말했다.

"아버지, 고통이 무엇인가요? 나는 그걸 모릅니다. 숨기지 말고 우리에게 설명해주십시오."

제10장

1   아담이 말했다.

"아들들아, 내 말을 잘 들어라. 하나님이 나와 너희 어머니를 만들어 낙원에서 살게 하고, 열매 맺는 모든 나무를 주었다. 그러나 '낙원 한 가운데 위치한 선악의 지식과 관련 있는 나무의 열매는 먹지 말라'고 했다.

2 그리고 하나님은 낙원의 한쪽 부분을 나에게, 다른 한쪽 부분을 너 희 어머니에게 주었다. 동쪽과 북쪽의 나무들은 나에게, 남쪽과 서 쪽의 나무들은 너희 어머니에게 주었던 것이다.

3 또 주 하나님이 우리를 감시하라고 천사 2명을 임명했다. 천사들이 올라가 하나님을 숭배할 시간이 되었다. 그때 원수 악마가 천사들이 자리를 뜬 기회를 즉시 이용하여, 너희 어머니를 속이고 금지된 열매 를 따먹게 만들었다.

4 그래서 너희 어머니가 먹고 나에게 주었다. 주 하나님이 즉시 우리에 게 분노했고, 나에게 '네가 내 계명을 어기고 지시한 말을 듣지 않았 으니, 보라! 내가 네 몸에 70가지 재앙을 내리겠다. 머리끝과 눈, 귀, 발톱에 이르기까지, 그리고 모든 육신 안에서 온갖 고통으로 시달리 게 될 것이다.'라고 했다.

5 나는 이 고통이 낙원의 한 나무에서 나오는 채찍이라고 생각한다. 게 다가 주님은 이 고통을 나와 모든 세대의 자손들에게 주었다."

제11장

1 이 말을 하고 격심한 고통에 시달리며 아담이 울부짖었다.
"나는 왜 이토록 비참하고, 또 고뇌를 거쳐야 하는가?"

2 아담이 통곡하는 것을 본 하와가 눈물을 흘리며 말했다.

   "오, 주 하나님! 죄는 제가 지었으니, 아담의 고통을 제게 옮겨주소서."

3 하와가 아담에게 말했다.

   "주인님, 이 죄는 제게서 당신에게 간 것이니, 당신 고통의 일부를 제게 넘겨주세요."

4 아담이 하와에게 말했다.

   "일어나 아들 셋과 함께 낙원 지방으로 가시오. 그리고 머리에 먼지를 뒤집어쓰고 땅에 엎드려 하나님 앞에서 통곡하시오. 그분이 가련히 여겨서, 생명의 기름이 흘러나오는 자비 나무의 기름을 천사들을 통해 조금 줄지도 모르오. 그 기름을 내 몸에 바르면, 내가 이 쥐어짜는 고통에서 벗어날 수 있을 거요."

제12장

1 셋과 하와가 낙원의 문을 향해 길을 떠났다. 한참 걸어가고 있을 때, 갑자기 뱀이 와서 공격했다. 뱀이 셋을 물어뜯었다.

2 그것을 바라본 하와가 큰 소리로 외쳤다.

   "주님의 계명을 지키지 않고 저주받은 나는 참으로 불행하구나!"

3 그리고 하와가 뱀에게 소리쳤다.

   "저주받은 짐승아! 하나님이 모습대로 창조된 사람에게 감히 겁도 없이 덤비고 공격하느냐? 네 이빨이 얼마나 강하게 생겼느냐?"

4 뱀이 사람의 목소리로 하와에게 말했다.

   "하와여! 우리는 바로 당신에게 악의를 품도록 되어있지 않소? 그래서 우리가 당신에게 분노하는 것이 아니겠소? 하와여, 주 하나님이 먹지 말라고 명령한 그 과일을 어찌하여 당신은 입을 벌려 먹었는지 말해보시오. 그런데도 이제 내가 당신을 질책하는 것을 참을 수 없다는 거요?"

5 셋이 뱀에게 말했다.

"주 하나님이 너를 혼내줄 것이다! 진리의 원수, 무질서한 파괴자야, 입 닥치고 조용해라! 하나님이 심판하려고 너를 불러낼 때까지 넌 하나님의 모습으로부터 물러가라!"

6 뱀이 셋에게 말했다. "당신이 명령한 대로 나는 하나님의 모습으로부터 물러가겠소."

제13장

1 병든 아담에게 발라줄 자비의 기름을 얻기 위해 셋과 하와가 낙원 지방으로 걸어갔다.

2 낙원의 문 앞에 도착한 그들은 땅에서 먼지를 집어 자기들 머리에 끼얹고, 땅바닥에 엎드려 큰 소리가 나도록 한숨을 쉬며 통곡했다.

3 그리고 주 하나님이 고통 중에 있는 아담을 불쌍히 여기시고, 천사들이 자비의 나무에서 흐르는 기름을 주기를 간청했다.

4 그들이 여러 시간을 간청하고 기도할 때, 미가엘 천사가 나타나 말했다. "주님이 나를 파견했소. 나는 사람들의 육체를 다스릴 임무를 부여받았소. 하나님의 사람 셋이여, 당신 아버지 아담의 육체적 고통을 덜어주는 자비의 기름을 얻기 위해, 간청하고 기도하며 우는 짓은 그

만두시오. 자비 나무의 기름은 마지막 심판의 날을 제외한 그 어느 때도 절대 얻지 못할 것이오.

5,500년(사본에 따라 6,500년, 5,050년, 5,200년, 5,199년, 5,228년 등으로 표기되어 있음)이 지나면, 가장 사랑스러운 왕, 그리스도, 하나님의 아들이, 아담의 육체와 죽은 자들의 육체를 함께 부활시키려고 올 것이오. 그때 하나님의 아들 자신도 요단강에서 세례를 받을 것이오.

요단강에서 나온 뒤 자신을 믿는 모든 사람에게 자비의 기름으로 발라줄 거요. 그리고 자비의 기름은 물과 성령으로 영원한 생명을 위해 다시 태어나는 사람들에게 대대로 제공될 것이오.

또 하나님의 가장 사랑스러운 아들 그리스도가 지상에 오시면, 그가 당신의 아버지 아담을 낙원으로 데리고 들어가 자비의 나무로 데려갈 것이오.

그리고 셋이여, 아담이 그 수명을 다했으니 아담에게 돌아가시오. 오늘부터 6일(또는 3일)이 지나면, 아담의 영혼이 육체를 떠날 것이오. 아담이 죽을 때, 하늘에서, 땅에서, 그리고 하늘의 천체들에서, 엄청난 기적들이 일어나는 것을 당신은 볼 것이오."

5 말을 마친 미가엘이 즉시 물러갔다.

6 하와와 셋은 나드, 크로커스, 칼라민, 시나몬 등 향기로운 약초들을 가지고 집으로 돌아갔다.

7 그들이 아담에게(또는 아담이 있는 천막으로) 돌아가 뱀이 셋을 물어뜯었다는 들려주었다.

제14장

1 아담이 하와에게 말했다.

"당신이 무슨 일을 했소? 당신이 우리와 우리 후손에게 큰 상처와 위
반과 죄를 가져다주었소(또는 당신은 왜 우리에게 파멸과 엄청난 분노를 초
래했소? 그 분노는 인류 전체를 지배하는 죽음이오).

2 내가 죽은 뒤, 당신 자녀들에게 당신이 한 일을 전해주시오(또는 우리
자녀들, 그리고 자녀들의 자녀들을 모두 불러 모아 우리가 어떻게 죄를 지었는
지 말해주시오). 우리 뒤에 태어날 사람들이 고통을 당하다가 견디지
못하면, '우리 부모들이 처음부터 우리에게 이 모든 악을 넘겨주었다.'
고 하면서, 우리를 저주할 테니 말이오."

3 그 말에 하와가 울면서 신음하기 시작했다.

제15장

1 미가엘 대천사가 말한 대로 아담의 죽음은 6일 뒤에 왔다.

2 자신이 죽을 시간이 된 것을 깨달은 아담이 모든 아들에게 말했다.
"보라! 나는 930세가 되었다. 내가 죽으면 하나님의 위대한 거처인
동쪽을 향해 묻어라."

3 모든 유언을 마치고, 그는 숨을 거두었다.

제16장

1 해와 달과 별들이 7일 동안 빛을 잃고 캄캄했다.

2 셋이 아버지의 몸을 부둥켜안고 통곡했다. 하와는 손으로 얼굴을 가

린 채, 무릎 사이에 고개를 처박고 땅만 내려다보았다.

3 모든 자녀가 목을 놓아 울고 있을 때, 미가엘 천사가 아담의 머리맡에 서서 셋에게 말했다.

"당신 아버지의 몸에서 일어나시오. 그리고 나와 함께 가서 주 하나님이 그를 위해 마련한 것을 보시오. 그는 하나님의 피조물이고, 하나님은 그에게 자비를 베풀었소."

제17장

1 모든 천사들이 나팔을 불었다. 그리고 말했다.

"피조물을 불쌍히 여기신 주님은 복을 받았습니다!"

2 그때 셋은 하나님이 팔을 뻗어 아담을 잡는 것을 보았다. 주님이 아담을 미가엘에게 넘겨주며 말했다.

"마지막 때, 내가 각자에게 처벌을 결정하는 그날까지, 네가 그를 맡아라. 그날이 오면 내가 그의 슬픔을 기쁨으로 바꾸어주고, 그는 자기를 타도한 자가 앉던 옥좌를 차지할 것이다."

제18장

1 주님이 미가엘 천사와 우리엘 천사에게 말했다.

"아마포 3장을 가져와 아담을 덮어주고, 다른 천들을 가져다가 그의 아들 아벨을 덮어라. 그리고 아담과 그의 아들을 묻어라."

2 모든 천사가 서열대로 아담 앞에서 행진하고, 죽은 자들의 잠을 축복하였다.

3 미가엘과 우리엘이 말했다.

"네가 본 것과 똑같이 죽은 자를 묻어라."

제19장

1 아담이 죽은 지 6일이 지나, 하와도 자신의 죽음이 가까워졌음을 깨달았다.

2 그래서 모든 아들과 딸, 셋을 비롯한 30명의 아들과 30명의 딸을 불러놓고 말했다.

"나의 자녀들아, 내 말을 잘 들어라. 나와 너희 아버지가 주님의 계명을 어긴 것에 대해 말해주겠다. 그때 미가엘 대천사가 말했다.

'너희가 공모하여 죄를 지었는바, 주님이 인류에게 분노의 심판을 내렸다. 처음에는 물로, 그다음에는 불로 심판할 것이다. 주님은 이 2가지를 가지고 인류 전체를 심판할 것이다.'

3 나의 자녀들아, 내 말에 귀를 기울여라. 이제 석판과 진흙 판을 만들어 나와 너희 아버지의 생애에 일어난 일, 즉 너희가 보고 들은 모든 것을 기록하라. 주님이 물로 심판한다면, 진흙 판은 녹을 것이나 석판은 보존될 것이고, 주님이 불로 심판한다면, 석판은 깨지겠으나 진흙 판은 완전하게 구워질 것이다."

4 이 말을 마친 하와가 하늘을 향해 두 팔을 뻗고 기도했다. 그리고 무릎을 꿇어 주님께 경배하고, 감사하며 숨을 거두었다.

제20장

1 모든 자녀가 비통하게 울면서 하와를 묻었다.

2 그들이 4일 동안 애도했을 때, 미가엘 대천사가 나타나 셋에게 말했다. "하나님의 사람이여, 죽은 자를 위한 애도는 6일이 넘지 않도록 하시오. 일곱째 날은 부활을 상징할 뿐만 아니라, 다가올 시대의 휴식이며, 주님이 모든 일을 마치고 그날 쉬었기 때문이오."

3 그래서 셋이 석판과 진흙 판을 만들었다.

제21장

1 주님은 불꽃 속에 나타나실 것입니다. 그는 폐하의 입으로 모든 사람에게 계명과 교훈을 줄 것입니다. (입의 두 가장자리에서 날카로운 칼을 던질 것입니다).

2 그리고 그들은 폐하의 집에서 그를 거룩하게 할 것입니다. 그는 그들에게 폐하의 놀라운 장소를 보여줄 것입니다.

3 그러면 그들이 나를 대신하여 주 하나님을 위해 집을 지을 것입니다. 그는 내 말을 듣고 나를 내려다보며, 주님을 위해 준비한 땅에서 나를 자유롭게 할 것입니다. 하지만 그들은 거기서 그의 교훈을 위반할 것입니다.

4 그들의 성소는 불타고 땅은 황량할 것이며, 그들은 하나님을 자극하여 흩어질 것입니다. 그러나 그는 그들을 분산시키며 다시 한 번 하나님의 집을 지을 것이고, 그다음에는 이전보다 더 높은 집을 지을 것입니다.

5 그러나 또다시 죄악은 정의를 정복할 것입니다. 그 후 하나님은 지상에 있는 사람들과 함께 살 것입니다. 그러면 정의가 빛나기 시작할 것이고, 주님의 집은 영원히 존경받을 것입니다.

6 적들은 더 이상 신을 믿는 사람들을 죽일 수 없으며, 하나님은 영원히 구원받을 충실한 사람들을 주실 것입니다. 하지만 그의 법을 사랑하지 않는 불경한 사람들은, 그들의 왕이 하나님에 의해 처벌될 것입니다.

7 하늘과 땅에서 밤낮으로 모든 생물이 그에게 복종하고, 그의 계명을 위반하지 않으며, 그의 일이 바뀌지도 않을 것입니다. 그러나 주님의 율법을 버리는 사람들은 그 일이 바뀌게 될 것입니다.

8 그로 인해 주님은 불경한 자를 던질 것이고, 하나님의 눈앞에서 태양처럼 빛날 것입니다. 그때 사람들은 그 죄의 물에 의해 정화될 것입니다.

9 그 물에 의해 정화되기를 꺼리는 사람들은 비난을 받을 것입니다. 하나님의 심판과 위대한 행위가 사람들 사이에 있을 때, 자신의 영혼을 수정하는 사람이 복을 받을 것입니다. 그들의 행위는 하나님, 곧 정당한 재판관에 의해 조사될 것입니다.

제22장

1 아담의 몸은 8개 부분으로 구성되었다.

2 첫 번째 부분은 지구의 먼지였다. 그로부터 그의 육체가 만들어졌고, 따라서 그는 느려졌다.

3 두 번째 부분은 바다였다. 그로부터 그의 피가 만들어졌고, 그로 인해 그는 목적 없이 도망쳤다.

4 세 번째 부분은 그의 뼈가 만들어진 지구의 돌이었다. 따라서 그는 단단하고 탐욕스러웠다.

5 네 번째 부분은 구름이었다. 그 구름에서 그의 생각이 만들어졌고, 따라서 그는 무례했다.

6 다섯 번째 부분은 바람의 일부였다. 그 바람에서 그의 숨결이 만들어졌고, 그로 인해 그는 변덕스러웠다.

7 여섯 번째 부분은 태양의 일부였다. 그로부터 그의 눈이 만들어졌고, 그로 인해 그는 잘생기고 아름다웠다.

8 일곱 번째 부분은 세상 빛의 일부였다. 그로부터 그는 기뻐하게 되었고, 따라서 그는 지식을 가지고 있었다.

9 여덟 번째 부분은 성령의 것이었다. 그로부터 그의 영혼이 만들어졌고, 따라서 제사장과 모든 성도들이 하나님의 선출자다.

제23장

1 하나님은 예수님이 태어난 곳, 즉 지구의 중심에 있는 베들레헴에서 아담을 만들고 형성하였습니다.

2 거기서 아담은 지구의 네 방향에서 만들어졌습니다. 천사들이 지구의 먼지를 그 부분에서 가져왔습니다. 마이클, 가브리엘, 라파엘, 그리고 우리엘 천사였습니다.

3 이 지구는 태양처럼 희고 순수하며, 네 개의 강, 즉 기온, 비손, 티그

리스 및 유프라테스에서 모였습니다.

4 사람은 하나님의 형상으로 만들어졌으며, 영혼인 삶의 숨결을 얼굴
에 불어넣었습니다.

5 네 개의 강에서 그가 모이는 것처럼, 네 개의 바람에서 그는 숨을 쉬
었습니다.

제24장

1 아담이 만들어졌을 때, 아직 그에게 배정된 이름이 없었을 때, 주님
은 4천사에게 그를 위해 이름을 구하라고 말씀하셨습니다.

2 마이클은 동쪽으로 가서, 안코림이라는 동쪽별을 보고 첫 편지를 가
져왔습니다.

3 가브리엘은 남쪽으로 가서, 디시스라는 이름의 남쪽별을 보고 첫 편
지를 받았습니다.

4 라파엘은 북쪽으로 가서, 아르토스라는 이름의 북쪽별을 보고 첫 편
지를 가져왔습니다.

5 우리엘은 서쪽으로 가서, 멘브리온이라는 서쪽별을 보고 첫 편지를
받았습니다.

6 그 편지가 다 모였을 때, 주님이 우리엘에게 말했습니다.
"이 편지를 읽어라."

7 그가 편지를 다 읽자 주님이 다시 말씀하셨습니다.
"그러므로 그 이름을 부르게 될 것이다."

8 여기서 우리의 원형질체인 아담과 하와의 생애가 끝났습니다.

제21권

에녹의 책

이는 슬라브어 에녹의 책이며,
내용이 다른 에티오피아어 에녹서도 있다.

제1장

1 거기서 나는 모든 시간의 머리를 가진 분을 보았다. 그의 머리는 양털처럼 하얗고, 그 옆에 사람의 얼굴을 가진 다른 분이 있었다. 다른 그의 얼굴은 거룩한 천사와 같이 자비로 충만했다.

2 나는 인도자인 천사에게 사람의 아들에 대해 숨겨진 것을 알려달라고 했다. 사람의 아들이 누구인가? 그는 어디서 오는가? 모든 시간의 머리와 함께 있는 이유는 무엇인가?

3 천사가 대답했다.

"사람의 아들은 선으로 충만하다. 그와 함께 선이 살아있고, 영혼들의 주님이 그를 선택했는바, 그는 감춰진 모든 보물을 드러낸다. 영혼들의 주님 앞에서 누가 그보다 더 영원히 선하겠는가? 네가 본 이 사람의 아들은 왕들과 세력가들을 자리에 앉히고, 강한 자들을 왕좌에 앉힐 것이다.

그는 강한 자의 세력을 꺾고 죄인들의 이빨을 부술 것이며, 왕좌와 왕국에서 왕들을 추방할 것이다. 그들이 그를 받들지 않고 칭송하지 않았으며, 어떻게 왕국을 받았는지 겸손하게 인정하지 않았기 때문이다.

또 그는 강한 자들의 얼굴을 수치로 채우고 고개를 들지 못하게 할 것이다. 그들은 암흑에 살면서 구더기의 밥이 될 것이고, 다시 일어날 희망도 없을 것이다."

제2장

1 또 나는 영원히 고갈되지 않는 선의 샘을 보았다. 그 주위에 지혜의 샘이 많았다. 목마른 자가 모두 거기서 물을 마시고 지혜로 충만하여, 거룩한 자와 선택된 자가 선하게 살았다.

2 그때 영혼의 주님 앞에서 사람의 아들이 이름을 받았는데, 그 이름은 모든 시간의 머리였다. 그렇다. 태양과 징표들이 창조되기 전에, 하늘의 별들이 만들어지기 전에, 그분이 영혼의 주님에게서 이름을 받았다.

3 그분은 선한 자들이 의지하여 넘어지지 않는 지팡이가 되고, 이방인들의 빛이 될 것이다. 또 마음이 괴로운 자들의 희망이 될 것이다. 땅에 사는 모든 사람이 엎드려 그를 숭배하고, 영혼의 주님을 노래로 칭송하고, 축복하며 축하할 것이다.

4 그래서 그분은 하나님 앞에서 천지가 창조되기 전부터 영원히 선택되고 감춰져 있었다.

5 영혼의 주님의 지혜는 그분을 거룩한 자와 선한 자에게 드러냈다. 그가 선을 유지했기 때문이고, 거룩한 자와 선한 자가 악의 세계를 경멸하고, 악의 모든 행위와 길을 영혼의 주님의 이름으로 미워했기 때문이다. 이들은 그의 이름으로, 그의 선한 기쁨으로 구원되었다.

6 그 무렵에, 자기 손으로 일해서 토지를 소유하고 있는 지상의 왕과 강한 자가 모두 멸망할 것이다. 이들은 고뇌의 날에 스스로 구원될 수 없음을 알고 있는바, 나는 이들을 나의 선택된 자들의 손에 넘겨 줄 것이다.

7 이 사람들은 거룩한 자들 앞에서 지푸라기처럼 타버리고, 선한 자들 앞에서 납처럼 가라앉을 것이며, 아무 데도 그 흔적을 남기지 못할 것이다.

8 이들의 고뇌의 날에 지상에는 휴식이 있을 것이다. 그들은 쓰러져 다시 일어나지 못할 것이다. 영혼의 주님과 주님이 기름 바른 그분을 거부했던바, 아무도 그 손을 잡아 일으켜주지 않을 것이다.

9 영혼의 주님의 이름은 복을 받으십시오.

제3장

1 두 사람이 나를 세 번째 하늘에 올려놓았다. 아래쪽을 내려다보니, 거기 있는 것들이 그렇게 좋을 수가 없었다. 모든 곳이 복을 받았다.

2 나는 향기로운 꽃이 핀 모든 나무와 감미로운 냄새를 풍기는 열매와 그것으로 만든 모든 음식이 향기를 내뿜는 것을 보았다.

3 그 동산 한가운데 생명나무가 있었다. 그곳은 주님이 들어가 쉬는 낙원이었다. 그 나무가 얼마나 좋고 향기로운지 말로 표현할 수 없었다. 그 어떤 것보다도 가장 찬란하게 장식되어 있었다.

4 그 나무의 모습은 사방이 황금색과 주홍색으로 불과 같았다. 그 뿌리는 땅끝에 있는 정원에 박혀 있었다.

5 낙원은 부패하는 것과 부패하지 않는 것 사이에 있었다. 두 줄기 샘에서 젖과 꿀이 흐르고, 여러 샘이 기름과 포도주를 흘려보내며, 네 줄기로 갈라져 있었다.

6 조용히 에돌아 흐르고, 부패하는 것과 부패하지 않는 것 사이에 있

는 에덴동산으로 흘러들어갔다. 여러 요소처럼 회전하는 땅을 따라서 흘러갔다.

7 거기 있는 나무가 모두 열매를 맺고 모든 장소가 복을 받았다. 300명의 찬란한 천사가 정원을 지키고, 아름다운 노래와 끊임없는 목소리로 모든 날과 시간을 주님께 봉사했다.

8 내가 물었다.

"이곳은 얼마나 좋은가?"

9 두 사람이 대답했다.

"에녹, 이곳은 정의로운 자들을 위한 장소다. 정의로운 자들은 자기 영혼을 괴롭히는 자들의 모든 박해를 견디며, 악한 짓에 눈 돌리지 않고, 올바른 판단을 하며, 굶주리는 자에게 빵을 주고, 헐벗은 자에게 입을 것을 주며, 상처받은 고아를 도와주고, 주님의 얼굴 앞에서 허물없이 걸으며, 오로지 주님만 섬겼다. 여기는 정의로운 자들의 영원한 상속을 위해 마련된 곳이다."

제4장

1 그 두 사람이 나를 북쪽으로 데리고 올라가 매우 참혹한 장소를 보여주었다. 거기 모든 종류의 고문이 있었고, 잔혹한 암흑과 캄캄한 우울함이 있었다.

2 빛이 없는 희미한 불길만 끊임없이 타올랐다. 불의 강물이 흐르고, 어디서나 불, 어디서나 서리와 얼음, 어디서나 목마름과 지독한 추위가 있었다.

3 묶는 사슬은 대단히 잔인하였고, 천사들이 무시무시하고 잔혹한 분노의 무기를 휘두르며, 무자비한 고문을 아끼지 않았다.

4 내가 물었다.
"이곳은 얼마나 참혹한가?"

5 두 사람이 대답했다.
"에녹, 이곳은 하나님을 공경하지 않고 본성을 거스르는 죄, 즉 주술과 악마적 마술을 땅에서 일삼는 자들을 위해 마련된 곳이다.

도둑질, 거짓말, 모함, 시기, 원한, 간통, 살인 등 사악한 행동을 자랑하는 자, 사람의 영혼을 도둑질하는 저주받은 자, 가난한 자의 재산을 빼앗아 자기 재산을 늘리고, 배를 채우는 자를 위해 마련된 곳이다.

또 남색으로 자녀들을 타락시키는 자, 마술을 행하는 자, 도와줄 힘이 있음에도 굶주린 자를 죽도록 내버려두는 자, 옷을 제공할 능력이 있음에도 헐벗은 자의 옷을 빼앗는 자, 진실한 창조자를 알아보지 못한 채, 헛된 신들에게 속아 영혼 없는 신들에게 절하고, 우상을 깎아 세우고, 더러운 인조물에게 절하는 자들을 위해 마련된 곳이다. 이런 자들이 이곳을 영원히 상속한다."

제5장

1 그들 두 사람이 나를 데리고 네 번째 하늘로 올라가, 연속적으로 진행되는 모든 일, 즉 태양과 달의 모든 광선을 보여주었다.

2 나는 해와 달의 움직임을 측량하고, 그 빛을 비교하며, 태양의 빛이 달의 빛보다 더 찬란한 것을 보았다.

3 태양이 항상 거느리는 원형과 바퀴들은 놀라운 속도로 지나가는 바람과 같고, 태양은 밤낮으로 쉬는 법이 없다. 태양의 왕복 운동에는 커다란 별 넷이 따라다녔다.

4 그 별은 태양의 바퀴들 왼쪽에 각 1,000개, 오른쪽에 각 1,000개를 합쳐 8,000개의 별을 거느리고, 항상 태양과 함께 나타났다.

5 낮에는 15만 명의 천사가, 밤에는 1천 명의 천사가 같이 행동했다.

6 태양의 바퀴가 불길에 휩싸이기 전, 날개 여섯인 자들이 천사들과 함께 나오고, 100명의 천사가 태양에 불을 켜서 이글거리게 만들었다.

7 나는 태양 안에 다른 날아다니는 요소들, 즉 포에닉스(불사조)들과 칼키드리(날개 달린 용)들을 보았는데, 사자의 다리와 고리에다가 악어의 머리를 하고 있어 놀라웠다.

8 이 요소들은 무지개처럼 7색이고, 길이는 900단위이며, 각각 열두 개의 날개를 가졌다.

9 그 날개는 천사의 날개와 같고, 이 요소들이 태양을 수행하고 봉사하여, 하나님이 명령한 대로 열과 이슬을 운반하였다.

10 이렇듯 태양이 하늘 아래에서 회전하고 일어나며, 끊임없이 광채를 띠고, 그 궤도가 땅 아래로 이어졌다.

제6장

1 두 사람이 나를 다섯 번째 하늘로 데리고 올라갔다. 거기서 수많은 그리고리(거인 천사족, 천당의 감시자들)를 보았다.

2 외모가 사람과 같은 그리고리는 아주 큰 거인족보다 더 크고, 얼굴

이 말라붙어 있었으며, 입은 영원히 닫혀있었다. 그 다섯 번째 하늘에서는 봉사가 없었다.

3 내가 물었다.

"저 무리의 얼굴이 왜 우울하며 말라붙었고, 입은 다물고 있으며, 이 하늘에서는 봉사가 없습니까?"

4 그들이 말했다.

"이 무리는 그리고리로서, 자기네 두목 사타나엘과 함께 빛의 주님을 배척했다. 2번째 하늘의 엄청난 암흑에 갇힌 자들이 이 족속의 뒤를 따랐다.

그리고리 가운데 셋이 주님의 옥좌를 떠나 에르몬(갈릴리 북쪽의 헤르몬 산)이라는 곳으로 내려갔다. 그 기슭에서 자기네 맹세를 깼다. 사람의 딸들이 얼마나 아름다운지 깨닫고, 그들을 아내로 삼아 그 행위로 땅을 더럽혔고, 자기네 시대에 언제나 무도하고 난잡하게 행동했다.

그래서 거인족, 즉 놀라울 정도로 큰 인간이 태어나고, 엄청난 증오가 발생했다. 하나님이 거인족을 심판하여 혹독한 처벌을 내렸다. 그들은 자기 형제들을 위해 울면서, 주님의 위대한 날에 처벌을 받을 것이다."

제7장

1 내가 그리고리에게 말했다.

"나는 당신네 형제들과 그 일과 혹독한 고통을 보았고, 또 그들을 위해 기도했소. 그러나 주님은 하늘과 땅이 끝날 때까지, 그들을 영원히 땅 아래 있도록 단죄했소."

2 그리고 다시 말했다.

"형제 여러분, 왜 당신들은 기다리기만 하고 주님의 얼굴 앞에서 봉사하지 않습니까? 주님의 화를 끝까지 돋우지 않기 위해서라도 주님의 얼굴 앞에서 봉사해야 할 것 아니오?"

3 그러자 그리고리가 하늘의 네 등급과 상의했다.

4 그리고 내가 두 사람과 같이 서 있을 때, 나팔 넷이 울리고 우렁찬 목소리가 함께 일어났다.

5 그들이 한목소리로 노래하기 시작하자, 그 족속의 소리가 애처롭고 사랑스럽게 주님 앞으로 올라갔다.

제8장

1 그리고 두 사람이 나를 데리고 여섯 번째 하늘로 올라갔다. 거기서 나는 일곱 무리의 천사를 보았다.

2 매우 찬란하고 영광스러운 천사들은, 그 얼굴이 태양보다 더 밝게 빛났고, 얼굴이나 행동, 옷차림이 똑같았다.

3 이 천사들이 순서를 매기고, 별들의 진행, 달의 변화, 태양의 회전, 세상의 올바른 정치를 감시했다.

4 그들은 명령과 지시를 내렸고, 감미롭고 우렁차게 노래하며 모든 찬송가를 불렀다.

5 이 무리는 천사보다 높은 대천사들로서, 하늘과 땅의 모든 생명을 장

악하고, 계절과 세월을 다스리며, 강과 바다, 땅의 열매를 모두 관장하고, 모든 풀을 다스리며, 모든 살아있는 것에게 먹을 것을 주며, 사람들의 모든 영혼, 모든 행동, 모든 생애를 주님의 얼굴 앞에서 기록하였다.

6 대천사 한가운데 여섯 포에닉스와 여섯 케루빔과 여섯 날개 달린 자여섯이 한목소리로 끊임없이 노래를 불렀는데, 노래를 부르며 주님의 발치에서 누리는 기쁨은 말로 표현할 수가 없었다.

제9장

1 그다음에 두 사람이 나를 데리고 일곱 번째 하늘로 올라갔다. 거기서 거대한 빛을 보았다.

2 위대한 대천사들의 불타는 군대, 육체가 없는 세력, 지배의 천사들, 질서의 천사들, 통치의 천사들, 케루빔, 세라핌, 옥좌의 천사들, 무수한 눈의 아홉 개 연대, 빛의 요아니트(요한) 부대도 보았다.

3 나는 두려웠다. 엄청난 공포에 몸을 부들부들 떨기 시작했다.

4 두 사람이 나를 데려다가 뒤에 세우고 말했다.
   "에녹, 용기를 내고 두려워하지 마라."

5 그리고 저 멀리 매우 높은 보좌에 앉은 주님을 보여주었다.

6 주님이 여기 거처한다면 열 번째 하늘에는 무엇이 있는가?

7 히브리어로 하나님은 아라바트니, 그분은 열 번째 하늘에 있다.

8 하늘의 모든 군대가 와서 등급에 따라 열 개 계단에 섰다.

9 주님께 절한 후 기쁨과 행복에 넘쳐 각자 자리로 돌아갔다. 무한한

빛 속에서 작고 부드러운 목소리로 노래하며, 그분을 영광스럽게 봉사하였다.

제10장

1 10번째 하늘에서 대천사 미가엘이 에녹을 하나님의 얼굴 앞으로 데려갔다.

2 그 하늘 아라보트(아라바트)에서, 불 속에 이글거리는 쇠처럼 불꽃을 튀기며 타오르는 주님의 얼굴을 보았다.

3 그렇게 주님의 얼굴을 보았지만, 그 얼굴은 말로 표현할 수 없었다. 너무 두렵고 무시무시했다.

4 내가 뭐라고 말할 수 없는 주님의 존재, 그 놀라운 얼굴에 대하여 무슨 설명을 하겠는가? 그분의 무수한 지시와 다양한 목소리를 나는 말할 수 없었다.

5 손으로 만들지 않은 옥좌, 주님의 위대한 보좌에 대하여, 그 주변에 얼마나 많은 군대가, 얼마나 많은 케루빔과 세라핌이 있는지, 천사들의 끊임없는 노래와 그분의 변함없는 아름다움에 대해 나는 말할 수가 없었다.

6 형언할 수 없이 위대한 그분의 영광에 대하여, 누가 과연 말할 수 있겠는가? 나는 주님 앞에 엎드려 절을 했다.

7 주님이 그 입술로 나에게 말했다.

"에녹, 용기를 내고 두려워하지 마라. 일어나 나의 얼굴 앞에 영원히 서 있어라."

8 대천사 미가엘이 나를 일으켜 주님의 얼굴 앞으로 인도했다.

9 그러자 주님이 시험 삼아 하인들에게 말했다.

"에녹이 나의 얼굴 앞에서 영원히 서 있도록 하자."

10 영광스러운 자들이 주님께 절하고 말했다.

"에녹이 당신의 말씀대로 하게 하십시오."

11 주님이 미가엘에게 말했다.

"가서 에녹의 지상 옷을 없애고, 나의 향기로운 기름을 에녹에게 발라주며, 내 영광의 옷을 입혀주어라."

12 미가엘이 주님의 지시대로 했다. 미가엘이 나에게 기름을 발라주고 옷을 입혔다.

13 그 기름은 위대한 빛보다 더 찬란하고 감미로운 이슬 같았으며, 그 향기는 은은하고 햇살처럼 빛났으며, 내가 나 자신을 보니 그분의 영광스러운 자와 같았다.

14 주님이 대천사 프라부일을 불러 말했다.

"창고에서 책과 글씨가 빠른 갈대를 가지고 와서 에녹에게 주어라. 가장 크게 위로가 되는 책들을 네 손으로 골라 오너라."

제11장

1 대천사 프라부일이 하늘과 땅과 바다의 모든 일, 모든 요소와 그 통로와 왕래, 천둥의 동작, 태양과 달, 별들의 운행과 변화, 계절, 매년 이어지는 세월, 날과 시간, 바람의 시작, 천사들의 숫자, 천사들 노래의 시초, 인간에 대한 모든 것, 사람들 각자의 노래와 생애, 계명들,

지시들, 감미로운 목소리의 노래, 그리고 배울 만한 모든 것을 들려주었다.

2 프라부일이 나에게 말했다.

"네게 말해준 이 모든 것을 우리가 기록했다. 인류의 모든 영혼을 위해서 기록하라. 사람이 얼마나 많이 태어나든지 상관없다. 그 영혼들을 위해 영원히 준비된 장소들을 알려주어라. 모든 영혼이 세상이 창조되기 전부터 영원히 준비된 것이다."

3 나는 두 달에 걸쳐서, 이 모든 것을 있는 그대로 366권의 책으로 기록했다.

제12장

1 나에게 환상이 왔다. 환상의 구름이 나를 초대했다. 안개가 나를 둘러쌓다.

2 별들과 번개의 궤도가 나를 매우 빨리 가게 하였다.

3 환상 속의 바람이 나를 위로 들어 올리고, 천당으로 운반하면서 내가 날아가도록 도와주었다.

4 안으로 들어갔다. 불의 혓바닥들 속에 들어가 우박 수정으로 지어진 커다란 집으로 다가갔다.

5 그 집의 벽돌은 바둑판무늬 수정이고, 바닥도 수정이었다. 천정은 별들과 번개의 길이었다. 그것들 사이에 불타는 케루빔 천사들이 있었다.

6 하늘은 물처럼 맑았다. 불이 벽을 둘러싸고 문들이 불타고 있었다. 그 집으로 들어가자 불처럼 뜨겁고 얼음처럼 싸늘했다.

7　그 안에 생명의 기쁨이 없었다. 겁에 질려 부들부들 떨기 시작했다. 그리고 바닥에 엎어져 환상을 보았다.

제13장

1　두 번째 집이 있었다. 먼저 것보다 더 크고 내 앞에 문이 활짝 열려 있었다.

2　불로 지어진 그 집은 그렇게 찬란하고 웅장할 수가 없었다. 바닥이 불이고, 집 위에는 별들과 번개가 있었다. 천정도 불이었다.

3　높다란 옥좌를 보았다. 투명한 우박으로 만든 옥좌에 바퀴들은 태양과 같았다.

4　케루빔 천사들도 보았다.

5　옥좌 밑에서 불줄기가 흘러나와 똑바로 옥좌를 쳐다볼 수 없었다.

6　위대한 영광이 거기 앉아있었다. 그분의 옷은 태양보다 더 찬란히 빛났고, 눈보다 더 희었다.

7　그분의 위대함과 영광으로 안에 들어가 그 얼굴을 볼 수 있는 천사가 하나도 없었다. 그 어떤 육체도 그분을 쳐다볼 수 없었다.

8　그분 주변과 앞에 불이 있어 아무도 접근하지 못했다.

9　1만 명의 1만 배가 그분 앞에 서 있었으나, 그분은 보좌관이 필요 없었다.

10　가장 거룩한 자들이 그분 곁에 밤낮으로 서 있었다.

11　나는 내내 바닥에 엎드린 채 몸을 떨기만 했다.

제14장

1 주님이 나를 불러 말했다.

"에녹, 이리 와서 내 말을 들어보아라."

2 그때 거룩한 자 하나가 내게 와서 흔들어 깨웠다. 그가 나를 일으켜 세우고 문으로 데려갔다. 나는 고개를 수그렸다.

3 주님이 말했다.

"착한 사람이요, 선한 율법사인 에녹! 두려워하지 마라. 이리 와서 내 말을 들어라. 천당의 감시자들이 자기를 중재해 달라고 너를 불렀지만, 너는 그들에게 가서 이렇게 전해라.

4 너희가 사람들을 위해 중재하는 것이지, 사람들이 너희를 위해 중재할 수 없다. 너희는 어찌하여 고상하고 거룩한 천당을 떠나 여자들과 자고, 사람의 딸들과 어울려 스스로 더러워지고, 땅의 자녀들처럼 아들들, 곧 거인족을 낳았느냐?

5 너희가 거룩한 영적 존재로서, 영원한 삶을 살도록 되었음에도 불구하고, 여자들의 피로 스스로 더러워지고, 육체의 피로 자녀들을 낳고, 죽으면 의지가 없어지는 다른 자들이 하듯이 육체와 피를 탐냈다.

6 사람이 죽으면 없어지므로 내가 아내를 주고, 임신을 시켜 자녀를 낳게 하고, 땅 위에서 대를 잇게 하였다. 그러나 너희는 영혼이고 영원히 불멸하는 존재다.

7 천당이 너희에게 알맞은 거주지다. 그래서 내가 너희에게 아내를 주지 않았다. 그런데 이제 영혼과 육신의 산물인 거인족이 땅 위의 영혼(악령)이라 불리고, 이 영혼들이 땅에서 살게 되었다. 거인족은 인

간인 여자와 거룩한 감시자들 사이에서 태어났는바, 거인족의 몸에서 악령이 나온 것이다.

8 거인족은 땅 위에서 괴롭히고 억누르며 파괴하고 공격한다. 거인족은 굶주리고 목말라 하지만 먹지 않는다. 거인족은 반항한다. 이 악령들은 남자와 여자에게서 나오는바, 인간을 거슬러 일어날 것이다. 그들은 살해할 것이며, 위대한 심판의 날까지 처벌을 받지 않을 것이다. 하지만 그날이 오면, 시대와 감시자들과 신을 두려워하지 않는 자들이 모조리 멸망할 것이다.

9 네게 중재를 부탁한 감시자들에게 '너희에게는 평화가 없다'고 말하라. 너희가 천당에 있지만, 신비들은 너희에게 드러나지 않았다. 너희는 쓸데없는 것을 알고, 마음이 완고하여 그것을 여자들에게 가르쳐 주었다. 그래서 그 비밀을 가지고, 여자들과 남자들이 땅 위에서 많은 악행을 저지를 것이다."

제15장

1 사람들이 불길처럼 보이는 곳으로 내가 인도되었다. 사람이 원하면 불길이 사람으로 나타났다.

2 그다음에 암흑의 장소로, 그리고 꼭대기가 하늘까지 닿은 산으로 인도되었다.

3 나는 광채들의 장소를 보았고, 별들과 천둥의 보물 창고, 가장 깊은 곳에서 불타는 활과 화살들, 불타는 칼과 모든 번개를 보았다.

4 나는 피리플레케톤(불의 강)에 인도되었는데, 그 강에서 불이 물처럼

흘러나와 서쪽으로 거대한 바다에 들어갔다.

5 나는 거대한 강들(스틱스, 아케론, 코치투스)을 보았다. 깊은 강과 광활한 암흑에 이르렀고, 육체가 하나도 없는 곳으로 갔다.

6 나는 겨울의 암흑 산과 모든 깊은 물의 원천을 보았다.

7 나는 지상 모든 강의 입(오세아누스)과 심연의 입을 보았다.

8 나는 모든 바람의 창고를 보았다.

9 나는 하나님이 어떻게 모든 창조물을 만들어내고, 땅의 단단한 기초를 박았는지 보았다.

10 그리고 나는 땅의 모퉁이 돌을 보았다.

제16장

1 그리고 나는 땅과 하늘의 궁륭을 싸는 4가지 바람을 관찰했다.

2 바람들이 하늘의 궁륭을 어떻게 넓히는지, 하늘과 땅 사이에서 어떻게 자기 자리를 잡는지도 보았다. 이는 하늘의 기둥들이었다.

3 나는 하늘의 불기둥들도 보았다. 그 가운데서 높이와 깊이를 헤아릴 수 없는 불기둥들이 넘어지기도 했다.

4 그 심연 너머에는, 위로 하늘의 궁륭이 없고, 아래로 단단한 땅의 기초도 없는 곳이 보였다.

5 그곳은 물도, 새도 없고, 그저 삭막하기 짝이 없는 황야였다.

6 거기서 나는 불타고 있는, 거대한 산과 같은 별 7개를 보고, 그 별들에 대해 질문했다.

7 천사가 대답했다.

"이곳은 하늘과 땅의 끝이다. 여기는 별과 함께 하늘 존재들의 감옥이 되었다."

8 불 위로 구르는 별들은, 떠나야 할 지정된 시간을 지키지 않아 최초로 주님의 명령을 어겼던 것이다.

9 화가 난 하나님이 별들의 죄가 용서될 때까지, 1만 년 동안 묶어둔 것이다.

제17장

1 대천사 우리엘이 내게 말했다.
"여자들과 관계한 천사들이 여기 들어올 것이다. 이러한 천사들의 악령은 상이한 많은 형태로 인류를 더럽히고, 그 길을 그르치게 하여 악마들을 신으로 오인해 물을 바치게 할 것이다.

2 이 천사들은 태양의 궤도와 모든 별을 제자리에 배치하는 하늘 바람들의 날이 올 때까지 여기 있을 것이다. 나는 땅 위의 바람들이 구름을 몰고 다니는 것을 보았다. 천사들이 다니는 여러 길도 보았다.

3 어마어마한 7개의 돌산이 거기 있었다. 셋은 동쪽을 향하고, 셋은 남쪽을 향해 있었다. 동쪽을 향한 하나는 색깔 있는 돌의 산이고, 하나는 진주의 산이고, 또 하나는 히아신스 보석의 산이고, 남쪽으로 향한 산들은 붉은 돌로 되어 있었다.

4 그러나 가운데 산은 설화 석고의 산이었다. 그것은 하늘에 닿아 하나님의 옥좌가 되었다. 옥좌의 꼭대기는 청옥이었다. 나는 불길을 보았다. 그 산 너머가 땅의 끝이었다. 거기서 하늘도 끝났다.

5 나는 가파른 심연을 보았다. 그것은 대심판으로 멸망당할 것이고, 길을 그르친 천사들의 여자들은 사이렌이 될 것이다."

6 나 에녹만이 이 모든 것의 종말에 대한 환상을 보았고, 내가 본 것을 아무도 보지 못할 것이다.

제18장

1 거기서 나는 땅의 다른 곳으로 갔다. 나를 인도한 천사 라구엘이 밤낮으로 불타는 산의 능선을 보여주었다.

2 그 산을 넘자 모양이 서로 다른 산 7개가 보였다. 그 산들은 거대하고 아름다운 돌로 이루어졌고, 산의 셋은 동쪽으로, 셋은 남쪽으로 향했다.

3 산마다 계곡이 있었는데, 그 계곡은 서로 연결되지 않았다.

4 일곱 번째 산이 옥좌의 모양으로 한가운데 있었으며, 어마어마하게 높았다.

5 향기로운 나무들이 그 옥좌를 둘러쌌다. 그 가운데 매우 독특한 나무 하나가 있었다.

6 그 나무의 향기는 모든 향기보다 뛰어났고, 그 잎사귀와 꽃과 가지는 시드는 법이 없었다.

7 대추야자 열매와 비슷한 그 열매는 정말 아름다웠다.
   "이 나무는 얼마나 아름다운가? 잎사귀는 싱싱하고 꽃은 참으로 보기에 좋다."

제19장

1 나와 함께 있던 거룩하고 명예로운 천사들의 우두머리 미가엘이 나에게 물었다.

"에녹, 이 나무의 향기에 대해서 왜 질문하지 않고, 그 진리에 대해 알려고도 하지 않느냐?"

2 내가 대답했다.

"모든 것에 대하여, 특히 이 나무에 대해 알고 싶습니다."

3 미가엘이 말했다.

"네가 본 이 높은 산, 그 꼭대기가 옥좌와 비슷한 이 산이 바로 하나님의 보좌다. 거룩하고 위대한 분, 영광의 주, 영원한 왕이 선으로 지상을 방문할 때 여기 앉을 것이다.

4 이 향기로운 나무로 말하자면, 하나님의 정의가 모든 것을 바로잡고, 최종적으로 완결시킬 위대한 심판의 때까지, 인간은 아무도 이 나무에 손댈 수가 없고, 심판 뒤에는 선한 자들과 거룩한 자들이 이 나무를 받을 것이다.

5 이 나무는 선택받은 자들의 음식이 될 것이다. 영원한 왕, 주님의 거룩한 성전으로 옮겨질 것이다. 그들은 한없는 기쁨에 넘쳐서 거룩한 장소로 들어갈 것이다. 나무의 향기가 사람들 뼛속으로 스며들어, 너희 조상들이 오래 살았듯이, 그들도 땅에서 장수를 누릴 것이다. 슬픔과 재앙도, 참혹한 사태의 고통도, 평생 찾아오는 일이 없을 것이다."

6 나는 선한 자들을 위해 이 모든 것을 준비했고, 선한 자들을 창조하고 선물을 약속한 영광의 하나님, 영원한 왕을 송축했다.

제20장

1 그 무렵에 땅은 자기가 맡았던 것을 되돌려주고, 하계(스올)는 받았던 것을 내놓고, 지옥은 가지고 있던 것을 돌려줄 것이다. 선택받은 그분이 그 무렵에 일어나, 죽은 자들 가운데서 선한 자와 거룩한 자를 가려낼 것이다.

2 선한 자, 거룩한 자가 구원받을 날이 왔다. 선택받은 그분이 그 무렵 내 보좌에 앉을 것이며, 그 입에서 지혜의 비밀들과 의견이 나올 것이다.

3 영혼의 주님이 그분에게 그 비밀과 의견을 주었고, 그분에게 영광을 주었다.

4 그때 산들이 숫양처럼 뛰고, 언덕들이 젖으로 배부른 어린 양처럼 뛰어놀며, 하늘의 모든 천사의 얼굴이 환희로 빛날 것이다.

5 땅에는 기쁨이 있고, 선한 자들이 거기서 살며, 선택받은 자들이 거기서 걸어 다닐 것이다.

6 영혼의 주님이 그 사람들을 다스릴 것이다.

7 그들은 사람의 아들과 함께 먹으며, 영원히 눕고 일어날 것이다.

8 선한 자들과 선택받은 자들은 땅에서 일어나고, 다시는 기죽은 표정을 짓지 않을 것이다.

9 그 사람들은 영혼의 주님이 주는 영광의 옷과 생명의 옷을 입을 것이다.

10 너희 옷은 낡아지는 법이 없고, 너희 영광은 영혼의 주님 앞에서 사라지지 않을 것이다.

제21장

1 그래서 나의 영혼이 자리를 옮겨 하늘나라로 올라갔고, 하나님의 거룩한 아들들을 보았다.

2 그 아들들은 불길을 밟고 있었으며, 옷은 새하얗고 얼굴은 눈처럼 빛났다.

3 나는 두 줄기 불의 강물을 보았는데, 그 광채는 히아신스처럼 찬란했다.

4 영혼의 주님 앞에서 나는 엎드렸다.

5 미가엘 천사가 나의 오른팔을 잡아 일으켜주고, 모든 비밀을 알려주었다.

6 미가엘이 나에게 선의 비밀들을 보여주었다.

7 미가엘은 하늘 끝의 신비들, 거룩한 무리 앞에서 걸어 다니는 별들의 모든 방과 광채를 보여주었다.

8 미가엘은 나의 영혼을 하늘의 하늘로 데려갔고, 거기서 나는 수정으로 된 건물과 수정 사이에 살아있는 혀들을 보았다.

9 내 영혼은 그 불의 집을 둘러싼 띠를 보았다.

10 그 띠의 사방에서 살이 있는 불이 흘러나왔고, 그 불이 집을 둘러쌌다.

11 세라핌, 케루빔, 오판님이 잠을 자지 않고, 그분 영광의 옥좌를 지켰다.

12 나는 그 집을 둘러싸고 있는 무수한 천사를 보았는데, 천의 천 배, 만의 만 배나 되었다.

13 미가엘, 가브리엘, 파누엘 그리고 하늘 위에 있는 거룩한 천사들이 그 집을 들락날락하고 있었다.

14 천사들이 나왔다. 미가엘, 가브리엘, 라파엘, 파누엘 등 거룩한 천사들이 무수히 많았다.

15 천사들과 함께 있는 모든 시간의 머리는 양털처럼 새하얗고 깨끗했으며, 그 옷은 어떤 말로도 설명할 수가 없었다.

16 나는 엎드렸다. 나의 온몸이 고요함에 의탁했고, 나의 영혼이 변했다.

17 나는 커다란 소리로, 힘의 영혼으로 고함을 쳤고, 축복하고 찬미하고 영광을 바쳤다.

제22장

1 내가 일어나 보니, 천사들이 그날 집을 접어서 모든 기둥을 가져가 버렸다. 대들보와 장식품들도 접어 남쪽 땅으로 운반했다.

2 계속 바라보고 있었더니, 양 떼의 주님이 그 집보다 더 크고 장엄한 새집을 가지고 와서, 먼저 집이 있던 자리에 그 집을 세웠다.

3 기둥이 모두 새것이고, 모든 장식품도 새것으로 먼저 것보다 더 컸다. 그 집안에 양 떼가 있었다.

4 나는 남겨진 모든 양을 보았다. 땅의 모든 짐승과 하늘의 모든 새가 떨어져 그 양 떼를 칭송하고, 간청하며 절대 복종했다.

5 그리고 흰 옷을 입은 셋(나를 들어 올려준)이 내 손을 잡았고, 숫양도 내 손을 잡아끌어 올렸으며, 심판이 시작되기 전에 그 양 떼 한가운데 놓아주었다. 양 떼는 하얗고 털이 풍성하고 깨끗했다.

6 그 집에는 전에 흩어지고 살해되었던 모든 것, 들의 모든 짐승과 하늘의 모든 새가 모여 있었다. 모두 선하고, 그 집에 다시 돌아왔던바, 양 떼의 주인이 기쁨에 넘쳤다.

7 나는 양 떼가 받은 칼 한 자루를 내려놓는 것을 보았다. 양 떼가 그 칼을 가지고 돌아왔으며, 칼은 주님 앞에서 봉인을 받았다. 모든 양이 그 집에 초대를 받았다.

8 양들은 눈을 뜨고 선한 무리를 보았다. 보지 못하는 양은 하나도 없었다.

9 자세히 보니 그 집은 넓고 길었으며, 양 떼로 가득 차 있었다.

제23장

1 그다음에 나는 커다란 뿔을 가진 하얀 황소가 태어나는 것을 보았다.

2 들의 모든 짐승과 공중의 새가 그 황소를 두려워하고, 황소에게 끊임없이 간청했다.

3 나는 모든 세대가 하얀 황소로 변하는 것을 보았다. 그 가운데 첫째 것은 어린 양이 되고, 그 어린 양은 커다란 짐승으로 변해 머리에 커다란 뿔을 가졌다.

4 양 떼의 주님이 그 짐승에 대해서, 그리고 모든 황소에 대해서 크게 기뻐했다.

5 나는 그 짐승들 사이에서 잠자고 일어나 모든 것을 보았다.

6 내가 잠들었을 때 바로 이러한 환상을 보았고, 잠에서 깨어나 선의 주님을 송축하며 그분에게 영광을 드렸다.

7 그리고 나는 울었다. 눈물이 하도 많이 흘러서 도저히 참을 수가 없었다.

8 눈을 떴을 때도 그로 인해 눈물이 흘러나왔다.

9 나는 모든 것이 어떻게 일어나고 이행되며, 인류의 모든 행동이 어떻게 이루어지는지 보았다.

10 그날 밤, 나는 첫 번째 꿈을 회상했다. 그 환상과 꿈 때문에 나는 울었고 마음이 아팠다.

11 그때 주님이 그 사람들을 불러 모으고, 땅의 자녀들에게 자기네 지혜를 증언하라고 하면서 말했다.

"너희는 땅의 자녀들의 인도자로서 온 땅의 위로다. 땅의 자녀들에게 지혜를 드러내 보여라. 나의 아들과 나는 그들의 생활 속에서, 선의 길에서 영원히 그들과 결합할 것이다. 그때 너희는 평화를 가질 것이다. 선의 자녀들아, 행복하게 살아라."

제24장

1 주님이 나를 불러서 자기 왼쪽, 가브리엘 천사 가까이 두었다. 나는 주님께 허리를 굽혀 인사했다.

2 주님이 내게 말했다.

"에녹, 내가 완성한 것을 네가 모두 보았으니, 이제 이 모든 것이 만들어지기 전에 어떠한 것이었는지 말해주겠다. 우선 나는 모든 것을 비존재에서 존재로, 보이지 않는 것에서 보이는 것으로 창조했다.

3 나는 천사들에게도 내 비밀들, 천사들의 유래, 창조에 대한 나의 무

한하고 헤아릴 수 없는 생각을 알려주지 않았다. 그러나 나는 빛을 열었고, 태양이 동쪽에서 서쪽으로 달리듯이, 내가 그 빛을 통해 보이지 않는 것의 하나로 달렸다.

4 나는 기초를 놓고, 눈에 보이는 창조를 할 생각을 품었다. 나는 저 깊은 곳에 있던 이도일(하나님의 손)에게, 뱃속에 거대한 돌을 넣어 올라오라고 명령했다. 이도일, 그에게 눈에 보이는 것으로 하여금 탄생하기 위해 터져버리라고 말했다. 그러자 이도일이 터졌다.

5 그때 내가 창조하고 싶어 하던 모든 것을 품은 거대한 돌이 이도일에게서 나왔다. 내가 보니 좋았다. 나는 옥좌를 하나 세우고 거기 앉았다. 나는 빛에게 더 높이 올라가고, 단단한 것이 되고, 가장 높은 것의 기초가 되라고 했다. 그러니 빛보다 더 높은 것은 없다.

6 나는 이 모든 것을 옥좌에서 일어나 보았다. 저 깊은 곳에서 다시 하나가, 보이지 않는 것에서 보이는 것으로 올라왔다. 그때 단단하고 무거운, 매우 검은 형체가 나왔다. 내가 보니 좋았다."

제25장

1 "어떤 것은 빛으로 둘러싸여 이것을 두껍게 만들었고, 빛 아래 암흑 위로 물의 길이 뻗어 나가게 했다. 그리고 그 물을 단단하게 만들었다. 나는 빛을 기초로 삼은 그 물을 한없이 깊게 만들었다. 그 안에 일곱 층을 창조했다.

2 축축한 물을 마른 유리와 수청처럼 만들고, 물의 층과 다른 요소들을 만들었다. 모든 것에서 자기 길을 보여주고, 하늘의 별 일곱 개에

게 각각 움직이라고 명령했다. 보기에 좋았다.

3 나는 빛을 암흑에서 분리했다. 빛에게 낮이 되고 암흑에게 밤이 되라고 했다. 저녁이 되고 아침이 되니 첫째 날이었다."

第26장

1 "그다음에 나는 하늘 층을 단단히 만들고, 하늘 아래 낮은 물에게 모두 한자리로 모이라고 명령했다. 또 혼돈에게 말라버리라고 하였더니 그대로 되었다.

2 파도를 가지고 단단한 큰 바위를 만들었고, 바위가 마른 것을 마른 땅이라 불렀으며, 땅의 중심부를 바닥이 없는 심연이라 불렀다. 그리고 바다를 한곳으로 모아 멍에로 묶어버렸다. 바다에게 영원한 한계를 주고, 그 안에 있는 요소들을 잃지 않을 것이라고 말했다.

3 나는 창공을 단단히 조였다. 그날 나는 나 자신을 최초에 창조된 자라고 불렀다. 저녁이 되고 다시 아침이 되니 2번째 날이었다."

第27장

1 "하늘의 모든 군대를 위해서, 나는 불의 이미지와 본질을 만들었다. 내 눈이 단단한 바위를 응시했고, 내 눈의 광채에서 번개가 그 놀라운 본질을 받았다. 번개의 본질은 물속의 불이자 불 속의 물이었다.

2 물은 불을 끄지 않고, 불은 물을 말리지 않았다. 번개는 태양보다 찬란하고, 물보다 부드럽고 바위보다 단단하였다. 나는 바위에서 거대한 불을 잘라, 그것으로 육신 없는 천사 열 개 군대를 창조했다.

3 천사들의 무기는 불이 타고 그 옷도 타는 불길이었다. 나는 천사들이 서열에 따라 각자 자리에 서도록 명령했다."

제28장

1 "천사 하나가 자기보다 낮은 천사들을 이끌고 돌아서서 말도 안 되는 생각을 품었다. 자기 옥좌를 지상의 구름보다 높은 곳에 놓고, 나와 대등한 힘을 가지려고 하였다.

2 그래서 그 천사를 높은 곳에서 내쫓았더니, 심연 위 공중에서 계속 날아다니고 있다."

제29장

1 "그다음에 나는 모든 하늘을 창조했다. 세 번째 날이었다. 나는 땅에게 열매 맺는 커다란 나무들이 자라게 하고, 언덕을 솟아오르게 하라고 하였다. 그러자 땅이 뿌릴 씨들을 만들고 낙원을 만들었다.

2 나는 낙원을 담으로 둘러싸고, 무장한 수비대로 불타는 천사들을 배치했다. 그리고 쇄신을 창조했다. 저녁이 되고 아침이 되니 네 번째 날이었다."

제30장

1 "이날 나는 하늘의 여러 층에 거대한 빛들이 놓이라고 명령했다. 맨 꼭대기 층에 크루노(크로노스), 두 번째 층에 아프로디트(아프로디테), 세 번째 층에 아리스(아레스), 다섯 번째 층에 제우스, 여섯 번째 층

에 에르미스(헤르메스)를 배치하고, 일곱 번째 층에 작은 별들로 장식
된 조각달을 배치했다.

2 그리고 가장 낮은 층에는, 낮을 비추는 태양과 밤을 비추는 달과 별
들을 놓았다. 태양이 12궁의 각 짐승을 따라가도록 12달의 계속과
그 명칭, 기간, 천둥 치기, 시간 표시, 순서 등을 지정했다. 저녁이 되
고 아침이 되니 5번째 날이었다."

제31장

1 "5번째 날에 나는 바다에게 각종 어패류를 낳으라고 명령했다. 이어
서 많은 종류의 깃 달린 새, 땅에 기어 다니는 모든 짐승, 땅에서 달
리는 네 발 가진 짐승들을 창조했다.

2 공중으로 치솟는 짐승을 만들고, 암컷과 수컷을 구별하여 생명의 기
운을, 숨 쉬는 영혼을 부어주었다. 저녁이 되고 아침이 되니 여섯 번
째 날이었다."

제32장

1 "나는 여섯 번째 날, 나의 지혜에게 일곱 가지 요소에서 사람을 창조
하라고 명령했다. 흙에서 살을, 이슬에서 피를, 태양에서 눈을, 돌에
서 뼈를, 천사들의 빠른 속도와 구름에서 지능을, 땅의 풀에서 혈관
과 머리카락을, 나의 입김과 바람에서 영혼을 만들어내라고 했다.

2 나는 사람에게 듣기 위한 살, 보기 위한 눈, 냄새 맡기 위한 영혼, 촉
감을 위한 피, 지속을 위한 뼈, 감미로움과 기쁨을 위한 지능 등 일

곱 가지 본성을 주었다.

3 그리고 아래와 같은 교묘한 말을 생각해냈다. 즉 나는 사람을 보이지 않는 본성과 보이는 본성에서 창조했다. 이 두 가지 성질에서 사람의 죽음과 생명, 이미지가 나온다.

4 사람은 다른 몇 피조물처럼 말할 줄 알며, 위대하면서도 작고, 작으면서도 위대하다. 나는 땅에 명예롭고 위대하며 영광스러운 두 번째 천사를 배치했다. 그 천사에게 나의 지혜를 주어 땅의 지배자로 삼았다.

5 땅 위에서는 이 사람만큼 위대한 피조물이 없다. 나는 네 가지 요소, 즉 동서남북에서 그 이름을 지어주었고, 특별한 별 넷을 그 사람에게 붙여주었다. 나는 그 이름을 아담이라 불렀다."

제33장

1 "아담이 나를 사랑하는지 미워하는지, 그 백성 가운데 누가 나를 사랑하는지 알아보려고, 나는 아담에게 빛과 암흑이라는 2가지 길을 보여주고, 이것은 좋고 저것은 나쁘다고 일러주었다.

2 나는 아담의 본성을 보았지만, 아담은 자기 본성을 보지 못했다. 그래서 아담은 더욱 고약한 죄를 지었다. 나는 죄 다음에 오는 것이 죽음밖에 더 있느냐고 말했다.

3 내가 아담에게 잠을 집어넣자 아담은 잠이 들었다. 아담의 갈빗대 하나를 뽑아냈다. 아담의 죽음이 아내로부터 오도록 그 갈빗대로 아내를 만들어주었다. 아담의 마지막 말을 따서, 그 아내를 어머니, 즉 하

와라고 불렀다.

4 아담이 땅에서 살았고, 나는 아담이 시험에 통과하고 나의 명령을 지키도록 에덴, 즉 동쪽에 정원을 창조했다. 아담이 승리의 노래를 부르는 천사들과 암흑이 없는 광채를 보도록 그 앞에 하늘을 열어주었다.

5 아담은 낙원에 머물렀다. 아담이 땅의 주인으로서 땅을 지배하고 통치했다. 내가 다른 세상을 창조하고 싶어 한다는 것을 악마가 알아챘다. 악마는 도망자로 낮은 곳의 유령이었다.

6 하늘로 소토나를 만들었던바, 악마의 이름은 사토마일이었다. 그래서 악마는 천사들과 달랐으나, 옳고 그른 것을 아는 지능은 변함이 없었다. 악마는 자신이 지은 죄와 그 처벌을 이해했다.

7 악마가 아담을 해칠 생각을 품었다. 악마가 아담의 세상에 들어가 하와를 유혹하고, 아담은 건드리지 않았다. 나는 무지를 저주했다. 나는 예전에 축복한 것을 저주하지 않았고, 사람도 땅도, 다른 피조물도 저주하지 않았다.

8 그러나 사람의 악한 열매와 행위를 저주했다. 내가 아담에게 말했다. '너는 흙이다. 흙으로 내가 너를 만들었고, 너는 그 흙으로 들어갈 것이다. 나는 너를 없애지 않고, 네가 놓인 곳에서 다른 데로 보낼 것이다. 그러면 나의 재림 때 너를 다시 데려올 수 있다.'

9 나는 보이는 것과 보이지 않는 모든 피조물을 축복했다. 아담은 낙원에 5시간 반을 머물렀다. 나는 7번째 날 안식을 축복했고, 그날 쉬었다."

제34장

1 "나는 8번째 날을 나의 창조 후 만들어진 첫째 날로 지정했다. 그리고 첫째 7일간을 7000년의 형태로 돌아가게 만들었고, 8번째 1000년의 시작에 헤아릴 수 없는 시간, 즉 1년, 1달, 1주간, 1일, 1시간 등의 단위로 계산할 수 없는 무한을 놓았다.

2 에녹, 내가 네게 말해준 모든 것, 네가 세상에서 본 모든 것, 네가 이 책에 쓴 모든 것을 창조했고, 가장 높은 것에서 가장 낮은 것에 이르기까지 모두 창조했다. 조언자는 없다.

3 나는 영원하다. 손으로 만들어진 자가 아니다. 내 생각이 조언자요, 내 말이 행동이다. 또 나의 눈은 모든 것을 본다. 내가 쳐다보는 것은 서 있지만, 내가 시선을 돌리면 무엇이든지 멸망한다.

4 에녹, 정신을 차리고 네게 말하고 있는 자가 누구인지 알라. 네가 쓴 책을 잘 보관해라. 네게 세밀과 라수일 두 천사와 너를 위로 데려온 그 천사를 준다. 땅으로 내려가 나의 아들들에게 내가 말해준 것, 네가 가장 낮은 하늘에서 나의 옥좌에 이르기까지 본 것을 모두 전하라.

5 내가 창조한 군대 가운데 하나도 나를 대항하지 않고 모조리 복종하고 있다. 모든 것이 나의 왕국에 복종하고 나의 힘에 봉사한다. 나의 장군 미가엘의 중재자인 너 에녹은, 네가 직접 손으로 쓴 책들을 자손에서 자손으로, 친척에서 친척으로, 종족에서 종족으로 넘겨주어라.

6 네가 쓴 것과 네 선조 아담과 셋이 쓴 것은, 시간의 끝에 이르기까지 없어지지 않을 것이다. 내가 땅 위에 어떻게 지도를 그리고, 모든 시대를 보존하며, 내가 네 자손에게 내릴 홍수에도, 네 선조의 기록이

멸실하지 않고 보존될 것인지를, 천사 오리오크와 마리오크에게 알려주었다."

제35장

1 사랑하는 나의 자녀들아, 주님의 뜻에 따라 너의 아버지가 하는 경고에 귀를 기울여라.

2 현재에 있고, 과거에 있었고, 심판의 날까지 있을 모든 일을 내가 선언한 것은, 내 입술이 아니라 주님의 입술에서 나오는 말씀이다. 주님이 내 입술을 너희에게 주었다.

3 나는 너희를 위해 더 크게 만들어진 사람이고, 너희는 내 입술에서 나오는 말을 듣는 것이다.

4 내가 주님의 얼굴을 보았다. 그 얼굴은 불에 달아 이글거리는 쇠처럼 불꽃을 튀기며 타올랐다.

5 너희는 나의 눈, 너희를 위해 의미를 가지고 있는, 위대하게 된 사람의 눈을 들여다보지만, 나는 태양의 광선처럼 빛나고, 사람의 눈에 경이를 심어주는 주님의 눈을 보았다.

6 자녀들아, 너희는 너희를 돕는 사람의 오른손을 보지만, 나는 나를 도와줄 때 하늘을 채우던 주님의 오른손을 보았다.

7 너희는 너희와 다를 바 없는 나의 업적을 보지만, 나는 주님의 무한하고 완전한 업적을 보았다.

8 너희는 나의 입술에서 나오는 말을 듣지만, 나는 끊임없이 울리는 엄청난 천둥과 같고, 짙은 구름과 같은 주님의 말을 들었다.

제36장

1 자, 땅의 아버지에 대한 이야기를 귀담아들어라. 땅을 지배하는 자의 얼굴 앞에 가는 것이 얼마나 두려운지 알아라.

2 산 자와 죽은 자의 지배자, 하늘 군대의 지배자, 하늘 지배자의 얼굴 앞에 가는 것이, 얼마나 더 무시무시하고 두려운지 생각해봐라. 누가 그 끝없는 고통을 견딜 수 있겠는가?

3 주님의 입술에서 내가 배운 것, 처음부터 끝까지 내가 본 것에 대하여 이제 귀를 기울여라.

4 나는 모든 것을 알고, 하늘과 그 끝과 넓이, 군대와 행진에 대해서 기록했다.

5 나는 거대하고 무한한 별들의 무리를 측량하고 묘사했다.

6 사람 가운데 누가 별들의 회전과 입구들을 보았던가?

7 천사들도 그 숫자를 모르지만, 나는 그 모든 이름을 기록했다.

8 나는 태양의 둘레를 측량하고, 그 광채를 측정하며, 그 시간들을 헤아렸다.

9 나는 땅 위의 모든 것을 기록했다.

10 이 모든 것이 어떻게 자라는지, 땅에서 나오는 씨들이 어떻게 뿌려지고, 또 뿌려지지 않는지를 기록했다.

11 모든 식물, 모든 풀의 꽃과 그 향기와 이름, 구름이 머무는 곳과 그 형성과 날개, 빗방울을 품는 방법을 기록했다.

12 나는 천둥과 번개가 가는 길을 기록했고, 천사들의 열쇠와 보초들, 천둥과 번개의 발생과 운동을 보여주었다.

13 무모하고 심한 폭력의 사슬이 성난 구름을 내던져 땅의 모든 것이 멸
   망하지 않도록, 천둥과 번개는 엄격하게 계산된 사슬로 풀려나왔다.

14 나는 눈의 보물 창고와 추위와 싸늘한 바람을 모아둔 집에 대해 기
   록했고, 계절의 열쇠를 가진 자가 어떻게 구름에다 눈과 바람을 채
   우는지 관찰했다. 그 창고들은 절대로 텅 비는 적이 없었다.

15 나는 바람들이 쉬는 곳에 대해 기록했고, 열쇠를 가진 자가 어떻게
   자와 저울을 다루는지 관찰했다.

16 천사들이 계절을 접시에 담아 무게를 재고, 강한 입김이 땅을 뒤흔들
   지 못하도록 온 땅을 측량했다.

17 나는 땅에서 일곱 번째 하늘에 이르는 높이, 땅에서 가장 낮은 지옥,
   심판의 장소, 열려있는 통곡의 거대한 지옥에 이르는 거리를 기록했다.

18 그 지옥의 죄수들이 끝없는 심판을 기다리며 어떻게 고통을 당하는
   지도 보았다.

19 나는 심판자에게 심판받은 모든 이들의 그 처벌과 행위를 다 기록했다.

제37장

1 자녀들아, 하나님의 입술에서 나온 말을 전하는 너희 아버지의 말에
  귀를 기울여라. 너희 아버지가 쓴 이 책을 받아 읽어라.

2 이 많은 책에서 너희가 창조의 시작부터 시간의 끝에 이르기까지, 주
  님의 업적을 모두 배울 것이다.

3 이 책을 잘 읽는다면, 너희가 주님을 거슬러 죄를 짓지 않을 것이다.

4 하늘이나 땅에서, 가장 낮은 곳이나 높은 곳에서, 하나의 기초에서

하나님과 같은 자는 없다.

5 주님이 미지의 장소에 기초를 놓고, 보이는 하늘과 보이지 않는 하늘을 모두 펼쳐주었다.

6 그분은 땅을 물 위에 고정시키고, 무수한 피조물을 창조했다.

7 누가 물을 헤아리고, 고정되지 않은 것의 기초나, 땅의 먼지나 바다의 모래나, 빗방울이나 아침 이슬이나, 바람의 숨결을 헤아렸던가?

8 누가 땅과 바다와 단단한 거울을 채워주었던가?

9 그분이 불에서 별들을 잘라 창공을 장식하고, 우리 가운데 박아주었다.

제38장

1 나는 각자의 모든 행동을 기록해두었다. 땅에서 태어난 사람은 아무도 숨어있을 수 없다. 그 행동이 하나도 감춰져 있을 수 없다. 나는 모든 것을 보았다.

2 나의 자녀들아, 영원한 생명을 상속받기 위해 너희는 주어진 세월을 인내와 온순 속에서 보내라.

3 주님을 위해서 모든 상처와 피해, 모든 욕설과 공격을 참고 견뎌라.

4 너희는 앙갚음을 당한다고 해도, 이웃과 원수에게 보복하지 마라.

5 땅 위의 사람들끼리 서로 보복하지 마라. 위대한 심판의 날에, 주님이 너희를 대신하여 원수들에게 되갚아주는 보복자가 될 것이다.

6 형제를 위해 금이나 은을 소비한 사람은, 누구든지 앞으로 올 세상에서 풍성한 보물을 받을 것이다.

7 하나님의 분노를 사지 않으려거든, 과부나 고아, 나그네를 결코 해치지 마라.

8 땅 위에 재물을 쌓지 말고, 가난한 이들에게 자선을 베풀어라.

9 힘이 자라는 데까지, 너희는 가난한 이들을 도와주어야 한다. 너희 은을 땅에 숨기지 마라.

10 고통을 겪는 성실한 자를 도와주어라. 그러면 너희가 어려운 시기가 와도 고통을 당하지 않을 것이다.

11 너희에게 닥치는 슬프고 잔혹한 멍에를 모두 주님을 위해 지고 가거라. 그러면 심판의 날에 너희가 보상을 받을 것이다.

12 너희 창조주의 영광을 위해 아침에, 정오에, 저녁에 주님의 집에 가는 것이 좋다.

13 숨 쉬는 모든 것이 그분에게 영광을 드리고, 보이거나 보이지 않거나, 모든 피조물이 그분을 찬미한다.

제39장

1 에녹이 백성에게 말을 마치자, 주님이 땅 위에 어둠을 보냈다.

2 사방에 깔린 암흑이 거기 서서 에녹과 이야기를 나누던 사람들을 휩쌌다. 암흑이 에녹을 주님이 계신 가장 높은 하늘로 데려갔다.

3 주님이 에녹을 받아들여 자신의 얼굴 앞에 놓아두었다. 그러자 암흑이 땅을 떠나고 빛이 다시 나타났다.

4 그러나 사람들은 에녹이 하나님의 영광을 위해 어떻게 높이 들려 올라갔는지, 보지도 못했고 이해하지도 못했다.

5 사람들은 보이지 않는 하나님이라는 글이 적힌 두루마리를 발견하고 각자 집으로 돌아갔다.

6 에녹은 트시반 달의 6번째 날에 태어났고 365년간 살았다.

7 에녹은 트시반 달의 첫째 날에 하늘로 올라갔고, 하늘에서 60일간 머물렀다.

8 에녹은 주님이 창조한 모든 피조물의 이 모든 징표를 기록하고, 366권의 책을 써서 자기 아들들에게 넘겨주었다.

9 땅에서 30일간 머물다가 자기가 태어난 그날 그 시간, 즉 트시반 달의 6번째 날에 다시 하늘로 올라갔다.

10 이 세상에서 각자의 본성이 어둡듯이, 각자의 잉태와 출생과 이 세상을 떠나는 것이 또한 어둡다.

11 그 시간에 에녹은 잉태되고, 그 시간에 출생하고, 또 그 시간에 죽었다.

제40장

1 메토살람(므두셀라)과 그 형제들, 즉 에녹의 아들들이 서둘러 아쿠잔이라는 곳에 제단을 세웠다. 에녹은 거기서 하늘로 들려 올라갔다.

2 모든 사람이 제물용 황소를 잡아서 주님의 얼굴 앞에 제물로 바쳤다.

3 모든 백성과 장로들, 모든 무리가 잔치에 참석하고, 에녹의 아들들에게 선물을 주었다.

4 사람들이 기쁨에 넘쳐 사흘간 즐거운 잔치를 벌이고, 하나님의 총애를 받은 에녹을 통하여 징표를 보여준 하나님을 찬미했다.

5 모든 백성은 그 징표가 자기 자손에게 대대로 이어질 수 있게 된 것을 크게 기뻐했다.

제41장

1 내가 아들들에게 말을 마치자, 두 천사가 나를 불러 자기 날개에 실었다. 그리고 첫째 하늘에 올라가 거기 내려놓았다.

2 모든 별의 지배자인 장로 앞으로 데려갔다. 그가 별의 모든 궤도와 해마다 거듭되는 그 운행과 천사 200명과 함께 지상의 바다보다 더 넓은 바다를 보여주었다.

3 그 바다에서 천사들이 날개를 가지고 날아다녔다.

4 그 장로가 구름의 창고를 보여주었는데, 구름이 거기서 위로 올라가 밖으로 나갔다.

5 눈과 추위의 보물 저택도 모두 보여주었다. 무시무시한 천사들이 그곳을 지키고 있었다.

6 올리브 기름 같은 이슬의 보물 저택도 보여주었는데, 천사들이 거기를 지켰다.

7 천사들의 옷은 지상의 모든 꽃과 같았다.

제42장

1 내가 365세 되던 해 2번째 달의 어느 날, 집에 혼자 있었다.

2 나는 마음이 몹시 상해 울면서 잠이 들었는데, 매우 키가 큰 두 사람이 나타났다. 그렇게 큰 사람은 본 적이 없었다.

3 그 얼굴은 태양처럼 찬란하고, 눈은 불붙은 촛불 같고, 입에서는 불을 뿜었고, 입고 있는 옷과 노래가 다채롭고, 팔은 황금 날개 같 았다.

4 두 사람이 내 머리맡에 서서 나의 이름을 불렀다.

5 나는 잠에서 깨어나 그들에게 절하고, 두려워 얼굴을 두 손으로 감 쌌다.

6 그들이 나에게 말했다.

"에녹, 용기를 내고 두려워하지 마라. 영원한 주님이 우리를 네게 보 냈다. 오늘 네가 우리와 함께 하늘로 올라갈 것이다. 네 아들들과 친 족 모두에게 각자 집에서 해야 할 일을 지시하고, 주님이 너를 다시 네 가문으로 돌려줄 때까지 너를 찾지 않도록 해라."

7 그 말을 듣고 나는 밖으로 나가, 네 아들들인 므두셀라와 레김을 불 러 두 사람에게 들은 말을 모두 전했다.

"나의 자녀들아, 나는 어디로 가는지, 내게 무슨 일이 닥칠지 모른다. 하나님을 떠나지 말고, 주님의 얼굴 앞에서 걸으며, 그분의 판단을 준수하고, 헛된 신들, 즉 하늘이나 땅을 만들지 않은 신들에게 절하 지 마라. 주님에 대한 두려움을 가슴에 간직하고, 주님이 나를 너희 에게 돌려줄 때까지 나를 찾지 마라."

제43장

1 그러자 그들 두 사람이 나를 데리고 2번째 하늘로 올라가, 지상의 암 흑보다 더 넓은 암흑을 보여주었다.

2 거기서 나는 죄수들이 감시를 받으며 매달려 있고, 위대하고 무한한 심판을 기다리며 하염없이 울고 있는 것을 보았다.

3 그곳의 천사들은 지상의 암흑보다 더 캄캄한 표정이었다.

4 나는 나를 데리고 간 두 사람에게 물었다.
"저 무리는 왜 끊임없이 고문을 받고 있습니까?"

5 두 사람이 대답했다.
"하나님의 명령을 따르지 않고, 자기 의지를 따라 두목과 함께 하나님을 배신한 변절자들이다. 그 두목은 5번째 하늘에 묶여있다."

6 나는 그 무리들에게 깊은 연민을 느꼈다. 그 무리가 나에게 인사하며 말했다.
"하나님의 사람이여, 우리를 위해 주님께 기도해주십시오."

7 그러나 나는 이렇게 대답했다.
"목숨이 유한한 인간인 내가 뭐라고 천사들을 위해 기도한단 말인가? 내가 어디로 가고 있는지, 무슨 일을 당할지 누가 알겠는가? 누가 나를 위해서 기도하겠는가?"

제22권

예레미야
편지

제1장

1 이것은 바빌론 왕의 포로가 되어 바빌론으로 끌려간 사람들에게 보내는 예레미야의 편지 사본이다. 이는 예레미야가 하나님으로부터 받은 명령을 그들에게 전하려고 그대로 쓴 것이다.

2 너희는 하나님께 지은 죄로 인해 바빌론 왕 느부갓네살의 포로가 되어 끌려갈 것이다. 우상을 섬기는 제사장들은 그 앞에 바쳐진 제물을 팔아 자기네 주머니를 채운다. 이와 같이 제사장의 아내들도 제물의 일부를 저장해 놓고, 가난한 사람과 의지할 곳 없는 사람에게 주지 않는다. 게다가 그 제물을 월경하는 여자와 해산하는 여자들이 만진다.

3 너희는 바빌론으로 끌려가 일곱 세대에 이르기까지 많은 세월을 보낼 것이다. 그리고 내가 너희를 거기서 구하여 평화를 누리게 할 것이다.

4 이제 너희는 바빌론 사람들이 은과 금과 나무로 만든 우상을 어깨에 메고 가며, 다른 나라 사람들을 놀라게 하는 광경을 볼 것이다.

5 너희는 다른 민족을 조심하라. 그리고 그들의 우상을 두려워하지 마라.

6 너희는 군중이 그 우상들에게 절하는 것을 보게 될 것이다. 그러나 너희는 마음속으로 말하라.
"주님, 우리가 경배할 분은 당신뿐입니다."

7 내 천사가 너희와 함께하면서 너희 영혼을 주관할 것이다.

8 우상들의 혀는 세공인의 손으로 다듬어졌고, 금과 은으로 도금된 것이니 말을 할 수가 없다.

9 그들은 금을 가져다가 사치를 좋아하는 여자에게 해주듯이, 저희 우상들 머리에 관을 만들어 씌워준다.

10 그러나 제사장들은 그 우상들의 금과 은을 벗겨 자기들을 위해 함부로 쓰며, 그것을 유곽촌에 있는 창녀들에게도 준다.

11 그들은 은과 금과 나무로 된 우상들을 마치 사람처럼 꾸미지만, 그 우상들은 녹슬고 좀먹는 것을 스스로 막아내지 못한다.

12 그것들은 비록 자색 옷을 입었지만, 짙은 먼지가 그 위에 쌓여 얼굴은 신전의 먼지로 뒤덮여 있다.

13 또 지방 장관처럼 홀을 잡았지만, 자기에게 죄지은 자를 죽이지 못한다.

14 그는 오른손에 칼과 도끼를 들었지만, 전쟁과 도둑을 막아내지 못한다.

15 이런 것들로 미루어 보아 그것들이 신이 아니라는 사실을 알 수 있으니, 너희는 두려워하지 마라.

16 그릇이 깨지면 쓸모없게 되는 것과 마찬가지로, 신전에 앉아있는 그들의 우상들도 그렇게 된다.

17 우상들의 눈에는 신전에 들어오는 사람들의 발에서 일어나는 먼지로 가득 쌓여있다.

18 왕에게 죄를 짓고 사형을 받게 된 사람을 옥에 가두고 문을 잠가두는 것처럼, 제사장들이 우상들을 도둑맞지 않으려고 신전의 문을 자물쇠와 빗장으로 꼭 잠그고 있다.

19 그들은 또 우상들이 보지도 못하는 등불을 자기 집보다도 더 많이 켜 놓는다.

20 우상들은 집의 대들보와 같다. 땅에서 나온 벌레가 그 속을 갉아먹

고 옷을 입히며, 몽땅 삼킨다고 해도 아픈 줄을 모른다.

21 그들의 얼굴은 신전에서 나오는 연기로 검게 그을렸다.

22 몸과 머리 위에는 박쥐와 제비, 그 밖의 다른 새들뿐만 아니라, 고양이까지 올라가 앉는다.

23 이것을 보고 너희는 그게 신이 아니라는 사실을 알게 될 것이다. 그러니 너희는 그것을 두려워하지 마라.

24 우상들을 보기 좋게 하려고 입혀 놓은 금도, 그 더러워진 것을 사람이 닦아주지 않으면 그토록 빛나지 않을 것이다. 우상들은 부어 만들어질 때도 아픔을 모른다.

25 우상들은 많은 돈을 주고 산 것이지만 생명이 없다.

26 그것은 발이 없어 사람들의 어깨에 얹혀 다니며, 저희 수치를 그들 앞에 드러낸다. 우상을 떠받드는 자들도 땅에 넘어지면, 그것을 일으키며 부끄러워한다.

27 비록 사람이 일으켜 세워놓아도, 우상들은 제 힘으로 움직이지 못하고, 기울어져도 바로 서지 못한다. 그들 앞에 제물을 갖다 놓는 것은, 죽은 자 앞에 제물을 갖다 놓는 것과 같다.

28 우상을 섬기는 제사장들은 그 앞에 바쳐진 제물을 팔아 자기 주머니를 채운다. 이와 같이 제사장의 아내들도 제물의 일부를 저장해 놓고 가난한 사람과 의지할 곳 없는 사람에게 나눠주지 않는다. 게다가 그 제물을 월경하는 여자와 해산하는 여자도 만진다.

29 이런 것으로 보아 그 우상들이 신이 아니라는 사실을 너희가 알 수 있다. 그것을 두려워하지 마라.

30 여자들이 은과 금과 나무로 만든 우상들에게 음식을 가져온다.

31 제사장들은 찢어진 옷을 입고, 머리와 수염을 깎고, 머리를 가리지 않은 채 신전에 앉아있다.

32 장례식에서 애곡하는 사람들처럼, 우상들 앞에서 큰 소리를 지르며 떠들어댄다.

33 제사장들은 우상들의 옷을 벗겨다 자기 처자들에게 입힌다.

34 우상은 사람들에게 해를 입거나 좋은 대접을 받아도 갚아줄 능력이 없다. 우상은 왕을 세우지도 못하고 몰아내지도 못한다.

35 많은 재물과 돈을 주지도 못한다. 사람들이 그에게 약속을 했다가 갚지 않아도 결코 강요할 줄을 모른다.

36 그들은 죽은 사람을 살려내지도 못하고, 강자의 손에서 구해내지도 못한다.

37 눈먼 사람의 눈을 뜨게 하지도 못하고, 고민하는 사람을 구하지도 못한다.

38 그들은 과부를 도와주는 일이 없고, 고아에게 자선을 베푸는 일도 없다.

39 금과 은을 입힌 나무로 만든 우상들은 산에서 가져온 돌과 다름이 없다. 이런 우상을 섬기는 자들도 창피를 당할 것이다.

40 그러니 어떻게 그런 것들을 신이라 생각하고 부를 수 있겠는가?

41 갈대아인들도 이런 우상은 섬기지 않는다. 만일 말을 못 하는 벙어리가 있으면, 그를 벨에게 데리고 가서 마치 벨이 사람의 말을 알아듣기나 하는 것처럼, 그 벙어리가 말을 하게 해달라고 간청을 한다.

42 그런데 그들은 워낙 무식해서, 그것이 얼마나 헛된 일인지를 깨닫지 못하고 우상을 버리지도 못한다.

43 여자들이 허리에 노끈을 두르고 길거리로 나가, 향 대신에 쌀겨를 태우고 앉아있는 수도 있다.

44 그때 지나가는 사람이, 그들 중에 한 여자를 데리고 가서 같이 자고 나면, 그 여자는 딴 여자를 보고, 너는 매력이 없어 남자들의 눈에 들지 않았고, 아무도 노끈을 풀어주지 않는다고 조롱한다.

45 이런 신들하고 얽힌 일들은 모두 거짓이다. 그러니 어떻게 그것을 신이라 생각하고 부를 수 있겠는가?

46 목공들과 대장장이들이 만든 우상들은 그들이 제멋대로 만든 것일 뿐이다.

47 우상을 만든 사람들이 결국은 죽고 마는데, 어떻게 그들이 만든 것이 신일 수 있겠는가?

48 그들이 자손들에게 남기는 것은 거짓과 수치뿐이다.

49 전쟁이나 재앙이 일어나면, 제사장들은 스스로 어디 피신할까, 이 우상들을 어디 숨길까 하고 의논한다.

50 자기 자신을 전쟁이나 재앙으로부터 구할 수 없는 이와 같은 우상들이, 신이 아니라는 사실을 모를 사람이 어디 있겠는가?

51 이 우상들은 나무로 만들어 금이나 은으로 도금한 것인바, 모두 거짓이라는 사실은 명백하다. 이 우상들은 사람의 손으로 만들어진 것으로 결코 신이 아니다. 그 속에 어떤 신통력도 없다는 것이 왕들이나 백성들 모두에게 분명하지 않은가?

52 그게 신이 아니라는 사실을 아직도 모를 사람이 있는가?

53 이런 우상들은 한 나라의 왕을 세울 수도 없고, 사람들에게 비를 내릴 수도 없다.

54 자기 네 일을 처리하지 못할 뿐만 아니라, 억울한 일을 당한 사람을 구제하지도 못한다. 그들은 하늘과 땅 사이에서 서식하는 까마귀와 같이 무력한 존재들이다.

55 금이나 은으로 도금한 나무 우상들을 놓은 신전에 불이 난다면, 제사장들은 제 살길을 찾아 도망치겠지만, 우상들은 서까래와 함께 남아 불에 타고 말 것이다.

56 왕이나 적들이 쳐들어온다고 해도 그들은 속수무책이다.

57 그러니 어떻게 그것을 신이라 생각하고 부를 수 있겠는가?

58 금이나 은으로 도금한 나무 우상들은 도둑이나 강도들을 피할 수 없다. 난폭한 자들은 금이나 은을 빼앗고, 그 우상들에게 입혀 놓은 옷을 벗겨 달아난다. 그래도 그들은 스스로를 보호할 수 없다.

59 이런 거짓 신이 되기보다는 차라리 왕이 되어 힘을 과시하거나, 주인이 집에서 유익하게 쓸 수 있는 그릇이 되는 게 낫다. 혹은 거짓 신이 되기보다는 차라리 집의 문이 되어, 집 안에 있는 것을 지켜주는 편이 낫다. 혹은 이런 거짓 신이 되기보다는 궁전의 나무 기둥이 되는 게 낫다.

60 빛을 비추는 태양과 달과 별들은 자기 직분을 다하며 순종한다.

61 또 번쩍이며 빛나는 번개는 보기에 좋고, 바람은 어느 나라에나 분다.

62 구름은 하나님의 명령에 따라온 땅을 덮고, 불은 하늘에서 명령을

받고 내려와 그 명령대로 산과 숲을 태운다.

63 그런데 이 우상들은 그 아름다움에 있어서나 힘에 있어서, 이들과 도저히 견줄 수 없다.

64 올바른 판단을 할 줄도 모르고, 사람들에게 좋은 일도 할 수 없는 이런 우상들을 신이라 생각하고 말할 수 없다.

65 그러므로 그것들이 신이 아니라는 것을 안 이상, 그것들을 두려워하지 마라.

66 우상들은 왕들에게 저주나 축복을 내리지 못한다.

67 이방인들에게 하늘의 징조를 보여줄 수도 없다. 그들은 태양처럼 빛을 비출 수도 없고, 달처럼 빛나지도 않는다.

68 짐승들은 스스로 피난처를 찾아 도망갈 수도 있고, 제 몸을 보호할 수도 있다. 이런 짐승들이 차라리 우상보다 낫다.

69 그들이 신이라는 증거는 하나도 없다. 그러니 그것들을 두려워하지 마라.

70 금과 은으로 도금한 나무 우상들은 참외밭에 세운 허수아비와 같다. 아무것도 지켜주지 못한다.

71 금과 은으로 도금한 나무 우상들은 뜰에 난 가시덤불과 같다. 온갖 새가 다 거기 내려앉는다. 컴컴한 곳에 내던져진 시체와 같다.

72 그들에게 입혀놓은 자홍색 옷이나 비단옷이 썩고 있는 것을 보면, 그들이 신이 아니라는 사실을 알 수 있다. 끝내는 그들 자신이 벌레에게 먹혀 그 나라의 수치가 될 것이다.

73 우상을 섬기지 않는 의인이 더 낫다. 그는 결코 수치라는 것을 모른다.

제23권

아히카르
잠언

돈, 여자, 옷, 사업 등에 대하여

인간이 어떻게 행동해야 하는지 보여주는 격언들

제1장

1 아들아! 내 말을 귀담아듣고, 그 충고를 따르며 기억해두어라.

2 아들아! 남의 말을 들으면 가슴에 묻어두고, 다른 사람에게 절대 전하지 마라. 그렇지 않으면 그 말이 불타는 석탄이 되어 네 혀를 태우고, 네 몸에 고통을 주며, 욕을 먹게 하고, 하나님과 사람 앞에서 수치를 안겨줄 것이다.

3 아들아! 보고를 들으면 그것을 전파하지 말고, 무엇인가 보았으면 그에 대해 떠벌리지 마라.

4 아들아! 남에게 쉬운 말로 얘기하고, 성급하게 대답하지 마라.

5 아들아! 무엇인가 들은 경우에는 그것을 감추지 마라.

6 아들아! 봉인된 매듭을 부수거나 풀지 말고, 풀어진 매듭을 봉인하지 마라.

7 아들아! 외모의 아름다움을 탐하지 마라. 그런 아름다움은 시들고 사라지기 마련이지만, 명예로운 기억은 영원히 지속된다.

8 아들아! 어리석은 여자의 말에 속아 넘어가지 마라. 그렇지 않으면 너는 가장 비참하게 죽을 것이며, 여자가 너를 그물로 잡아 함정에 빠뜨릴 것이다.

9 아들아! 옷차림이 야하고 기름은 발랐지만, 영혼이 추악하고 어리석은 여자를 탐하지 마라. 그런 여자에게 네가 가진 것을 하나라도 주거나, 네 권한에 든 것을 넘겨주면 저주를 받는다. 여자가 너를 죄로 끌어들이고, 하나님이 네게 분노할 것이다.

10 아들아! 다른 무엇보다도 먼저 잎이 나지만, 먹는 열매는 맨 나중에

열리는 편도(아몬드)나무처럼 되지 마라. 오히려 먹는 열매는 다른 나무보다 제일 먼저 열리고, 잎사귀는 맨 나중에 나는 뽕나무처럼 되어라.

11 아들아! 고개를 깊이 숙이고 목소리를 낮추며, 공손하게 처신하고 곧은길을 걸으며, 어리석게 굴지 마라. 웃을 때 목청을 돋우지 마라. 큰 소리로 집이 지어진다면 당나귀가 매일 무수한 집을 지을 것이다. 힘만 가지고 쟁기가 끌어진다면, 낙타의 어깨에서 쟁기가 벗어지는 날이 없을 것이다.

12 아들아! 돼먹지 않은 사람과 포도주를 마시기보다, 지혜로운 사람과 돌을 치우는 것이 훨씬 낫다.

13 아들아! 정의로운 자들의 무덤에 네 포도주를 부어라. 무지하고 천박한 사람하고는 포도주를 마시지 마라.

14 아들아! 하나님을 두려워하는 지혜로운 사람에게 매달리고, 그 사람을 본받아라. 무지한 사람에게 가지 마라. 그렇지 않으면 그런 사람을 닮고 그의 길을 배우게 된다.

15 아들아! 동료나 친구를 사귈 때는 먼저 시험해보아라. 시험하지 않고 친구를 칭찬하지 마라. 지혜가 없는 사람과 말하는 것은 시간 낭비다.

16 아들아! 신을 신었을 때는 가시밭 위를 걸어가, 네 아들과 친척과 자녀들을 위해 길을 만들어주어라. 바다에 나가기 전에 배를 잘 준비해라. 그렇지 않으면 파도가 치고 배가 가라앉아 구조될 수 없을 것이다.

17 아들아! 부자가 뱀을 먹으면 지혜로워서 먹는다고 하며, 가난한 자가 뱀을 먹으면 배가 고파서 먹는다고 한다. 하루 치 빵과 지금 가진 재

산으로 만족하고, 남의 재산을 탐내지 마라.

18 아들아! 어리석은 자의 이웃이 되지 마라. 그런 사람과 식사를 같이 하지 말고, 이웃의 재난을 기뻐하지 마라. 원수가 악하게 굴더라도 너는 원수에게 친절을 베풀어라.

19 아들아! 하나님을 경외하는 사람을 두려워하고 존경하라.

20 아들아! 무지한 자는 넘어지고 비틀거린다. 그러나 지혜로운 자는 비틀거려도 절망하지 않고, 넘어져도 빨리 일어나며, 병에 걸려도 자기 목숨을 잘 지킨다. 그러나 무지한 자, 어리석은 자는 그 병을 치료할 약이 없다.

21 아들아! 너보다 지위가 낮은 자가 다가오면 네가 앞으로 나가 서 있어라. 그가 너를 보상할 수 없다면, 그 주인이 대신 보상해줄 것이다.

22 아들아! 네 아들에게 매를 아끼지 마라. 아들을 징계하는 것은 정원의 똥을 치우는 것과 같고, 돈 자루의 입을 끈으로 묶는 것과 같으며, 짐승들을 밧줄로 묶는 것과 같고, 문에 빗장을 지르는 것과 같다.

23 아들아! 황소는 가죽이 두꺼운 것으로, 당나귀는 발굽이 큰 것으로 택해라. 뿔이 큰 황소는 갖지 마라. 속임수를 쓰는 사람은 친구로 삼지 마라. 싸움질을 일삼는 노예는 두지 마라. 도둑질하는 하녀도 두지 마라. 이런 사람에게 무엇을 맡기면 모두 망칠 것이다.

24 아들아! 부모의 저주를 받지 말고, 주님이 부모를 기꺼이 여기게 하라. 자기 아버지나 어머니를 천대하는 자는 죽음을 맛보게 하라. 부모를 공경하는 자는 장수하고, 한평생 모든 좋은 일을 누릴 것이라는 말이 있다.

25 아들아! 언제 원수를 만날지 모르니 원수에게 대적할 준비를 하라. 길을 나설 때는 반드시 무기를 지녀라.

26 아들아! 잎사귀와 가지가 없는 앙상한 나무처럼 되지 말고, 잎사귀와 가지가 무성한 나무처럼 되어라. 아내와 자녀가 없는 사람은 이 세상에서 수치스럽게 사는 것이다. 잎사귀나 열매가 없는 나무처럼 사람들의 미움을 받게 된다.

27 아들아! 길가에 늘어선 열매 맺은 나무처럼 되어라. 지나가는 사람은 누구나 그 열매를 따 먹고, 사막의 짐승들은 그 그늘에서 쉬며 잎을 먹는다.

28 아들아! 길에서 벗어나고 무리를 떠나 방황하는 양은 모조리 늑대의 밥이 된다.

29 아들아! 내 주인은 바보이고 나는 지혜롭다는 말을 하지 마라. 무지와 어리석은 말을 하지 마라. 그렇지 않으면 주인이 너를 경멸할 것이다.

30 아들아! '저리 꺼져라'는 주인의 말을 듣는 하인이 되지 말고, '이리 가까이 다가오라'는 말을 듣는 하인이 되라.

31 아들아! 다른 노예들 앞에서 한 노예만 끼고 돌지 마라. 맨 마지막에 어느 노예가 가장 가치 있는지 네가 모르기 때문이다.

32 아들아! 너를 창조한 주님을 무서워하지 마라. 그렇지 않으면 주님이 네게 침묵할 것이다.

33 아들아! 말을 똑바로 하고 혀를 부드럽게 가져라. 동료가 네 발을 밟지 못하게 하라. 그렇지 않으면 동료가 다음에는 네 가슴을 밟을 것이다.

34 아들아! 지혜로운 자를 네가 지혜의 말로 때린다면, 그 말이 지혜로운 자의 가슴에 미묘한 수치감으로 새겨질 것이다. 그러나 무지한 자를 채찍으로 후려친다면, 그는 이해하지 못하고 말에 귀를 기울이지 않을 것이다.

35 아들아! 네가 필요해서 지혜로운 자를 파견할 때는 많은 지시를 내리지 마라. 지혜로운 자는 네가 원하는 것을 모두 알아서 처리할 것이다. 그러나 어리석은 자를 보낼 때는 지시를 하지 말고 네가 직접 가서 일을 처리하라. 지시를 해도 어리석은 자는 네가 원하는 대로 하지 않을 것이다. 그리고 다른 사람이 너를 보낼 경우에는, 빨리 일을 완수하도록 서둘러라.

36 아들아! 너보다 강한 자를 원수로 삼지 마라. 그가 너를 저울질 해보고 복수할 것이다.

37 아들아! 재산을 맡기기 전에 네 아들과 하인을 시험해보라. 그렇지 않으면 재산을 가지고 달아날 것이다. 어리석고 무지한 사람도 재산을 잘 보존하면 사람들이 지혜롭다고 하며, 아무리 지혜가 특출한 자도 빈털터리가 되면 사람들이 가난하고 무지하다고 한다.

38 아들아! 나는 콜로신스 열매를 먹고 노회 즙을 마셨다. 그러나 가난과 결핍보다 더 쓴 것은 발견하지 못했다.

39 아들아! 네 아들이 집안일을 잘 운영할 수 있도록 검약과 배고픔을 가르쳐라.

40 아들아! 무지한 자에게는 지혜로운 자의 언어를 가르치지 마라. 무지한 자에게는 짐스럽기만 할 것이다.

41 아들아! 친구에게 네 형편을 늘어놓지 마라. 그렇게 하면 친구가 너를 경멸할 것이다.

42 아들아! 눈이 안 보이는 것보다 마음의 소경이 더 비참하다. 눈이 안 보이는 것은 조금씩 인도하면 되지만, 마음의 소경은 인도해 줄 방법이 없고, 곧은길을 벗어나 사악한 길로 들어선다.

43 아들아! 혀로 비틀거리는 사람보다 발로 비틀거리는 사람이 훨씬 낫다.

44 아들아! 멀리 있는 탁월한 형제보다 가까이 있는 친구가 낫다.

45 아들아! 미모는 시들지만, 학식은 지속된다. 세상은 낡아지고 헛된 것이 되지만, 훌륭한 이름은 낡아지지 않고 헛된 것이 되지 않는다.

46 아들아! 휴식을 모르는 사람은 사는 것보다 죽는 것이 낫다. 노랫소리보다 울음소리가 낫다. 하나님에 대한 두려움이 들어있는 울음소리는 환희의 소리보다 낫다.

47 아들아! 네 손에 든 개구리 다리가 이웃의 우리에 든 거위보다 낫다.

48 아들아! 멀리 있는 황소보다 가까이 있는 양이 더 낫다.

49 아들아! 날아다니는 참새 천 마리보다 네 손에 든 한 마리가 더 낫다.

50 아들아! 부자가 되어 재물을 마구 써버리는 것보다, 가난해도 긁어모으는 것이 더 낫다.

51 아들아! 죽은 사자보다 산 여우가 더 낫다.

52 아들아! 순금과 순은 같은 재산보다 양털이 더 낫다. 금과 은은 땅에 묻혀 보이지 않지만, 양털은 시장에 내놓아 보이며, 그것으로 옷을 해 입는 사람이 아름답기 때문이다.

53 아들아! 흩어버린 많은 재산보다 모아놓은 적은 재산이 더 낫다.

54 아들아! 죽은 사람보다 살아있는 개가 더 낫다.

55 아들아! 죄에 빠진 부자보다 옳은 일을 하는 가난한 자가 더 낫다.

56 아들아! 네 가슴 속에 이 말을 간직하라. 네게 소중한 것이 될 것이다. 친구의 비밀을 폭로하지 않도록 조심하라.

57 아들아! 마음속으로 곰곰이 궁리해보지 않고는 입에서 한마디도 내뱉지 마라. 나쁜 말에서 싸움이 생기고, 싸움에서 전쟁이 나오며, 전쟁에서 전투가 나온다. 너는 억지로 증인이 된다.

58 아들아! 너보다 강한 자에게 대항하지 말고, 인내의 정신과 끈기와 올바른 행동을 유지하라. 그것보다 더 나은 것은 하나도 없다.

59 아들아! 첫째 친구를 미워하지 마라. 둘째 친구가 등을 돌릴지 모른다.

60 아들아! 어려움을 겪는 가난한 자를 방문하고, 지배자 앞에서 그에 대해 말해주며, 사자의 입에서 그를 구해주도록 최선을 다해라.

61 아들아! 네 원수의 죽음을 기뻐하지 마라. 머지않아 네가 그 이웃이 될 것이다.

62 아들아! 너를 비웃는 자를 존경하고 존중해주며, 네가 먼저 그에게 인사하라.

63 아들아! 하늘에서 물이 고요히 머물고, 까마귀가 하얗게 되며, 몰약이 꿀처럼 달게 된다면, 무지한 자들과 어리석은 자들이 이해하고 지혜로워질지 모른다.

64 아들아! 지혜로워지기를 원한다면, 혀로 거짓말하지 말고, 손으로 훔치지 말며, 눈으로 악을 보지 마라. 그러면 너는 지혜로운 자라고 불

릴 것이다.

65 아들아! 지혜로운 자가 매를 들면 맞아라. 그러나 어리석은 자가 달콤한 연고를 발라주려고 하면 응하지 마라. 젊은 시절에 겸손하면 늙어서 존경받을 것이다.

66 아들아! 세력을 떨치는 자에게 대항하지 마라. 홍수가 났을 때 물을 거스르지 마라.

67 아들아! 아내를 서둘러 맞이하지 마라. 일이 잘 풀리면 아내가 재산을 마련해달라고 할 것이며, 일이 잘 안되면 그 원인이 된 사람을 욕할 것이다.

68 아들아! 누구든지 옷을 우아하게 차려입은 사람은 그가 하는 말도 그렇고, 옷을 형편없이 차려입은 사람은 그가 하는 말도 그렇다.

69 아들아! 네가 만일 도둑질을 했다면 지배자에게 알리고, 그 일부를 지배자의 몫으로 바쳐 처벌을 피하도록 하라. 그렇지 않으면 지배자가 너를 괘씸하게 여길 것이다.

70 아들아! 스스로 넉넉하고 만족한 사람을 친구로 사귀고, 편협하고 욕심 많은 사람은 친구로 사귀지 마라.

71 아들아! 왕이나 왕의 군대도 그 안에서 안전하지 못한 것이 네 가지 있다. 그것은 수상의 압제, 나쁜 정부, 사악한 의지, 아랫사람을 누르는 독재다. 그리고 숨길 수 없는 네 가지는 지혜로운 자, 어리석은 자, 부자, 가난한 자다.

제24권

요벨서

이는 오늘날 천체 물리학의 이론, 빅뱅론과 일치한다.

제1장

1 약 150억 년 전에 대폭발이 일어나 우주가 탄생했다.

2 모든 에너지의 끊임없는 팽창이 계속되었으며, 먼지와 가스가 뭉치고 충돌하면서 은하계와 행성이 탄생했다.

제2장

1 천사들이 가꾸어왔던 지구의 자연에 대한 보살핌을 인간에게 위탁했다.

2 그러나 인간들이 환경을 파괴하기 시작하였다. 그래서 창조주께서 인간들을 추방했다.

제25권

시빌 신탁

제1장

1 처녀가 가장 높으신 하나님의 말씀을 낳을 때, 결혼한 아내로서 말 씀에게 이름을 줄 것이다.

2 그러면 한낮 동쪽에서 별이 떠오르고, 찬란한 빛을 하늘 높은 곳에서 아래로 쏟아부으며, 가련한 인류에게 위대한 징표를 선포할 것이다.

3 그렇다. 그때 위대한 하나님의 아들이 지상의 인간처럼 육체를 입고 사람들에게 올 것이다.

4 그분은 모음이 4개이고 자음이 그 2배다.

5 이제 나는 너희에게 그 모든 숫자를 선포하겠다.

6 그분의 이름은 믿지 않는 자들에게 한 자리 숫자 8개, 두 자리 숫자 수십 개, 세 자리 숫자 800개를 보여줄 것이다.

7 너희는 가장 높고 불멸하는 하나님의 아들 그리스도를 마음속으로 생각하라.

8 그분은 하나님의 율법을 파괴하지 않고 완성할 것이며, 누구나 본받 을 모범을 주고 모든 것을 가르칠 것이다.

9 제사장들이 그분에게 황금과 유향과 몰약을 갖다 바칠 것이다. 그분 이 모든 것을 만들었기 때문이다.

10 사막의 땅을 통해 사람들에게 소식을 전해주는 목소리가 들릴 것이 며, 모든 사람에게 길을 바르게 하라고, 모든 악을 마음에서 떼어 버 리라고, 누구나 물로 빛을 받고 거듭나, 다시는 올바른 길에서 벗어 나지 말라고 재촉할 것이다.

11 그러면 댄서의 재주에 눈먼 야만스러운 성격의 사람이, 소리치던 그

사람의 머리를 상으로 줄 것이며, 귀중한 돌이 이집트 땅에서 안전하게 운반되어 오면, 문득 사람들에게 징조가 될 것이다.

12 그 돌에 히브리 민족은 걸려 넘어지겠지만, 이방인들은 그분의 인도를 받을 것이다.

13 높은 곳에서 다스리는 하나님을, 이방인들이 그분을 통해서 알게 되고, 공통된 빛 안에서 길을 알게 될 것이다.

14 그러면 그분이 병자와 고통받는 자를 모두 치유하고, 자기를 믿는 자는 누구나 치유해줄 것이다.

15 소경이 보고, 절름발이가 걷고, 귀머거리가 듣고, 말을 못 하는 사람이 말할 것이며, 악마들이 쫓겨나고, 죽은 자들의 부활이 있을 것이다.

16 그분이 물 위를 걸으며, 광야에서 빵 다섯 덩어리와 바다의 물고기 두 마리를 가지고 5천 명을 먹일 것이며, 남은 것으로 거룩한 처녀들을 위해 열두 광주리를 채울 것이다.

17 그러나 이스라엘은 도취하여 깨닫지 못하고, 예민한 귀가 무디어 듣지 못할 것이다.

18 히브리인들이 하늘에서 온 하나님의 아들을 학대하여, 가장 높으신 분의 분노가 열화같이 이 민족 위에 내리면, 이스라엘이 그분을 때리고 더러운 입술에서 독기 서린 침을 뱉으며, 가슴과 마음에 사악한 열정을 가득 품은 채, 불경스럽게도 음식으로 쓸개를, 음료로 식초를 줄 것이다.

19 두더지보다 더 눈이 멀어 눈이 있어도 보지 못하는 이스라엘이, 기는 짐승들보다 더 무섭게 날뛰며, 깊이 잠들어있던 독을 내뿜을 것이다.

20 그러나 그분이 팔을 뻗어 모든 것을 측량하고, 가시관을 쓰고, 율법에 의해 옆구리를 창으로 찔리면, 한낮에 3시간 동안 처참한 암흑의 밤이 올 것이다.

21 그분이 죽은 자의 부활을 선포하며 아이도네우스의 집으로 내려갈 때, 솔로몬의 성전이 사람들에게 엄청난 경이를 보여줄 것이다.

22 그러나 사흘 만에 그분이 다시 빛으로 복귀하고, 인간들에게 징표를 보여주며 모든 것을 가르칠 때, 그분은 구름을 타고 하늘의 집으로 올라갈 것이며, 세상에 복음의 계명을 남겨줄 것이다.

23 그분의 이름으로 부르심을 받은 새로운 싹이, 이방인들 사이에서 전능하신 분의 율법에 따라 솟아날 것이다.

24 그다음에는 지혜로운 인도자들이 나오고, 그 이후로는 예언자들이 더 이상 나오지 않을 것이다.

25 그러면 히브리인들이 비통한 추수를 거두고, 로마의 왕이 수많은 금과 은을 약탈해 갈 것이다.

26 그 후로 왕국들이 사라지듯이, 다른 왕국들이 사정없이 이어지고 사람들을 괴롭힐 것이다.

27 그러나 불의와 오만으로 다스리는 사람들을 파멸의 강한 손이 후려갈길 것이다.

28 청동 갑옷을 입은 무리가 솔로몬의 성전을 거룩한 땅에서 무너뜨리고, 야만인의 언어를 쓰면서 그 성전을 짓밟을 때, 히브리인들이 약탈당하고, 고국에서 내몰려 방황할 것이며, 가라지를 밀과 뒤섞고, 모든 사람이 악질적인 불화에 빠지며, 약탈된 도시들이 마주 선 채,

서로 애도의 눈물을 흘릴 것이다.

29 이 백성이 사악한 짓을 저지르고, 위대한 하나님의 분노를 자기 가슴으로 끌어안았기 때문이다.

제2장

1 그다음에는 하나님이 커다란 징표를 보여줄 것이다.

2 찬란한 왕관처럼 별 하나가 떠오를 것이며, 찬란한 하늘에서 오랫동안 현란한 광채를 내뿜을 것이다.

3 그때 그분이 하늘에서 나타나, 시합에 나가서 싸우는 사람들에게 승리자의 관을 보여줄 것이다.

4 이어서 하늘의 도시로 들어가는 위대한 승리의 시간이 오고, 그 시간은 모든 사람에게 닥칠 것이며, 불멸의 영예가 주어질 것이다.

5 그러면 모든 사람이 불멸의 경쟁에서 영광의 승리를 차지하려고 다툴 것이며, 은화를 가지고도 승리의 관을 당당히 살 수 없을 것이다.

6 거룩한 그리스도는 각자에게 정당한 보상을 내리고, 뛰어난 자에게 면류관을 주며, 죽을 때까지 경쟁을 견딘 순교자들에게 불멸의 상을 줄 것이다.

7 그분은 경기장을 잘 달린 처녀들에게 불후의 상을 주고, 정의롭게 행동한 모든 사람에게 거룩한 삶을 주며, 유일한 하나님을 알고 섬긴 먼 나라 백성들에게도 썩지 않는 상을 내려줄 것이다.

8 남의 침대를 탐내지 않고 결혼을 귀하게 사람들에게도, 그분은 정당한 선물과 영원한 희망을 줄 것이다.

9 사람의 영혼은 모두 하나님의 선물인바, 수치스럽게 더럽혀서는 안 된다. 이것이 경쟁이고 상이고 보답이다.

10 이게 생명의 문이고 불멸의 입구이며, 정의로운 자들에게 하늘의 하나님이 보상으로 지정해준 것이다.

11 우리의 관을 받은 자는 그 문을 통하여 위엄 있게 안으로 들어갈 것이다.

12 그러나 갓난아이들이 성전에서 백발이 되고, 재난과 기근, 역병, 전쟁, 계절의 변화, 통곡과 탄식, 무수한 눈물 등, 온 세상에 이러한 징표가 나타나면, 아, 이 땅의 얼마나 많은 자녀가 구슬피 통곡하며 자기 부모를 잡아먹을지. 피와 먼지로 더럽혀진 수의로 육신을 싸서 인류의 어머니인 대지에 묻을 것인지.

13 가련한 인간들 같으니! 마지막 세대의 사람들, 무서운 죄를 지은 자들, 깨닫지 못하는 자녀들 같으니! 여자들이 아이를 낳지 않을 때, 인류의 추수기가 닥쳤다는 사실을 어찌 모르는가?

14 예언자들 대신에 허위의 사기꾼들이 나타나 온 땅에 소문을 퍼뜨리게 되면 끝이 다가온 것이다.

15 벨리알도 와서 사람들에게 많은 징표를 보여줄 것이다.

16 그러면 거룩한 사람들, 선택받고 신앙이 있는 사람들 사이에 혼란이 생기고, 이 사람들과 히브리인들이 약탈당할 것이다.

17 그 위로 엄청난 분노가 내리깔릴 때, 12지파의 백성이 동쪽에서 몰려와 아시리아의 화살에 쓰러진 히브리인 동족을 찾아 나설 것이다. 그러면 민족들이 멸망할 것이다.

18 그 뒤에 선택받은 자와 신앙심 깊은 히브리인들이, 뛰어나게 강한 사람들을 오랫동안 노예로 삼아 다스릴 것이다.

19 힘이 절대로 이 사람들을 저버리지 않을 것이다.

20 에테르 속에 머물며 모든 것을 살피는 가장 높으신 분이, 인류에게 깊은 잠을 내려보내 눈을 가릴 것이다.

21 주인이 도착했을 때 깨어있는 하인들, 잠에 떨어지지 않고 눈을 뜨고 기다리는 하인들은, 아 얼마나 복된 사람들인가!

22 새벽이나 황혼녘, 또는 한낮에 오는 그분은 반드시 올 것이며, 나의 선언이 그대로 이루어질 것이다.

23 별이 총총한 하늘에서 모든 사람이 한낮에 별을 볼 것이며, 때가 가까이 오고 있는바, 두 줄기 커다란 광채와 함께 그분이 잠든 자들에게 나타날 것이다.

24 그때 티슈비트가 하늘의 마차를 땅으로 급히 몰고 내려오면서, 온 세상에 3가지 징표, 멸망하는 생명의 징표들을 보여줄 것이다.

25 그날 임신한 상태인 사람과 아기에게 젖을 먹이는 사람과 파도 위에 있는 사람은 모두 재앙을 받을 것이다.

26 그날을 맞이하는 사람은 모두 재앙을 받았다.

27 동쪽에서 서쪽까지, 남쪽에서 북쪽까지 광대한 땅을 어두운 구름이 덮을 것이다.

28 그러면 불타는 거대한 강에서 한 줄기가 하늘에서 흘러내려, 구석구석을 모두 태워버리고, 땅과 거대한 바다와 청회색 바다, 호수와 강, 샘과 튼튼한 하계, 그리고 천구를 소진할 것이다.

29 하늘의 별이 모두 바다로 떨어져 하늘의 빛이 사라지고, 사방이 텅 비고 캄캄해질 것이다.

30 역청의 강물과 불타는 평원의 맹렬한 불길에 휩싸여, 모든 인간의 영혼이 이를 갈고, 그 재가 모든 것을 덮을 것이다.

31 공기, 대지, 바다, 광선, 하늘, 낮과 밤 등, 세상의 모든 요소가 황폐해질 것이다.

32 공중의 새가 더 이상 날아다니지 못하고, 바다의 물고기가 더 이상 헤엄치지 못하며, 바다의 화물선이 더 이상 항해하지 못하고, 땅의 가축이 더 이상 밭을 갈지 못할 것이다.

33 바람이 불어도 나뭇가지 흔들리는 소리가 없을 것이다.

34 순식간에 모든 것이 녹아 엉키고, 동시에 흩어져서 순수로 돌아갈 것이다.

35 그러나 사람이 각자 저지른 악행을 잘 알고 있는 미가엘과 가브리엘, 라파엘, 우리엘 등, 불멸의 하나님의 영원한 전령들이 와서, 검은 구름에서 인간의 영혼들을 끄집어낸 뒤, 모든 이의 심판, 위대하고 불멸하는 하나님의 자리로 데려갈 것이다.

36 전능하신 그분이 홀로 죽지 않고 인류의 심판자가 될 것이기 때문이다.

37 그다음에는 하계에 있는 자들에게 하늘이 영혼과 숨결과 말을 줄 것이며, 각종 관절에 따라 뼈를 맞추고, 살과 신경, 혈관과 살갗, 머리카락을 줄 것이다.

38 하나님의 힘으로 조립되어 숨결을 받고 움직이기 시작하면서, 지상 인간의 육체들이 그날 일어날 것이다.

39 금속으로 만든 것이 아닌 하계의 문에는, 잔인하고, 부서지지 않으며, 탄력성이 없는 빗장이 무시무시하게 걸려 있지만, 대천사 우리엘이 그 빗장을 부수고 하계의 문을 활짝 열 것이다.

40 깊이 통곡하는 각종 형태를 심판으로 끌어낼 것이다.

41 유령들, 특히 옛날 옛적에 태어난 티타누스의 유령들은 물론이고, 거인족도 심판석으로 불려나올 것이며, 대홍수가 휩쓸어 간 모든 사람, 바다 밑 깊숙이 수장된 사람들, 짐승과 기는 동물, 새들이 잡아먹은 모든 사람들을, 우리엘이 불러내 심판석으로 인도할 것이다.

42 또한 육체를 삼킨 불길에 의해 사라졌던 사람들도, 우리엘이 모두 모아서 하나님의 심판석으로 데려갈 것이다.

43 우리엘이 운명의 사슬을 끊고 죽은 자를 부활시키면, 어마어마한 천둥을 치는 사바오트 아도나이가 하늘의 옥좌에 앉고, 거대한 기둥을 세우며, 구름을 타고 영원과 영원이 합쳐지는 곳으로 올 것이다.

44 자기를 낳아준 사람에게 순명하지 않고 오히려 난폭한 말로 대꾸한 사람들, 서약을 하고도 지키지 않은 사람들, 주인에게 등을 돌린 하인들, 욕정으로 자기 몸을 더럽힌 사람들, 처녀의 치마를 벗기고 몰래 정을 통한 사람들, 자궁 속의 짐을 살해한 여자들, 자기 자녀들을 무도하게 내버린 사람들, 마술사와 마녀들, 이 모든 사람에게 썩지 않는 하늘의 하나님 분노가 칼을 씌울 것이며, 그 주위로 끊임없이 불의 강이 에돌아 흐르고, 불멸하고 영원한 하나님의 천사들이 이 모든 사람을 불타는 쇠사슬과 부서지지 않는 족쇄로 단단히 묶어, 불타는 채찍으로 사정없이 후려칠 것이다.

45 캄캄한 밤중에 난폭한 타르타루스의 야수 떼가 우글거리며, 암흑이 한없이 고인 지옥으로 이 모든 사람을 내던질 것이다.

46 가슴에 악을 품은 사람들이 그토록 고통을 겪은 뒤에도 모두 악행만 일삼았던바, 거대한 강에서 불타는 수레바퀴가 나중에 다시 올라와 악인들을 짓누를 것이다.

47 그러면 가련한 그 운명에, 여기저기서, 또는 멀리서 아버지들이, 어린 자녀들이, 어머니들이 또한 통곡을 하고, 가슴에 매달린 아기들이 울어댈 것이다.

48 아무도 그 눈물을 닦아주지 않을 것이며, 아무 데도 가 닿지 않을 것이다. 오직 캄캄하고 습기 찬 타르타루스 저 밑바닥에서 악인들은 고통에 신음하며, 맹렬한 불길이 타오르면서 각자 저지른 악행의 3배의 벌을 치를 것이다.

49 모두 이를 갈면서 목구멍이 말라붙는 갈증으로 축 늘어지고, 차라리 죽는 편이 낫겠다고 소리치지만 죽음이 찾아오지 않을 것이다. 높은 곳에서 다스리는 하나님께 한없이 간청하겠지만 아무 소용이 없고, 하나님은 공공연하게 고개를 돌릴 것이다.

50 거룩한 처녀의 손을 통해서, 죄인들에게 그분이 장구한 회개의 날을 7일간 주었기 때문이다.

51 그러나 정의와 고귀한 선행, 경건과 올바른 사고방식에 충실했다고 그분이 판단하는 사람들은, 천사들이 불타는 강 너머로 운반해주고, 빛으로 근심 걱정이 없는 삶으로 인도해줄 것이다.

52 그곳에는 위대한 하나님의 영원한 길이 뻗어 있고, 포도주와 젖과 꿀

의 샘이 3겹으로 흐른다.

53 성벽이나 담으로 분할되지 않고, 모두 공유하는 땅이 넉넉하고도 남을 만큼 스스로 결실을 낼 것이며, 공동으로 생활하고 재산에 부족함이 없을 것이다.

54 가난한 자, 부자, 폭군, 노예, 위대한 자, 비천한 자도 없을 것이며, 왕이나 지배자도 없이 모든 것을 동등하게 누릴 것이다.

55 밤이 되었다고, 내일이라고 아무도 말하지 않을 것이다.

56 어제 그 일이 일어났다고 말하는 사람도 없고, 세월을 걱정하지도 않을 것이며, 봄도 겨울도, 추수도 가을도 없으며, 결혼도 죽음도 없고, 물건의 매매도 없을 것이다.

57 모든 세월이 단 하루인바, 해가 뜨지도 지지도 않을 것이다. 전능하고 영원한 하나님이 그들을 위해 더욱 풍성히 줄 것이다.

58 경건한 사람들이 영원한 하나님께 간청하면, 하나님은 맹렬한 화염과 영원한 고통에서 악인을 구제하도록 경건한 사람들에게 허락할 것이다.

59 꺼지지 않는 불길에서 사람들을 다시 꺼내 따로 모아두고, 자기 백성들로 인해 불멸의 존재들과 함께 엘리시아 평원에 있는 다른 영원한 생명으로 보낼 것이다.

60 그 평원에는 깊디깊고 영원히 흐르는 아케루시아 호수의 긴 물결들이 있을 것이다.

61 아, 불행한 내 신세여! 그날 나의 처지는 무엇이 되겠는가?

62 남들보다 일을 더 많이 하고도 어리석은 나머지, 결혼도 논리도 생각

하지 않고 죄를 지었다.

63 그렇다! 게다가 나는 부자보다 못한 자들은 집에 맞아들이지 않았고, 예전에 알면서도 일부러 무도한 짓을 저질렀다.

64 그러나 구세주여! 차마 입 밖에 낼 수 없는 일들을 저질렀다고 해도, 내가 처벌자들의 손에서 수치를 받지 않도록 구원해주십시오.

65 만나를 주시는 거룩한 분, 위대한 왕국의 왕이여! 내 노래를 잠시 쉬도록 허락해주십시오.

제3장

1 우르 지방 아래 카마리나 도시에서 현명한 의견과 올바른 행동을 전하며, 덕이 가장 풍부한 민족이 나왔다.

2 이 사람들은 태양이나 달의 궤도, 지하의 괴물들, 희미한 바다의 밑바닥, 재채기의 징조, 점치는 새, 마법사, 마술사, 홀리는 사람, 복화술자의 속임수, 어리석은 말을 추구하지 않고, 갈대아인들이 좋아하는 점성술을 연구하지 않고 쓰지도 않았다.

3 이 모든 것은 그 성질상 속임수일 뿐이다.

4 지혜롭지 못한 사람들은 이러한 것을 밤낮으로 찾아다니며, 무가치한 일에 자기 영혼을 바친다. 마법사들은 운이 나쁜 사람들에게 그 속임수를 가르친다.

5 이러한 잘못으로 지상의 인간에게 악이 왔으며, 사람들은 선한 길과 올바른 행동에서 벗어나게 되었다.

6 그러나 지혜로운 사람들은 인간에게 무수한 악과 전쟁, 절망적인 기

근을 초래하는 탐욕을 버리고, 정의와 덕을 날마다 열심히 실천한다.

7 선한 사람들은 도시와 지방에서 정의로운 척도를 지닌다. 밤에 남의 재물을 훔치지 않고, 남의 소와 양, 염소의 떼를 몰지 않으며, 이웃의 토지 경계표지를 이동시키지 않고, 재산이 많다고 해서 자기보다 못한 형제를 못살게 굴지 않으며, 과부를 해치지 않는다.

8 오히려 착한 사람들은 과부를 돕고, 언제나 옥수수와 포도주, 기름을 과부에게 줄 태세를 갖춘다.

9 부유한 사람은 자기 추수의 일부를 떼어서, 아무것도 가지지 못한 자와 궁핍한 자에게 주어 전능하신 하나님의 계명을 지킨다.

10 하늘은 모든 사람에게 골고루 이익이 되도록 땅을 만들었기 때문이다.

11 12지파의 백성들은 하나님이 보낸 지도자들, 모세와 아론, 또 천사들과 함께 이집트를 떠나 여행길에 오를 때, 밤에는 불기둥, 동이 튼 뒤에는 구름기둥 속에서 걸어갈 것이다.

12 그때 하나님이 위대한 인물, 모세를 지도자로 세워줄 것이다.

13 이집트 바로의 공주가 어린 모세를 발견하고, 늪에서 데려다가 자기 아들로 키웠다.

14 하나님이 이집트에서 구출한 백성을 모세가 인도하여 시내 산으로 갈 때, 하나님은 두 석판에 모든 조항을 기록한 하늘의 율법을 백성에게 줄 것이며, 그 율법을 지키라고 명할 것이다. 계명을 거슬리는 자는 누구나 인간의 법에 따라 처벌받을 것이며, 인간의 손을 벗어

났다 해도 하나님의 정의로 멸망할 것이다.

15 선한 백성에게만 비옥한 땅이 결실을 줄 것이며, 씨 하나에 100배의 수확을 낼 것이다.

16 하나님의 보상도 그러할 것이다.

17 그러나 이 백성도 악을 가질 것이며, 재앙을 면하지 못할 것이다.

18 거룩한 자기 땅을 떠날 운명인바, 아름다운 성전을 떠나 달아날 것이다. 아시리아인에게 끌려가 자기네 어린 자녀와 아내가 원수의 노예가 되고, 모든 재산과 생업이 파멸되는 것을 볼 것이다.

19 모든 땅과 바다에 이 백성의 아내들이 거주하고, 이 백성의 관습에 대해서 모든 사람이 적대시할 것이다.

20 이 백성의 온 땅이 텅 빌 것이다.

21 불멸의 하나님의 거룩한 율법을 마음속으로 순종하지 않았던바, 모두 끌려가 제단은 격리되고, 전능한 하나님의 성전과 그 벽들이 헐릴 것이다.

22 이 백성은 올바른 길에서 벗어나 비천한 우상들을 섬겼고, 신들 및 모든 백성의 불멸의 아버지를 두려워하지 않았다.

23 그르므로 그 비옥한 땅과 경탄의 성전이 70년간 텅 비어있을 것이다.

24 그러나 그 기간이 끝나면, 좋은 일과 아울러 한없이 큰 영광이 이 백성을 기다리고 있을 것이다.

25 불멸의 하나님이 이 백성을 선택했기 때문이다.

26 그러나 시간을 끌어서는 안 된다. 전능하신 하나님의 거룩한 율법을 신뢰하면서, 새벽빛을 향하여 무릎을 꿇고 기도해야 한다.

27 그러면 하늘의 하나님이 왕을 보낼 것이다.

28 페르시아의 왕 고레스가 바빌로니아인들을 격파하고, 유대인들의 바빌로니아 유배 시대를 끝나게 했다.

29 이러한 구원자인 왕을 메시아로 보는 사람도 있다. 이 왕은 모든 남녀를 피와 불로 심판할 것이다.

30 이 백성 가운데 왕족(유다 가문)이 있는데, 그 가문은 결코 흔들리지 않을 것이다.

31 때가 되면 이 가문이 영토를 차지하고, 하나님께 새로운 성전을 지어서 바칠 것이다.

32 페르시아의 모든 황금과 청동, 무쇠로 이 가문을 도울 것이다.

33 하나님 자신이 거룩한 꿈을 밤에 내려줄 것이다.

34 그러면 성전이 예전의 모습과 같아질 것이다.

35 그리스 전역에 걸쳐 사람들이 나를 다른 나라에서 온 이방인, 에리트 라이아 출신으로 수치를 모르는 자라고 부를 것이다.

(여기서 나오는 시빌이 그리스의 전설적인 시빌을 대신하여 자신이 진짜 시빌이라고 주장한다. 이 시빌이 그리스의 시빌들을 배척하지만, 신탁집 전체는 그리스의 문체와 사상, 유대교 신학의 혼합이다. 또 우상 숭배와 다신교를 배척하면서, 참된 하나님을 숭배하라고 이교들에게 촉구한다)

36 또 다른 사람들은 내가 어머니 치르체와 아버지 그노스토스 사이에서 태어났고, 미치광이이며, 가짜 시빌이라고 부를 것이다.

37 이 모든 일이 일어나고 나서야 너희가 나를 알아볼 것이며, 나를 미치광이라고 부를 사람은 하나도 없고, 오히려 전능하신 하나님의 여

성 예언자라고 부를 것이다.

38 하나님은 나의 부모에게 알려준 태초의 일을 내게 모두 가르쳐주지는 않았다.

39 그러나 그 이후의 일들에 대해서는 내가 이해하도록 허락했다.

40 내가 앞으로 일어날 일과 예전에 일어난 일을 선포하고, 유한한 인간에게 말해줄 수 있게 되었다.

41 물이 세상을 삼켜버렸을 때, 오직 한 사람이 은총을 입었다.

42 나무를 잘라 만든 집에 들어가 물에 떠 있었다. 그 집에 든 짐승과 새들은 나중에 세상을 다시 채울 것이다.

43 그때 나는 그 사람의 며느리였고, 그 혈통을 받았으며, 최초의 일들이 내게 일어났다.

44 이제 그 이후의 일을 모두 이야기했다. 내 입에서 나온 일이 모두 진실이다.

제4장

1 오, 활기찬 아시아와 유럽의 백성이여! 내 입의 꿀과 같은 말로, 여기 우리의 성전에서 쏟아내려고 하는 진리의 예언에 귀를 기울여라.

2 헛된 인간들이 허위의 포에부스를 신이라 부르며, 예언자라는 그릇된 명칭을 부여하였으나, 나는 그런 포에부스가 아니다.

3 오히려 나는 말을 못 하며 반들거리는 돌의 우상처럼, 사람의 손으로 만든 것이 아니라, 전능하신 하나님의 예언자다.

4 신전에 세워진 돌은 말도 못 하고 무기력하며, 인간에게 있어서 재앙

의 도깨비다. 하나님은 그런 돌을 자기 집으로 삼지 않았다.

5 그분은 유한한 인간의 손으로 만들어지지 않았는바, 땅에서는 아무도 그분을 볼 수 없다. 유한한 인간의 눈으로는 더군다나 측량할 수 없다.

6 만물을 꿰뚫는 시선으로 그분은 모든 것을 보지만, 자기 자신은 보이지 않는다.

7 어두운 밤, 낮, 태양, 별들, 달, 바다, 모든 물고기, 땅, 강들, 생명의 유지를 위해 지정된 피조물, 밀밭의 밀을 기르는 소나기, 나무들, 포도나무들, 올리브나무들이 모두 그분의 것이다.

8 그분이 모든 일을 일어나게 하여 확인해줄 것이다.

9 오, 백성이여, 거룩한 입의 진실한 말로 모든 일을 털어놓는 시빌에게 귀를 기울여라.

10 전능하신 하나님을 진심으로 사랑하고, 먹고 마시기 전에 그분을 축복하며(식사 전에 감사기도를 바치는 것은 유대교의 엄격주의 일파인 에세네파의 관습이다. 신전과 동물의 제물을 지겨워하는 것도 에세네파의 특징이다), 경건함을 굳게 지키는 사람들은 지상 어디에 있든지 행복할 것이다.

11 이러한 사람들은 신전과 제단을 볼 때나, 살아있는 짐승의 피와 네발짐승의 제물로 끊임없이 더럽혀진 무의미한 돌이 헛되게 서 있는 것을 볼 때, 이 모든 것을 배척할 것이다.

12 무시무시한 살인을 하지 않고, 불의한 이익을 위해 타협하지 않는, 유일한 하나님의 위대한 영광을 이들은 추구할 것이다. 그러한 일은 모두 사악한 짓이기 때문이다.

13 그분의 백성은 다른 사람의 침대를 더럽히거나 탐내지 않으며, 가증스럽고 지겨운 남색에 빠지지도 않을 것이다.

제5장

1 하나님이 손에 쥐여준 왕의 홀을 들고, 한 사람이 축복받은 하늘의 평원에서 내려왔다.

2 그 사람은 모든 것을 정복하고, 다른 사람들에게 되찾아주었다.

3 도시마다 그 기초를 불로 파괴하고, 과거에 악을 저지른 가문들을 태워버렸다.

4 또 하나님이 사랑하는 도시를 별과 태양, 달보다 더 찬란하게 만들고, 온 세상의 보석으로 자리 잡게 하였으며, 아름다운 성역에 더없이 아름다운 성전을 지었다.

5 엄청나게 큰 성전에 구름이 바로 닿는 탑이 하나 세워져 모든 사람이 쳐다보았으며, 심신이 깊고 덕성스러운 사람들이 그 탑을 보고 보이지 않는 하나님께 영광을 드리며 환희에 젖었다.

6 동쪽과 서쪽이 하나님의 영광을 찬미했다. 비참한 인간들이 수치스러운 행동, 간통, 자연을 거슬리는 남색의 열정, 살인과 난동으로 더 이상 시달림을 당하지 않게 되었다.

7 이제는 성인들의 시대다.

8 천둥을 파견하는 하나님, 위대한 성전의 창조자인 하나님이 이 모든 것을 성취한다.

9 매서운 겨울바람이 흰 눈을 파고들 때, 거대한 강과 드넓은 호수들

이 얼어붙을 때, 야만족의 무리가 아시아 땅으로 밀려와 공포의 대상인 트라키아족을 마치 힘없는 검불인 양 멸망시킬 것이다.

10 그러면 기근의 마지막 단계에서 절망에 빠진 사람들이 자기 부모를 잡아먹고, 그를 음식으로 삼아 게걸스럽게 먹어치울 것이다.

11 집집마다 짐승들이 식탁에 있는 것을 먹어버리고, 새들마저 사람을 잡아먹을 것이다.

12 처참한 전쟁이 일어난 결과 피로 물든 바다가 쓰러진 사람들의 피와 육체로 가득할 것이다.

13 온 세상이 하도 황량하여 남자와 여자의 숫자를 헤아릴 수 있을 것이다.

14 태양이 바다에서 목욕하려고 기다리며, 한번 지고 다시 떠오르지 않을 때, 비참한 세대의 통곡이 한없이 터져 나올 것이다.

15 그 세대가 무수한 사람의 저열한 악행을 보았기 때문이다.

16 드넓은 하늘 근처까지 달이 없는 암흑이 드리우고, 어마어마한 안개가 두 번째 온 땅을 구석구석 감쌀 것이다.

17 그러면 하나님의 빛이 하나님을 찬미하는 선한 백성을 모두 인도할 것이다.

18 별들 사이에 빛나는 태양의 위협이 도사리고, 번갯불 사이에 달의 침울한 분노가 서린 것을 나는 보았다.

19 별들이 전쟁으로 시달리고, 하나님은 별들에게 싸움을 시켰다.

20 태양이 있던 자리에 기다란 화염이 반란을 일으켜 나타나고, 뿔이 둘인 달의 회전이 변했다.

21 사자궁의 등을 타고 금성이 전투를 벌였다.

22 염소자리가 젊은 황소자리의 발뒤꿈치를 물어뜯었고, 황소자리는 염소자리가 돌아올 날을 빼앗아버렸다.

23 오리온자리는 궤도를 벗어나 사라졌다.

24 처녀궁은 숫양 자리의 쌍둥이와 자리를 바꾸었다.

25 묘성이 다시는 나타나지 않고 용자리가 허리띠를 버렸다.

26 물고기자리가 사자궁의 띠에 들어갔다.

27 오리온이 무서워 게자리가 머물러 있지 못했다.

28 난폭한 사자궁 때문에 전갈자리가 꼬리를 사렸다.

29 태양의 화염에서 천랑성이 사라졌다.

30 용감한 금성의 힘이 물병자리를 태워버렸다.

31 하늘 자체가 흔들려 싸우는 별들을 떨쳐버렸다.

32 화가 나서 그 별들을 땅으로 곤두박질치게 했다.

33 바닷물이 급히 삼켜버린 별들이 온 땅을 태우고, 하늘에는 별이 나타나지 않았다.

제6장

1 위대하고 유명한 불멸의 아들을 나는 온 마음으로 노래한다.

2 가장 높으신 분, 아들을 낳은 분은 그 아들이 태어나기 전에 아들에게 옥좌를 주었다.

3 순은의 발에 실려 물결치며 흘러온 요단강에서 그분이 몸을 씻었을 때, 육체를 따라 2번째 그분이 들어 올려졌다.

4 불을 피하며 그분이, 감미로운 성령 안에서 비둘기의 흰 날개를 타고 오는 하나님을 제일 먼저 볼 것이다.

5 순수한 꽃이 피어나고 샘들이 솟아날 것이다.

6 그분이 사람들에게 길을 보여주고, 하늘의 길을 보여줄 것이다.

7 지혜로운 말로 모든 사람을 가르칠 것이다.

8 하늘에 계신 아버지의 훌륭한 백성을 자랑스럽게 선포하면서, 복종하지 않는 백성을 설득하고 심판으로 데려갈 것이다.

9 그분은 물 위를 걷고, 병자를 치유할 것이며, 죽은 자를 일으키고, 많은 고통을 덜어줄 것이다.

10 다윗의 집에서 싹이 돋아나면, 한 주머니에서 사람들에게 충분한 빵이 나올 것이다.

11 땅과 하늘과 바다, 온 세상이 그분 손에 들어 있다.

12 그분이 처음 나타났을 때, 상대방의 옆구리에서 서로 태어난 둘이 그분을 보았던 것처럼, 그분은 번개처럼 번쩍거릴 것이다.

13 아들에게 희망을 걸고 땅이 기뻐할 것이며, 그때 그 일이 일어날 것이다.

14 그러나 소돔의 땅아, 사악한 재앙이 너만 기다리고 있다.

15 어리석은 나머지 너는 그분이 사람들 눈에 나타났을 때, 너의 하나님을 알아보지 못했다.

16 오히려 너는 가시로 관을 엮고, 쓰디쓴 쓸개를 섞어 모욕적인 음료를 만들었으니, 네가 사악한 재앙을 받을 것이다.

17 오, 가장 복을 받은 나무여! 네 위에서 하나님이 사지를 뻗었고, 땅

이 너를 손에 넣지 못할 것이다.

18 오, 하나님! 당신의 불타는 눈이 번개처럼 번쩍일 때, 나무가 하늘의 고향을 볼 것입니다.

제7장

1 심판의 징표가 나타날 때 땅이 땀을 흘릴 것이다.

2 영원한 왕이 하늘에서 내려와 군림할 것이다.

3 그분이 오면 모든 육체와 온 세상을 심판할 것이다.

4 신앙이 있든 없든 모든 인간은 시간의 끝에서, 성인들을 거느린 가장 높으신 하나님을 볼 것이다.

5 온 세상이 메마른 땅이 되고 가시가 될 때, 그분이 육체를 입은 인간의 영혼들을 옥좌에서 심판할 것이다.

6 사람들이 우상과 모든 재산을 내버릴 것이다.

7 넓게 번지는 불이 땅과 하늘과 바다를 태우고, 하계의 감옥 문을 부술 것이다.

8 그러면 모든 죽은 자, 즉 성인들의 육체가 자유의 빛을 보고, 무도한 자들에게는 불이 영원한 고통이 될 것이다.

9 사람들은 은밀히 행동한 것을 그때 모두 공개적으로 털어놓을 것이다.

10 하나님이 검은 가슴을 자기 빛으로 열어버리기 때문이다.

11 모든 사람이 통곡하고 이를 갈 것이다.

12 태양의 빛이 사라지고 별들의 춤도 그칠 것이다.

13 그분이 하늘을 둘둘 말아버리고 달빛은 소멸할 것이다.

14 계곡을 높이 들어 올리고 언덕 꼭대기를 바닥으로 내릴 것이다.

15 산이 평지와 같은 높이가 되고, 바다에는 더 이상 항해가 없을 것이다.

16 땅의 샘이란 샘은 모두 바닥이 나고, 거품을 토하는 강도 모두 말라붙을 것이다.

17 하늘의 나팔이 엄청난 통곡 소리를 낼 것이며, 더럽혀진 육체와 세상의 재앙을 애도할 것이다.

18 그때 땅이 쩍 갈라져 타르타루스의 심연을 보여줄 것이다.

19 모든 왕이 하나님의 심판석에 모일 것이다.

20 하늘에서 불과 유황의 강이 흘러내릴 것이다.

21 그러면 모든 인류에게 고상한 봉인이 징표로 나타날 것이다.

22 그것은 믿는 자들의 나무, 오랫동안 갈망한 뿔, 경건한 자들의 생명, 세상에 걸려 넘어지는 장애물이며, 그 12개의 샘에서 선택받은 자들을 물로 씻어줄 것이다.

23 양 떼를 치는 쇠 지팡이가 지시할 것이다.

24 이는 이합체로서 지금 선포된 우리의 하나님, 우리를 위해 수난당한 구세주, 영원한 왕이다.

25 그분의 전형인 모세는, 거룩한 두 팔을 벌리고 신앙으로 아말렉족을 정복했으며, 다윗의 지팡이, 그리고 믿는 자가 그 위에서 영원한 생명을 얻는다고 다윗이 약속했던 그 돌이, 하나님 아버지께 선택받고 고귀한 것임을 백성에게 가르쳐주었다.

26 그분은 영광을 입지 않은 채 평범한 인간으로 세상에 오고, 가련한

자에게 희망을 주기 위해 가련하고 불명예스럽게 눈에 띄지 않게 온다.

27 그분은 썩을 육신에게 형태를, 신앙이 없는 자에게 하늘의 신앙을 줄 것이며, 태초에 하나님의 거룩한 손이 빚었던 사람에게 형태를 줄 것이다.

28 태초의 사람은 뱀의 속임수에 넘어가 죽음의 운명을 맞았으며, 선과 악의 지식을 받고, 하나님을 저버림으로써 인간의 관습에 얽매이게 되었다.

29 전능한 분은 태초에 그분을 우선 협조자로 삼아 말했다.
"아들아, 너와 내가 우리의 모습대로 빚어 인류를 만들자. 내가 손을 사용한 뒤 네가 말씀을 동원해 우리의 모습을 만들어내면, 공동으로 창조한 피조물이 나오는 것이다."

30 이러한 결의를 염두에 두고, 그분은 자기에 상응하는 사본을 거룩한 처녀에게 주어 이 세상에 올 것이며, 동시에 오래된 두 손의 물로 깨우쳐주고, 말씀으로 모든 것을 행하며, 모든 병을 고칠 것이다.

31 말씀으로 바람을 잠자게 하며, 평화의 발로 신앙 안에서 바다 위를 걸으며, 사납게 날뛰는 바다를 잠잠하게 만들 것이다.

32 빵 다섯 개와 물고기 두 마리를 가지고 사막에서 오천 명을 배불리 먹일 것이며, 남은 조각을 모두 모아 백성의 희망을 위해 열두 광주리를 채울 것이다.

33 그분은 비웃음을 당해도 악을 선으로 갚고, 매질과 채찍질을 당하며, 가난을 열망하는 복 받은 자를 부르고, 가련한 자를 사랑할 것이다.

34 모든 것을 알고, 모든 것을 보고, 모든 것을 듣는 그분은, 가장 깊은 것을 파헤쳐 반성하라고 할 것이다.

35 그분은 모든 것을 듣고, 이해하고, 보기 때문이다.

36 모든 것을 복종시키고 형태를 창조하며, 죽은 자를 구원하고 모든 병을 치유하는 그 말씀이, 끝내 무도하고 믿지 않는 사람들의 손에 넘겨질 것이며, 그들은 하나님을 더러운 손으로 때리고, 더러운 입으로 독기 서린 침을 뱉을 것이다.

37 그리고 등을 드러내 채찍을 맞을 것이며, 충동질에도 침묵을 지킴으로써, 사람들이 자기가 누구인지 알아보지 못하도록 할 것이다.

38 선택된 자들의 관, 그 영원한 영광이 가시관인바, 그분은 가시관을 쓸 것이다.

39 율법으로 사람들이 그분의 양쪽 옆구리를 갈대로 찌를 것이다.

40 그러나 내가 말한 이 모든 일이 이루어지고 나면, 그분 안에서 모든 율법이 해소될 것이다.

41 율법은 원래 복종하지 않는 백성으로 인해 계명으로 내려준 것이다.

42 그분은 두 팔을 벌려서 온 세상을 측량할 것이다.

43 그때 사람들이 쓸개를 먹으라고, 신 포도주를 마시라고 줄 것이다.

44 불친절의 식탁을 사람들이 펼쳐줄 것이다.

45 그러나 성전의 휘장이 찢어지며, 한낮에 세 시간 동안 캄캄하고, 무서운 밤이 내릴 것이다.

46 영원한 주인이 땅에 내려온 이상, 이제는 비밀의 율법으로 성전에 숨어서 세상의 유령들을 섬길 필요가 없어졌다. 숨겨진 진리가 다시 드

러났기 때문이다.

47 그러나 모든 성인에게 희망을, 모든 시대의 종말을, 마지막 날을 선언하면서, 그분은 하계로 내려갈 것이다. 잠든 지 사흘 만에 죽음의 운명을 완성할 것이다.

48 그리고 죽은 자들로부터 돌아와 빛으로 나올 것이며, 부활의 시작이라고 부르는 것을 사람들에게 최초로 보여줄 것이다.

49 그때 사람들은 불멸의 샘물로 과거의 죄를 씻어버리고, 위로부터 다시 태어나, 세상의 무도한 관습에 다시는 얽매이지 않을 것이다.

50 그다음에 주님은 자기 제자들에게 먼저 육체를 가지고 나타날 것이며, 손과 발, 사지를 관통한 네 개의 못 자국, 즉 동서남북의 네 방향을 보여줄 것이다.

51 세상의 무수한 왕국이 우리를 본받을 것이다. 시온의 거룩한 딸이여, 너무나 많은 고통을 당했으니 기뻐하라!

52 어린 망아지를 타고 너의 왕이 몸소 올 것이다.

53 보라, 우리 목에 걸린 노예의 멍에, 견디기 힘든 이 멍에를 양순한 그분이 치워줄 것이며, 무도한 계명들, 억압적인 족쇄를 소멸시킬 것이다.

54 그때 공기, 땅, 불타는 빛 등 세상의 모든 요소가 공허하게 될 것이며, 천구와 밤, 모든 날이 충돌하여 하나가 되고, 공허한 형태로 변할 것이다.

55 빛나는 별이 모두 하늘에서 추락할 것이기 때문이다.

56 깃 달린 새가 더 이상 하늘을 날지 않고, 땅 위에 발자국이 하나도 남지 않을 것이다. 들짐승이 모두 멸망할 것이기 때문이다.

57 사람이나 짐승, 날개 달린 생물의 소리가 전혀 들리지 않을 것이다.

58 혼란에 빠진 세상에는 유익한 메아리가 없고, 깊은 바다가 엄청난 위협의 소리를 내며, 바다에서 헤엄치는 생물이 모두 전율하며 죽을 것이다.

59 화물을 나르는 배가 더 이상 파도 위로 항해하지 않을 것이다.

60 전쟁의 피로 물든 땅은 고함을 치고, 갈증과 굶주림, 전염병과 살육으로 기진맥진한 모든 사람의 영혼이 이를 갈 것이며, 차라리 죽는 게 낫다고 소리치겠지만, 죽음은 오지 않을 것이다.

61 죽음도 밤도 이제는 안식을 주지 못한다.

62 높은 곳에서 다스리는 하나님께 수없이 간청하겠지만 허사일 것이며, 하나님은 공공연하게 외면할 것이다.

63 거룩한 처녀의 손을 통해서, 죄인들에게 회개의 긴 날을 7일 주었기 때문이다.

64 하나님은 이 모든 일에 대해서 내가 완전히 알도록 해주었고, 내 입으로 말한 것을 모두 이루어줄 것이다.

65 나는 모래의 숫자와 바다의 넓이를 안다. 땅의 가장 깊은 곳과 캄캄한 타르타루스를 안다. 별과 나무의 숫자를 알고, 네 발 달린 짐승과 헤엄치는 생물과 날개 달린 새의 종류가 얼마나 많은지 알며, 과거와 현재, 미래에 있을 인간의 숫자도 안다.

66 내가 직접 사람들의 형태와 정신을 빚어냈고, 올바른 이성을 주고, 지식을 가르쳤으며, 눈과 귀, 시력과 청각을 만들어주었고, 모든 생각을 뚫어보며, 모든 것을 알지만 안으로 움츠려 침묵하고 있다. 나

중에 모두 단죄할 것이다.

67 나는 벙어리를 이해하며, 말하는 자의 말을 듣지 않는다. 땅에서 하늘까지 얼마나 높은지 알고, 시작과 끝을 안다. 내가 하늘과 땅을 창조했다. 나 홀로 하나님이고, 나 외에 다른 신은 없다.

68 사람들은 나무로 만든 내 모습에 신탁을 간청하고, 자기 손으로 말못 하는 우상을 만들어놓고, 기도와 부정한 예식으로 섬긴다. 창조주를 저버린 채 허망한 것을 떠받들고 있다. 사람들이 가진 자들을 위하는 것처럼 화려한 잔치를 베풀고, 나의 명예를 위하는 것처럼 이모든 것을 유익하다고 여긴다.

69 사람들은 고기와 골수로 찬 뼈를 태워 제단에 바치며, 악마들에게 피를 붓는다. 빛을 주는 자인 나를 위해 불을 피우고, 하나님이 마치목마르기라도 한 듯이, 그 무익한 우상들에게 포도주를 쏟아부으며맹목적으로 취한다.

70 나는 너희 손이 바치는 제물과 봉헌물이 필요 없으며, 기름 타는 악취와 지겨운 피도 필요 없다. 이러한 것은 왕들과 폭군들을 기념하기 위해, 마치 하늘의 존재인 듯 죽은 악마들을 위해, 사람들이 불경스럽고 파괴적인 예식을 거행하는 것이다.

71 불경한 자들이 잡신들을 자기네 모습이라고 부르고, 창조주를 저버린 채 잡신이 모든 희망과 생명을 준다고 여기며, 좋은 목적을 모르는 벙어리, 말 못 하는 잡신들을 믿고 해를 입는다.

72 나는 삶과 죽음의 2가지 길을 제시했고, 사람들의 마음에 선한 삶의 선택을 심어주었다. 그러나 사람들은 죽음과 영원한 불로 치달았다.

사람은 나의 모습이며, 올바른 이성을 갖추었다. 사람을 위해 순수하고 피 묻지 않은 식탁을 차려, 좋은 것으로 가득 채워주어라.

73 배고픈 자에게 빵을, 목마른 자에게 마실 것을, 헐벗은 자에게 입을 것을 주며, 네가 거룩한 손으로 일을 하여 일용품을 공급하라. 고통받는 자를 받아들이고, 지친 자를 열심히 도와주며, 이 살아있는 제물을 살아있는 하나님께 바쳐라.

74 언젠가 불멸의 열매를 주도록 지금은 물 위에 씨를 뿌려라. 그러면 내가 모든 사람을 불로 시험할 때, 네가 영원한 빛과 사라지지 않는 생명을 받을 것이다. 내가 모든 것의 냄새를 맡고, 각각 분리하여 순수하게 만들 것이다.

75 내가 하늘을 둘둘 말아 올릴 것이며, 땅의 모든 갈라진 틈을 열어버릴 것이다. 그다음에 내가 운명과 죽음의 독침을 파괴하고, 죽은 자들을 일으킬 것이며, 그리고 와서 경건한 자와 불경한 자의 생애를 심판할 것이다.

76 서로 비교해서 골라내기 어려울 정도로, 나는 숫양과 나란히 숫양을, 목자와 나란히 목자를, 송아지와 나란히 송아지를 놓을 것이다. 높이 들렸던 자, 시련에서 단죄된 자, 다른 모든 사람의 입을 막았던 자, 거룩하게 사는 사람들을 자기 이익을 위해 침묵시키고, 시기심으로 노예를 삼았던 자가, 모두 내 앞에서 인정받지 못하고 떠나갈 것이다.

77 그 후에는 '내일이 오겠는가?'라고 슬픔 중에 네가 말하지 않을 것이며, '그 일은 어제 일어났다'라는 말도 하지 않고, 오랫동안 염려하지

도 않을 것이다. 봄도 겨울도 없고, 추수도 가을도 없을 것이다. 내가 하루를 길게 만들어 해가 지지도, 뜨지도 않을 것이다. 그러나 위엄의 빛은 영원히 갈망의 대상이 될 것이다.

제8장

1 나의 기원은 세상에 있지만, 영혼은 별들에게서 받았다.
2 침범할 수 없는 내 몸을 하나님께서 온통 떨리게 한다.
3 풍성한 신앙으로 진실한 신심이 확인되는 경우, 하나님이 내 가슴에 심어주는 것을 나는 사람들에게 선포할 것이다.
4 예전에 내가 많은 노래를 했지만, 지금 내가 기록하는 이 노래는 하나님이 알고 있다.
5 빛이 시작할 때 혼돈에 앞서서, 하나님이 하늘나라의 성채를 먼저 창조하여, 신성하고 완전한 업적과 위대한 봉사로 삼았다.
6 만물의 창조자, 하나님은 끝없는 시작이다.
7 그분은 친절한 밤에서 분리하여 혼돈을 따로 두었고, 낮이 서 있도록, 또 밤낮이 자기 빛을 가지고 끊임없이 교대하고, 별들과 더불어 운행하여, 만물의 시대가 새롭게 순환하도록 명령했다.
8 성인들이여, 그분이 너희에게 이렇게 친절한 말씀을 해준다.
"보라, 나는 하늘과 별들의 틀을 만들었다. 세상이 2가지 빛으로 빛나도록 명령했고, 땅과 바다의 기초를 놓고, 영혼들을 쏟아냈다. 내손으로 사지를 움직이게 했고, 뼈에 살을 붙이고, 뼛속에 골수를 넣었으며, 근육을 단단하게 만들고, 혈관에 피를 채웠으며, 아교질 진흙으로 반짝이는 살갗을 만들어냈다.

9 영혼을 집어넣고 정신에게 감각을 덧붙여주었으며, 영혼에게 영양분을, 육체에게 음식을 주었다. 강물을 풍성하게 했고, 들판에 금속과 맑은 샘을 심었으며, 물이 만나 샘을 이루게 했고, 가축과 양 떼, 새 떼의 본성을 주었다.

10 젖통에 젖이 고이게 하고, 피를 분리하며, 마른 땅의 고랑에서 푸른 풀이 자라게 하고, 연약한 낟알을 거친 껍질로 감쌌으며, 다양한 꽃송이로 땅을 칠하고, 벌의 감미로운 영혼들과 벌집을 보살펴주었다.

11 과실수의 열매에게 물기로 크게 자라도록 명령했고, 포도밭을 주고 몸의 혈관을 만들어주었다. 이 모든 것을 나는 마련하여 인간에게 주었고, 창조해서 주었다."

12 나에게 자격이 있다면 데리고 가서, 내 영혼을 하늘에 두어라. 사람의 일생은 짧고, 그 일생이 끝나면 세월과 함께 소멸한다.

제26권

하가다

하가다(Haggadah, Haggada, Aggada)는 히브리어로 이야기라는 뜻이다. 유대교에서 전설이나 격언을 포함한 비법률적 랍비문학 형태로 사용하는 말이다.

좁은 의미의 하가다는 유월절(페사흐) 세데르 저녁식사 때 낭독하는 출애굽기 이야기이다. 출애굽기는 단지 세데르 의식의 일부분이지만, 하가다는 전체의식 또는 의식에 대한 책 자체를 가리킨다.

주석을 통해 수정된 이야기를 보충하고, 어린이들이 전승에 대해 질문하면 답한다.

제1장

1 천지가(지구가) 창조되기 2,000년 전에 일곱 가지가 창조되었다.

2 하얀 불 위에 검은 불로 기록된 토라가 하나님의 무릎에 놓여있었다.

3 하나님의 옥좌 오른편에 낙원이, 왼편에 지옥이 창조되었다.

4 하나님 앞에는 성전이, 그 제단에는 메시아의 이름이 새겨져 있었다.

5 하나님이 세상을 창조할 때 토라와 상의했다.

6 토라가 말했다.

"하나님, 사람들이 태어나 토라의 율법을 무시하면 어찌합니까?"

7 그러자 하나님은, 뉘우침도 함께 창조될 것이고, 또 성전 예식이 용서를, 낙원과 지옥이 보상과 처벌을 수행할 것인바, 염려할 것이 없다고 하였다.

8 게다가 메시아가 준비되어 있어 그가 사람들의 죄를 끝낼 것이라고 했다.

9 하나님은 이번 세상 말고도 여러 번에 걸쳐 세상을 만들었으나, 모두 마음에 들지 않아 멸망시켰다.

10 이번 세상도, 만일 하나님이 엄격한 원리 원칙만 적용한다면, 영속성을 지니지 못할 것이다.

11 그러나 정의만 가지고 살아남을 세상이 없다는 것을 생각한 하나님은, 정의에다 자비를 동반시켜 둘이 공동으로 다스리게 할 것이다.

12 모든 것의 태초에 하나님의 선이 우세했고, 그 선이 없이는 아무것도 존재하지 못했다.

13 그 선이 아니었다면, 무수한 악령이 인간의 대를 끊어버렸을 것이다.

14 하나님의 선이 세라핌을 보내 악령들에게 겁을 주었고, 하나님의 선이 레비아탄 같은 무서운 동물이 사람을 해치지 못하게 했으며, 하나님의 선이 미가엘과 가브리엘 천사를 통해 이스라엘을 보호하지 않았다면, 벌써 주변 민족의 밥이 되었을 것이다.

15 모든 것의 태초에 하나님의 선이 우세했고 그 선이 없이는 아무것도 존재하지 못했다는 말은 무슨 의미일까? 그냥 성선설이 아닐 것이다.

16 무수한 악령이 인간의 대를 끊어버렸을 것이라는 말은 철학적 논리가 아니라 현실적 논리다.

17 우주인들의 말에 의하면, 자신들도 끝없는 전쟁의 역사를 살았다고 한다. 한 행성을 무력으로 장악하고, 행성 밖으로 나가면 그곳에 또 행성 간의 치열한 전쟁이 기다리고 있었던 것이다.

18 행성 간의 전쟁은, 한 행성에서 기생해 사는 모든 생명이 전멸되는 끔찍한 결과를 낳기도 했을 것이다.

19 그런 오랜 뼈아픈 역사를 통해 우주의 선배들은 깨달았을 것이다. 상호협력주의, 평화주의, 사랑과 자비가 우주의 법률이 되어야 한다는 것을!

20 그리고 그 법률을 지구의 고대인들에게 가르친 것이며, 그것이 종교의 시발이 되었던 것이다.

21 이는 모든 것의 태초에 하나님의 선이 우세했다는 말이다. 하나님의 선이 세라핌을 보내 악령들에게 겁을 주었고, (…)

제2장

1 알파벳은 하나님의 왕관에 불길의 펜으로 새겨져 있다.

2 하나님이 말씀으로 세상을 창조하려고 하자, 각 글자들이 내려와 자신을 이용해 세상을 창조하라고 앞을 다툰다.

3 두 번째 글자 베트가 말하기를, 축복이란 글자가 베트로 시작되니, 자신을 이용해 세상을 창조하라고 제안한다.

4 그 말을 옳다고 여기신 하나님이 축복과 함께 세상을 창조하셨다.

5 가장 겸손한 글자 알레프에게는, 그 겸손을 높이 사서 십계명의 첫 글자로 알레프가 사용되도록 했다.

6 이는 하나님이 말씀으로 세상을 창조하셨다는 말의 원형이다. 인도의 브라만교에서도 브라만이 최초의 문자(AUM=옴)를 가지고 세상을 창조했다고 한다.

7 문자 혹은 말씀이란 모든 창조가 마음에서 시작되었음을 뜻한다. 마음은 정신이고, 정신은 물질에 앞서 존재하는 신성(神性)의 일면이다.

제3장

1 창조의 첫날에 하나님이 10가지를 창조하셨다. 하늘과 땅, 토후(혼돈)와 보후(공허), 빛과 암흑, 바람과 물, 낮의 지속과 밤의 지속을 만드셨다.

2 토후는 온 세상을 감싸는 초록색 띠다. 그것이 암흑을 흩어버린다. 보후는 심연의 돌로 구성되고 물을 생산한다. (…)

3 태초에 창조된 빛은 넷째 날 나타나는 태양과 달, 별이 발산하는 빛이 아니다.

4 첫째 날의 빛은 사람의 한 눈으로 앉은 자리에서 온 세상을 살필 수 있도록 해주는 그런 빛이다.

5 이런 빛을 받을 자격이 없는 사람들 때문에 하나님이 그 빛을 숨겼지만, 앞으로 올 세상에서는 경건한 자들에게 이 빛이 태초의 영광을 모두 간직한 채 나타날 것이다.

6 하늘이 여러 개 창조되었다. 사실은 7개 하늘이 각자 목적에 맞게 창조되었다.

7 일곱 번째 하늘에는 오로지 선하고 아름다운 것만 있다. 거기 있는 것은 올바름, 정의, 자비, 생명과 평화, 축복의 창고들, 경건한 자들의 영혼, 아직 태어나지 않은 세대들의 영혼과 정신, 부활의 날에 죽은 자들을 부활시키는 데 하나님이 사용할 이슬, 그리고 무엇보다도 세라핌과 오파님, 거룩한 하이요트와 봉사하는 천사들로 둘러싸인 하나님의 옥좌가 있다.

8 하나님은 일곱 개 하늘과 대칭되는 일곱 개의 땅을 만들었다.

9 가장 낮은 일곱 번째 땅은 에즈라로, 심연, 토후, 보후, 바다, 물이 차례대로 놓여있다.

10 다음으로 여섯 번째 땅은 아다마로, 여기가 하나님의 위대함이 전개되는 곳이다.

11 다섯 번째 땅은 아르카로, 거기서 파괴의 천사들이 사악한 자들의 영혼을 감시한다.

12 다음은 하라바라는 건조한 땅으로, 이름과 달리 시냇물과 물줄기가 흐른다.

13 두 번째 땅에는 우리가 사는 땅의 생물들과 전혀 다른 365종의 생물들이 산다.

14 하나님께서 자신의 영광을 위해 196,000개의 세상을 창조했다.

15 땅에서 하늘까지 걸어가는 데 500년이 걸린다.

16 한 하늘의 이쪽 끝에서 저쪽 끝까지 가는 데도 같은 시간이 걸린다.

17 땅의 동쪽 끝에서 서쪽 끝까지 가는데도 500년이 걸린다.

18 광대한 세상은 3분지 1에만 사람이 살고, 3분지 2에는 물과 사막으로 가득 차 있다.

19 동쪽과 서쪽, 남쪽에서 하늘이 땅과 서로 닿아있지만, 북쪽에서는 하나님이 미완성으로 남겨두었다.

20 그래서 스스로 신이라고 선언하는 사람이 있다면 이 결함을 완성시켜야 한다.

21 하나님의 힘은 세상을 창조하는 것에서만 나타나지 않고, 각자에게 부과한 제한에서도 나타난다.

22 하늘과 땅은 길이와 넓이에 있어서 무한히 뻗어나가려고 한다.

23 그것을 제한하기 위해서도 하나님의 말씀이 필요했다.

제4장

1 둘째 날에 하나님이 창공, 지옥, 불, 천사 이 4가지를 창조했다.

2 창공은 첫째 날의 하늘과 같지 않다. 창공은 하이요트(천사의 이름과 같다)의 머리 위로 뻗은 수정이고, 땅이 태양에서 빛을 받듯 하늘이 거기서 빛을 받는다.

3 이 창공은 땅이 하늘의 물에 잠기는 것을 막아주고, 위의 물과 아래의 물을 가로막는 역할을 한다.

4 하늘의 불이 사슬을 끊고 나와 그 수정을 단단하게 만들고, 창공의 표면을 촘촘하게 했다. 창공은 손가락 세 개 정도의 두께에 불과하다.

5 이처럼 위의 물과 아래의 물을 갈라놓은 것은, 하나님의 창조과정에서 나타난 유일한 현상이다.

6 다른 모든 작업은 분리가 아니라 결합시키는 것이었다.

7 유일한 분리 과정에서 곤란한 일이 발생했다.

8 하나님이 '물은 모두 한곳으로 모이고 땅이 드러나라.'고 했을 때, 물의 일부가 순종치 않은 것이다.

9 그 물에게 화가 난 하나님이 모든 창조가 다시 혼돈으로 돌아가게 했다.

10 얼굴의 천사를 불러내 세상을 파괴하라고 명령했다.

11 그 천사가 눈을 크게 뜨자, 그 눈에서 거센 불과 검은 구름이 쏟아져

나왔다.

12 세상은 다시 파멸의 위기에 직면했다.

13 노래하는 천사가 나타나 말했다.

"당신의 세상에 자비를 베풀고, 이 세상을 멸망시키지 마시기 바랍니다. 세상을 멸망시키시면 누가 당신의 세상을 채우겠습니까?"

14 하나님의 노함은 누그러졌지만, 반항하던 물은 산 밑에 두어 영원히 거기 머물게 했다.

15 지옥은 층층이 7층으로 구성된다. 각 층의 이름은 쉐올, 아바돈, (…) 그리고 게헨나다.

16 각 층의 높이와 넓이, 길이를 통과하는데 각각 300년이 걸린다.

17 각 층은 다시 일곱 층으로 나뉜다. 그 작은 구역에 각각 불의 강 일곱 개와 우박의 강 일곱 개가 있다.

18 강의 크기는 폭이 1천 엘, 깊이와 길이가 각기 (…)인데, 파괴의 천사 9만 명이 지킨다.

19 그 외에 각 구역의 동굴이 7천 개, 틈이 7천 개며, 틈마다 전갈이 산다.

20 지옥에는 5가지의 불이 있다. 하나는 잡아먹고 흡수하며, 다른 불은 잡아먹지만 흡수하지는 않고, (…) 거기 석탄도 있는데, 산처럼 큰 석탄, 사해만큼 넓은 석탄이 있고, 역청과 유황이 흐르며, 불타는 석탄처럼 이글거리는 강들이 있다.

제5장

1 '물이 모여라'는 하나님의 말씀이 들리기가 무섭게 사방에서 산과 언덕이 모습을 드러내고, 물이 깊숙한 곳에 놓인 큰 그릇에 모였다.

2 그러나 물은 심통이 났고, 낮은 곳을 차지하라는 명령에 저항하여 홍수로 위협했다.

3 이 홍수는 '한곳으로 모이라'는 하나님의 명령에 저항했던 물의 신, 라합의 흉내를 낸 것에 지나지 않았다.

4 물의 신, 라합은 계속 거역의 자세를 취했던바, 하나님이 그를 죽여 시체가 바다에 가라앉았다.

5 그 시체가 부패하며 바다에서 악취가 풍겼다.

6 세 번째 날의 중요한 창조는 식물, 즉 낙원의 식물은 물론, 지상의 식물을 창조하는 일이었다.

7 제일 먼저 거대한 나무들이 창조되었다. 가장 먼저 나왔다는 자존심으로 나무들이 하늘 높이 솟았다.

8 이 나무들은 자기가 특별한 총애를 받았다고 여겼다.

9 하나님이 말씀하셨다.

"나는 오만을 미워한다. 나 홀로 높은 존재이기 때문이다."

10 그리고 같은 날 쇠를 만들었고, 쇠는 나무를 베어 넘기게 되었다.

11 세 번째 날의 가장 중요한 창조는 낙원이었다.

12 홍옥의 문 2개가 낙원의 입구가 되고, 60만 명의 봉사천사가 입구를 감시한다.

13 문지기 천사는 각각 하늘의 광채로 빛난다.

14 정의로운 자가 문 앞에 나타나면, 죽어서 땅에 묻힐 때 입었던 수의를 벗고 영광의 구름옷을 입혀주며, 머리에는 2개의 관을 씌우고, 손에는 도금양나무 7개를 쥐어주며, 자신의 처소로 가라고 한다.

15 부활한 정의로운 자들은 그 공적에 따라 각각 천개(天蓋)를 받는데, 그 아래서 네 줄기 강이 흘러나오고, 각 천개는 포도넝쿨로 뒤덮이고, 거기 진주 서른 개가 매달려 있으며, 진주는 각각 비너스처럼 찬란하게 빛난다.

16 각 천개 아래 보석과 진주의 테이블이 있고, 60명의 천사가 시중을 들면서 말한다.
"가서 기꺼이 꿀을 드세요. 당신은 토라를 열심히 따랐고, 정의롭게 살았기 때문입니다."

17 그곳에는 빛이 없다. 정의로운 자의 빛이 찬란하기 때문이다.

18 정의로움을 인정받은 부활한 자의 삶은 매일 네 가지의 단계를 거친다.

19 맨 처음에는 어린아이로 변해서 어린아이의 구역에 간다.

20 그곳에서 어린아이의 기쁨을 맛보고, 다음은 청년의 구역으로 간다.

21 청년의 구역에서는 청년의 희열을 느낀다.

22 그다음은 인생의 황금기인 어른이 된다.

23 어른에서 다시 노인의 구역으로 들어가, 각자 그곳의 즐거움을 맛본다.

24 낙원의 네 구석에는 각각 80만 그루의 나무가 있다.

25 가장 못난 나무도 향료나무보다 훨씬 좋다.

26 그곳에는 각각 60만 명의 천사가 감미로운 목소리로 노래하고, 낙원 한가운데 생명나무가 솟아있는데, 그 나무그늘이 낙원 전체를 덮는다.

27 그 위로 영광의 구름이 걸쳐있고, 바람이 사방에서 불어와 향기를 세상 이쪽에서 저쪽 끝으로 퍼뜨린다.

28 생명나무 아래 율법학자들이 앉아 토라를 설명한다.

29 학자들의 머리 위에도 각각 천개가 있는데, 하나는 별들의 천개이고, 다른 하나는 태양과 달의 천개이며, 천개 사이에 영광의 구름이 있다.

30 낙원 저 너머에서 에덴이 시작된다. 에덴은 310개의 세상과 일곱 종류의 경건한 사람들을 위한 일곱 개 구역을 가지고 있다.

31 첫 번째 구역에는 랍비 아키바와 그 동료 같은 '정권의 희생물인 순교자들'이 사는 곳이고, 다섯 번째는 회개한 자들이 사는데, 이 사람들은 가장 경건한 자마저 차지할 수 없는 자리를 차지하고 산다.

제6장

1 네 번째 날에 태양과 달과 별들을 창조했다.

2 이 천체들은 사실상 넷째 날 창조된 것이 아니라, 첫째 날 창조되었다.

3 네 번째 날 하늘의 자리를 지정받았을 뿐이다.

4 처음에는 태양과 달이 동등한 특권을 누렸다.

5 달이 하나님께 질문했다.
"주님, 왜 세상을 베트 글자로 창조하셨습니까?"

6 "세상이 두 개라는 것을 피조물에게 보여주기 위해서 그랬다."

7 "그러면 주님, 둘 중 어느 세상이 더 큽니까? 이 세상입니까? 아니면 앞으로 올 세상입니까?"

8 "앞으로 올 세상이 더 크다."

9 "주님께서 2개의 세상을 만들고, 하늘과 땅을 만들었으며, 불과 물을 창조하셨습니다. 앞으로 올 세상이 지금의 세상보다 더 크고, 하늘이 땅보다 더 위대합니다. 모든 것을 그렇게 우열을 두어 창조하셨는데, 왜 태양과 달을 동등하게 만드셨습니까?"

10 그러자 주님이 노기를 띠고 말씀했다.

"무슨 말인지 알겠다. 너는 달을 태양보다 더 우월하게 만들었어야 한다는 말이지? 그 오만함으로 인해 너는 앞으로 지금 가진 영광의 60분지 1만 누리게 될 것이다."

11 "말 한마디 잘못했다고 그렇게 지독한 벌을 받아야 합니까?"

12 하나님이 누그러져서 다시 선언하셨다.

"앞으로 올 세상에서는 네 빛을 회복시켜 다시 태양의 빛과 같게 해주겠다."

13 그러나 달은 만족지 못하고 다시 욕심을 부린다.

"오, 주님! 미래의 세상에서 태양의 빛은 얼마나 위대합니까?"

14 하나님의 분노가 다시 발동했다.

"뭐라고? 아직도 너는 태양을 거슬러 경쟁을 하겠다는 것이냐? 앞으로 올 세상에서 태양의 빛은 지금 발하는 그 빛의 7배가 될 것이다."

15 태양은 자기 궤도를 신랑처럼 달린다. 태양이 매일 여행할 때마다 96명의 천사가 여덟 시간 교대로 따라가며 동행하는데, 왼쪽에 둘, 오른쪽에 둘, 앞뒤에도 각각 둘씩 따라붙는다.

16 태양은 너무 힘이 세서 자기 궤도를 단숨에 달린다. 그래서 365명의 천사가 그만한 쇠줄로 붙잡아 그 속도를 저지시킨다.

17 그러나 태양의 기세에 딸려 하루에 한 명의 천사가 그 쇠줄을 놓친다.

18 그렇게 해서 태양이 자기 궤도를 한 바퀴 도는 데 365일이 걸린다.

19 궤도 위에서 태양이 달리는 힘은 끊임없이 바쳐지는 찬송가의 힘이다.

20 찬송가가 들려오지 않으면 태양도 달리기를 멈춘다.

21 여호수아가 태양을 멈춘 것은, 그 시간에 천사들의 찬송이 잠시 멈췄기 때문이다.

22 태양의 얼굴은 둘이다. 하나는 불타는 얼굴로 땅을 향하여 있고, 하나는 우박의 얼굴로 반대 방향을 향하고 있다.

23 우박의 얼굴이 불타는 얼굴을 식혀주는 역할을 하는바, 땅이 불타지 않는 것이다.

24 태양은 무수한 별들이 붙어있는 하늘의 바퀴에 그 몸을 부딪치며 달린다. 그 부딪치는 마찰의 소리가 어마어마하지만, 사람의 귀에 들리지 않는다.

25 마찬가지로 천사들의 노랫소리도 사람의 귀에 들리지 않는다.

26 천사들은 이렇게 노래한다. 태양에 새겨진 표현할 수 없는 그 이름을 만물이 흠송하지만, 하나님께 영광을 드릴 줄 모르는 사람의 아들들은 저주를 받을 것이다.

27 태양과 하늘의 바퀴가 마찰을 일으킬 때, 햇살 속에서 춤추는 티끌들이 만들어진다.

28 이 티끌들은 병자에게 치료를 가져다주며, 네 번째 날에 만들어진 것들 중에서 유일하게 건강을 주는 물질이다.

29 달이 태양과 동등하던 자리에서 추락할 때, 달에서 조그마한 조각들이 떨어져 나와 별이 되었다.

제7장

1 다섯 번째 날 하나님이 불과 물의 두 요소를 꺼내 바다의 물고기를 창조했다.

2 물속의 동물이 지상의 동물보다 더 많다.

3 족제비를 제외하면 지상의 모든 종류가 물속에도 대비되는 종류가 있고, 그 외에 물속에서만 발견되는 많은 종류가 있다.

4 바다의 짐승을 지배하는 것은 레비아탄이다.

5 다른 모든 물고기들과 함께 레비아탄도 다섯 번째 날 창조되었다.

6 레비아탄도 원래 다른 짐승들처럼 암컷과 수컷이 있었다.

7 그러나 그 한 쌍의 괴물이 힘을 합해 온 땅을 파괴할 듯이 보이자, 하나님이 암컷을 죽여 버렸다. (…)

8 레비아탄은 너무 크기 때문에 그 갈증을 해소하기 위해 요단강에서 바다로 흐르는 모든 물이 필요하다.

9 배가 고프면 콧구멍에서 뜨거운 김을 내뿜어 거대한 바다의 물을 뜨겁게 끓어오르도록 한다.

10 레비아탄은 단순히 크고 힘이 센 것만 아니라, 지느러미가 찬란한 빛을 내뿜는데, 태양마저 그 빛에 희미해진다.

11 또 그 눈에서 거대한 광채가 나와 바다가 갑자기 그 광채로 환해지는 일이 자주 일어난다.

12 이 놀라운 짐승이 하나님의 장난감이 된 것은 하나도 이상하지 않다.

13 하나님은 한가한 시간엔 이 장난감을 가지고 놀면서 시간을 보낸다.

14 레비아탄을 역겹게 만든 것이 딱 하나 있는데, 그것은 악취다.

15 그 악취가 하도 지독해서, 만일 그 악취가 낙원에 이른다면, 낙원은 거주가 불가능한 곳이 될 것이다.

16 레비아탄의 진정한 목적은, 앞으로 올 세상에서 경건한 자들의 맛있는 음식으로 제공되는 데 있다.

17 암컷은 살해되자마자 소금물에 들어가, 그 살코기가 필요할 때까지 보존된다.

18 수컷은 잡아먹히기 전에 구경꾼에게 유쾌한 구경거리를 제공하는 것이 그 운명이다.

19 레비아탄에게 마지막 시간이 닥치면, 하나님이 그 괴물과 싸우라고 천사들을 소집할 것이다.

20 그러나 레비아탄이 쏘아보자마자 천사들은 공포와 실망으로 전쟁터에서 달아날 것이다.

21 낙담하여 천사들이 싸움을 포기하면, 하나님이 레비아탄과 베헤모트의 대결을 명령할 것이다.

22 목적은 둘 다 죽는 것이다.

23 레비아탄의 지느러미에 맞아서 베헤모트가 죽고, 레비아탄은 베헤모트의 꼬리에 맞아서 죽는다.

24 레비아탄의 가죽으로 예루살렘을 덮는 천개를 만들고, 거기서 흘러나오는 빛이 온 세상을 비추며, 경건한 자들의 미각을 충족시키고,

남은 레비아탄의 살은 다른 나머지 사람들에게 나눠줘 거래가 이루어질 것이다.

25 같은 날 물고기와 함께 새가 창조되었다. 이 두 종류의 짐승은 긴밀한 유대를 가지고 있다. 물고기는 물에서 만들어졌고, 새는 물이 가득 찬 늪지대에서 만들어졌다.

26 레비아탄이 물고기의 왕이 되었듯이, 지즈가 모든 새를 다스리도록 지정되었다. 지즈는 레비아탄처럼 거대한 괴물이다.

27 물고기가 물에서, 새가 물과 혼합된 진흙에서 나왔듯이, 포유류는 단단한 흙에서 나왔다.

제8장

1 베헤모트는 포유류를 대표하는 동물로, 바다의 레비아탄만큼 힘이 센 괴물이라 그 증가를 막아야 했다.

2 그래서 수컷이 태어나자마자 그 번식 욕구를 제거했다.

3 베헤모트도 최종적으로 경건한 사람들에게 맛있는 음식으로 제공되는 것이 목적이었다.

4 레비아탄과 베헤모트가, 목숨을 건 최후의 싸움을 하는 장면을 경건한 사람들이 볼 수 있도록 한 것은, 그들이 서커스와 검투사들의 싸움을 구경하고픈 욕구를 자제한 데 대한 보상이다.

5 레엠이란 괴물도 만들었는데, 이들은 단 한 쌍만 만들었다. 암컷과 수컷이 태어나자마자 동쪽과 서쪽에 멀리 떼어놓고, 70년 만에 한 번 만나 교미하게 한다.

6 교미 후에 수컷은 곧 죽고, 암컷은 새끼를 밴 지 12년이 지나 새끼를 낳는데, 역시 단 한 쌍의 새끼를 낳고 죽는다.

7 가장 놀라운 짐승 가운데 하나가 산(山)사람이다. 그 모양이 사람과 똑같지만, 탯줄에 의해 땅에 묶여있다. 그 탯줄이 허용하는 범위 안에서 산다. 탯줄이 끊어지면 곧 죽으며, 그 고기를 사람들이 먹기도 한다.

8 새 가운데는 불사조가 가장 놀라운 존재다. 불사조는 1000년을 살고 깃털이 빠지며, 몸집이 줄어 아주 작은 새가 된다. 이것이 새로운 새의 핵심이다. 불사조는 지구의 수호자라고 불린다.

9 태양과 함께 궤도를 달리며, 날개를 펴서 태양의 불타는 햇살을 잡는다.

10 불사조가 햇살을 막아주지 않는다면, 사람이나 다른 생명체가 하나도 살아남지 못할 것이다.

11 그 오른쪽 날개에 768㎞ 높이의 커다란 글씨로 이렇게 씌어있다.
"땅도 하늘도 아니고, 오직 불의 날개가 나를 만든다."

12 에녹이 하늘나라로 갈 때 이 불사조를 보았다. 그 모양이 사자의 다리와 꼬리를 가졌고, 머리는 악어처럼 생겼으며, 얼굴은 무지개처럼 자주색으로 빛나는 어마어마하게 큰 날짐승이었다.

제9장

1 하나님은 한마디 말로 충분했지만, 열 마디로 세상을 창조했다.

2 그 창조에 열 마디 말이 들어간 세상을 파괴하는 자에게 얼마나 혹

독한 벌이 내려질 것인가?

3 하나님의 말이 열 마디나 들어간 자연을 보존하는 정의로운 자에게 얼마나 큰 보상이 돌아갈 것인가?

4 사람이 피조물 가운데 제일 늦게 등장했음에도 불구하고, 이 세상은 사람들을 위해 창조되었다. 처음부터 그렇게 설계된 것이다.

5 하나님은 맛있는 음식들을 준비해 차려놓고 손님들을 초대한 주인이었다.

6 동시에 사람이 뒤늦게 세상에 나타난 것은 겸손을 권고하기 위한 순서이기도 했다.

7 그러므로 사람은 스스로 오만해지지 않도록 조심해야 한다.

8 그렇지 않으면 모기가 사람보다 먼저 창조되었다고 사람을 비웃을 수도 있다.

9 다른 창조물보다 사람이 우월함은 그 창조의 방법이 전혀 달랐다는 데서 드러난다.

10 하나님이 손으로 창조한 것은 사람밖에 없다. 나머지는 하나님의 말씀에서 나왔다.

11 사람의 몸은 작은 우주, 즉 온 세상의 축소판이고, 반대로 세상은 사람을 반영한 것이다.

12 사람은 하늘의 성질과 땅의 성질을 자기 안에서 하나로 결합한다.

13 네 가지에서 사람은 천사를 닮고, 네 가지에서 짐승을 닮는다.

14 말하는 능력, 분별하는 지능, 일어나 걷는 행동, 바라보는 시선은 사람을 천사처럼 만든다.

15 반면에 사람은 짐승처럼 먹고, 마시고, 배설하고, 종족을 번식하고 죽는다.

16 창조에 앞서서 하나님은 이렇게 말했다.

"천상의 존재들은 번식하지 않고 죽지 않는다. 지상의 존재들은 번식하고 죽는다. 나는 이 2가지를 결합하기 위해 사람을 창조하였다. 사람이 죄를 지으면, 즉 짐승같이 행동하면 죽음이 사람을 지배할 것이고, 사람이 죄를 짓지 않으면 영원히 살 것이다."

17 하나님은 하늘과 땅의 모든 존재에게 사람의 창조에 기여하라고 명령하고, 자신도 거기 참여했다.

18 하늘과 땅의 모든 것이 사람을 사랑할 것이며, 만일 사람이 죄를 지으면 그 보존에 관심을 기울일 것이다.

제10장

1 자신의 지혜로 사람을 창조하기로 한 하나님은, 그 계획을 실천에 옮기기 전에 자기 주변의 모든 의견을 물었다.

2 이는 사람에게 너무 위대하거나 뛰어난 척하지 말고, 비천하고 낮은 자들의 조언을 무시하지 말라고 모범을 보여준 것이다.

3 먼저 하늘과 땅, 그리고 자신이 창조한 모든 피조물, 맨 마지막에 천사들을 불러 물었다. 천사들의 의견이 통일되지 않았다.

4 사랑의 천사는 사람이 친절과 사랑을 베풀 것이기에 그 창조에 찬성했다.

5 그러나 사람이 거짓말로 가득 찰 것이므로 진리의 천사는 반대했다.

6 사람이 정의를 실천할 것이므로 정의의 천사는 찬성했지만, 사람이 싸우기를 좋아할 것이므로 평화의 천사는 반대했다.

7 하나님은 반대한 진리의 천사를 하늘에서 땅으로 추방했다.

8 다른 천사들이 동료를 수치스럽게 대한다고 항의하자 하나님이 말씀했다.
"진리가 땅에서 다시 솟아오를 것이다."

9 천사들이 사람의 진실한 모습을 전부 알았더라면, 항의가 더 거셌을 것이다.

10 하나님은 천사들에게 경건한 자에 대해서만 알려주고, 진실의 절반밖에 모르는 천사들의 항의에 고함을 질렀다.
"사람이 무엇이라고 그토록 염려해주고, 사람의 아들이 무엇이라고 그들을 방문한단 말인가?"

제11장

1 이윽고 천사들이 사람의 창조에 동의하자, 하나님이 가브리엘 천사에게 말씀하셨다.
"가서 땅의 네 구석의 먼지를 가져오라. 그것으로 내가 사람을 창조하겠다."

2 그러나 땅이 몸을 떨며 자기 먼지를 내주려 하지 않았다.
"나는 저주받을 운명이다. 사람을 통해 저주받도록 되어 있는데, 어떻게 먼지를 주어 사람을 창조하도록 바라볼 수 있단 말인가?"

3 그래서 하나님이 친히 땅의 네 귀퉁이 먼지를 가져다가 사람을 창조

했다. (…)

4 토라가 하나님께 말했다.

"주님, 당신이 창조하고 계신 사람은 사는 기간이 짧고, 그 짧은 기간
에도 잘못과 죄를 잔뜩 지을 것입니다. 그러니 당신의 관용과 인내
로 대할 목적이 아니라면, 창조하지 않는 것이 바람직합니다."

5 "내가 오래 참고 자비로운 분이라는 칭송을 근거 없이 받는 줄 아느
냐? 나는 사람의 세상이 오래 지속되도록 속죄의 장소에서 사람을
끄집어내겠다."

6 그리고 하나님은 앞으로 올 세상의 세대가 세워질 장소에서 먼지를
한 숟갈 퍼냈다.

제12장

1 하나님이 사람의 육체를 창조하신 것은, 그 영혼에게 기울인 정성에
비하면 아무것도 아니다.

2 사람의 영혼은 첫째 날 창조되었다. 하나님의 정신이기 때문이다.

3 그러므로 맨 마지막이 아니라, 실제로는 창조의 첫 작품이 사람이다.

4 이 정신, 또는 일반적으로 부르듯이 사람의 영혼은 5가지 상이한 능
력을 가지고 있다.

5 그 가운데 하나는, 영혼이 밤마다 몸에서 탈출하여 하늘로 올라가,
거기 있는 새로운 생명을 자신을 위해 가져오는 것이다.

6 아담의 영혼과 함께 인류의 모든 영혼이 창조되었다.

7 이 영혼은 일곱 번째 하늘의 창고에 저장되어 있고, 사람의 몸이 탄

생될 때마다 필요에 의해 꺼내 쓴다.

8 사람의 몸과 영혼이 결합하는 과정은 이렇다.

9 여인이 임신하면 밤의 천사 라일라가 하나님 앞에 정자를 가져간다.

10 하나님은 그 정자에서 어떤 사람이 나올지, 즉 남자인가, 여자인가? 강한가, 약한가? 부자인가, 가난한가? 아름다운가, 추한가? 긴가, 짧은가? 뚱뚱한가, 마른가? 그리고 다른 모든 성질을 선포한다.

11 다만 경건과 사악함만 사람 자신의 결정에 맡겨진다.

12 천사가 지적받은 영혼을 데려온다. 영혼이 하나님의 현존 앞에 나타나 허리를 굽혀 절하고 바닥에 엎드린다.

13 그때 하나님이 그 정자 속에 들어가라고 명령하신다.

14 그러나 영혼은 안 내켜 한다.

"오, 온 세상의 주님! 당신이 저를 창조하신 이래 저는 영혼의 집에서 만족하며 지냈습니다. 저는 거룩하고 순수하며, 당신의 영광의 일부입니다. 왜 이 불결한 정자 속에 들어가라고 하십니까?"

15 그때 하나님은 영혼을 위로한다.

"앞으로 네게 보여질 세상은 지금까지 네가 살아온 세상보다 더 좋은 것이다. 그리고 네가 창조된 목적은 이 목적을 위한 것이다."

16 그래서 영혼은 자기 뜻이 아니라, 억지로 정자 속에 들어가게 되고, 천사는 그 정자를 여인의 자궁으로 운반한다.

17 영혼이 그곳을 떠나지 못하도록 두 천사가 지키고, 영혼은 스스로의 빛으로 자신이 앞으로 살아갈 세상을 이쪽 끝에서 저쪽 끝까지 내다본다.

18 천사는 영혼을 데리고 낙원으로 가서, 거기 사는 경건한 자들을 보여주며, 토라의 가르침을 잘 준수하면 거기서 살게 될 것이고, 지옥으로 데리고 가서는, 그 반대의 신세가 될 것이라고 사전 교육을 시킨다.

19 그리고 어디서 태어나 어떻게 살다가 어찌 죽을지도 가르쳐주고, 9달 후에 어머니 뱃속에서 나올 때, 천사가 다시 나타나 열린 세상으로 나갈 때가 되었음을 알린다.

20 여전히 세상에 나가기를 싫어하는 영혼에게 다시 한 번 주의를 주고, 영혼의 빛을 끄고, 억지로 밀어내 바깥세상으로 나가게 한다.

21 아기는 즉시 영혼이 보고 배운 것을 모두 망각하고 울면서 세상에 나온다. 안전과 휴식의 보금자리를 잃었기 때문이다.

22 그리고 사람이 죽을 때가 되면, 그 천사가 나타나 나를 알아보겠느냐고 묻는다.

23 그러나 영혼은 태어날 때와 달리, 이 세상을 떠나는 것이 싫어서 다른 날 오지 왜 지금 왔느냐고 한다.

24 그리고 통곡을 하면, 그 울음소리가 세상 이 끝에서 저 끝까지 울려 퍼지지만, 수탉을 제외하고 아무도 듣지 못한다.

25 사람이 천사에게 언제는 이 세상에 억지로 내보내더니, 이제 와서 다시 이 세상에서 데려가느냐고 불평을 하면, 너는 네 뜻과 다르게 창조되었고, 네 뜻과 다르게 태어나며, 네 뜻과 다르게 죽을 것이라고 일러주지 않았느냐고 반박한다.

26 그리고 네 뜻과 다르게 그분 앞에서 평가받게 된다고 일러준다.

제13장

1 6일간 창조된 모든 피조물과 마찬가지로, 아담도 하나님의 두 손에서 완전히 성숙된 사람으로 나왔다.

2 아담은 갓난애가 아니라 20세가 된 남자였다.

3 그 체격은 하늘에서 땅에 이를 만큼 컸고, 동쪽에서 서쪽에 이를 만큼 거대했다.

4 그리고 그 아름다움에 있어서는 아담을 닮은 자가 아무도 없었다. (…)

5 아담은 자기에게 주어진 1,000년의 수명에서 70년을 떼어 다윗에게 주었다.

6 나를 지으신 하나님은 유일한 창조주로 잘못 인식되어 있지만, 전에도 말했듯이, 대천사 미가엘의 힘에 의해 지원받는 에너지 존재임을 세상에 알립니다.

7 나는 창조주 아버지 하나님의 존재 속에 있을 수가 없습니다(아무도 그럴 수 없습니다).

8 그러나 나는 하나님의 최초 피조물 가운데 미가엘 대천사라 불리는 이와 관계가 있으며, (…)

9 내가 여러분을 사랑하는 살아계신 하나님의 한 아들임을 아십시오.

10 하지만 내가 하나님의 유일한 아들이라고 그릇되게 추측하지는 마십시오.

11 창조의 연쇄 고리 속에서 여러분과 미가엘 대천사와의 관계는 아무리 강조해도 지나침이 없습니다.

12 여러모로 설명하기 어려운 그 사랑스러운 빛의 존재(미가엘 대천사)는 인간형 종족의 산파였던 것입니다.

13 다시 말해서 여러분의 혈통은, 영단(英斷)의 쓸모 있는 구성원들을 창조할 의도에서 빛과 사랑 속에서 시작되었던 것이지요.

14 아담의 지혜는 동물들에게 이름을 지어줄 때 나타났다.

15 아담은 천사들보다 더 많은 지혜를 발휘했다.

16 짐승들은 아담에게서 이름만 부여받은 것이 아니라, 다른 능력도 부여받았다. (…)

제14장

1 아담이 처음 눈을 뜨고 세상을 보았을 때, 하나님이 창조하신 세상을 보고 경탄했다.

2 그러나 세상의 생물들은 아담을 보고 경탄했다.

3 그리고 아담이 자기들 창조주라고 생각했다. (…)

4 하나님이 아담을 잠들게 한 후, 그 갈빗대에서 여자를 창조했다.

5 아담이 번식함으로써 하나님이 아님을 생물들이 알게 될 것이다. (…)

6 하와가 태어나기 전에 릴리트라는 여자를 아담의 아내로 주었다.

7 릴리트는 아담과 마찬가지로 땅의 먼지에서 창조된 존재였다.

8 그러나 남편과 동등한 권리를 주장했던바, 그 여자는 아담과 짧은 시간만 같이 살았다.

9 그 여자는 창조의 기원이 같다는 점을 들어 그러한 권리를 주장한 것이다.

10 말로 표현할 수 없는 이름을 릴리트가 말로 불렀다.

11 그 여자는 말로 표현할 수 없는 이름의 도움으로 아담을 떠나 공중으로 사라졌다.

12 하나님이 준 아내가 자신을 버렸다는 아담의 불평을 듣고, 하나님이 세 천사를 파견하여 그 여자를 잡아오라고 했다.

13 천사들이 릴리트를 홍해에서 발견했다.

14 돌아가지 않는다면, 릴리트의 자녀가 매일 100명씩 죽을 것이라고 위협했지만 돌아가지 않았다.

15 그 여자가 아이들을 해치면서 복수하려 했던바, 천사들이 아이들의 가슴에 부적을 달아 죽음을 면케 했다.

16 남자의 진정한 짝이 될 하와는 남자의 몸에서 태어났다.

17 여자가 오만해짐을 방지하기 위해 머리에서 만들지 않고, 여자가 음탕한 눈을 가지지 못하도록 눈에서 창조하지 않고, 무례하게 굴지 못하도록 목에서 창조하지 않았다.

18 남자 몸의 정결한 부분에서 여자를 만들었다.

19 여자의 사지와 내장을 만들면서 말했다.
"깨끗해라, 깨끗해라!"

20 하지만 여자는 하나님이 피하고 싶었던 모든 결점을 지녔다. (…)

21 남녀 양성 사이의 많은 차이점은, 남자는 땅에서 만들어지고 여자는 뼈에서 만들어진 때문이다.

제15장

1 에덴동산은 최초의 남자와 여자가 사는 곳이다.

2 모든 영혼은 죽은 뒤, 최종 목적지로 가기 전에 반듯이 이곳을 거쳐야 한다.

3 낙원(에덴)에는 생명나무와 지식나무가 있는데, 지식나무는 생명나무 주변에서 숲을 이룬다.

4 지식나무를 통해 스스로 길을 개척한 사람만이 생명나무에 다가갈 수 있다. (…)

5 너희는 많은 자녀를 낳고 번성하여 땅을 가득 채워라. 땅을 정복하라. (…)

6 그 나무 아래서 흘러나오는 물이 온 세상을 적신다.

7 거기서 갠지스, 나일, 유프라테스, 티그리스 등 4줄기의 강이 갈라진다.

8 그러나 창조 기간 동안은 모든 식물이 땅의 물에서 영양분을 찾았다.

9 그 후에 하나님은 비, 즉 위의 물에 식물이 의존하도록 만들었다. (…)

10 구름이 땅에서 하늘로 올라가면, 그 구름에 물이 퍼부어지고(다량의 수분을 모아서), 식물은 아담이 창조된 후 비로 물의 효과를 느꼈다.

11 식물이 3번째 날 창조되었음에도 불구하고, 그 식물에게 먹을 것을 주라고 아담이 기도하기 전에는, 하나님이 식물로 땅의 표면에서 싹 트고 나타나지 못하게 하였다.

12 에덴동산의 아담은 농사를 지을 필요가 없었다. (…)

13 아담은 들에서 나는 초록색 식물만 먹게 되었다.

14 짐승을 먹지 말라는 금지 조항은 대홍수 이후에 풀렸다.

15 그러나 아담은 천사들이 날라다 주는 육류와 포도주를 먹었다.

16 천사들이 하인처럼 시중을 들었던 것이다.

17 짐승들도 마찬가지였다. 모든 짐승이 전적으로 아담의 지배를 받았다.

18 아담과 하와의 손에서 먹을 것을 받아먹었다.

19 모든 면에서 짐승과 아담의 관계가, 아담 후손의 경우와 전혀 딴판이었다.

20 동물은 사람의 언어를 알아들었을 뿐만 아니라, 하나님의 이미지를 존경하고 최초의 남녀를 두려워했다.

21 사람의 타락 이후 이러한 관계가 모두 반대로 변한 것이다.

제16장

1 사람이 사는 지역 저 너머 동쪽에 7구역으로 된 낙원이 있는데, 경건성의 정도에 따라 각각 구역이 지정된다.

2 바다는 서쪽에 있고, 많은 다른 민족이 사는 섬들이 줄줄이 이어진다. (…)

3 바다 저 너머로는 뱀과 전갈이 득실거리고, 풀이든 나무든 식물이 하나도 없는 무한한 계단이 있다.

4 북쪽에는 지옥 불, 눈, 우박, 연기, 얼음, 암흑, 폭풍우가 무진장 모여 있고, 그 근처에 각종 악마와 악령들이 머물러 있다. (…)

제27권

유대인 율법

유대인은 율법을 중심으로 세워진 백성이다. 그들의 영광은 하나님께서 그들을 택하시고 주신 율법이라 여기며, 율법을 가장 귀중한 유산으로 여긴다. 율법은 하나님의 뜻이 담긴 하나님의 명령이다. 바울의 말대로 거룩하고 의로우며, 선하고 신령하다. 예수님은 율법을 폐하러 오신 것이 아니라 완성하려고 오셨다.

'천지가 없어지기 전에는 율법의 일점일획도 없어지지 않고 다 이룰 것이다.' (마태복음 5:18)

그러나 율법에 대하여 부정적으로 생각하는 사람도 있다. 율법을 믿음과 상반되는 개념으로 이해하기 때문이다. 바울도 율법에 대하여 부정적으로 말할 때가 있었다. 구원과 관련해서 말할 때는 아주 단호했다. 구원은 율법을 행함으로 받는 것이 아니라, 예수 그리스도를 믿음으로 얻는다는 것이다. 이는 율법 자체를 부정하거나 율법의 무용성을 말하는 게 아니다.

'우리가 믿음으로 율법을 폐합니까? 그럴 수 없습니다. 도리어 굳게 세웁니다.' (로마서 3:31)

구약성경에는 얼마나 많은 율법이 있는가? 이에 대해 아무도 단언할 수 없다. 사람의 관점에 따라서, 또는 분류하기에 따라서 다르기 때문이다. 중세의 랍비이자 사상가인 마이모니데스(Maimonides, 1135~1204)는 모세오경(토라)에서 613개의 율법을 최초로 분류하였다.

이 613개 율법은 '하라'는 긍정적 조문이 248개, '하지 마라'는 부정적 조문이 365개 있다. 248은 사람의 몸을 이루는 지체 수로 보았으며, 365는 1년의 날수를 뜻한다. 당시 유대인들은 숫자마다 상징적 의미를 부여하였다. 그는 창세기(1-3), 출애굽기(4-114), 레위기(115-361), 민수기(362-413), 신명기(414-613)에 기록된 율법을 순서대로 배열하였다. 그러다 보니 어떤 조문은 뭉뚱그려 기록된 경우도 있고, 더러는 같은 내용이 중복된 조문도 있다. 간혹 빠진 조문도 있어 역자가 성경을 찾아 채운 경우도 있다.

1 생육하고 번성하라(창 1:28).

2 모든 유대인 남자는 할례를 받아야 한다(창 17:10).

3 환도뼈의 큰 힘줄을 먹어서는 안 된다(창 32:32).

4 이달을 한 해의 첫째 달로 삼아 한 해를 시작하는 달로 하라(출 12:2).

5 유월절을 지키기 위해서 니산월(태양력 3, 4월) 14일 오후에 흠 없는 1년 된 수양이나 숫염소를 잡아야 한다(출 12:5-6).

6 유월절 양으로 바친 제물은 니산월 15일 밤에 먹어야 한다(출 12:8).

7 유월절에 먹는 양고기는 날로 먹거나 삶아 먹어서는 안 된다(출 12:9).

8 유월절 양고기는 다음날까지 남겨서는 안 된다(출 12:10).

9 유월절에는 누룩을 제거해야 한다(출 12:15).

10 누룩 없는 떡(무교병)을 니산월 15일 먹어야 한다(출 12:18).

11 유월절 기간 동안 누룩으로 만든 떡을 먹어서는 안 된다(출 12:19).

12 유월절에는 조금이라도 누룩이 섞인 떡을 먹지 말라(출 12:20).

13 변절한 유대인이나 이교도들은 유월절 양을 먹지 못한다(출 12:43).

14 임시로 거주하는 외국인이나 고용된 외국인도 유월절 양을 먹지 못한다(출 12:43).

15 유월절 희생양의 고기는 집 안에서만 먹어야 한다(출 12:46).

16 양고기의 뼈를 꺾어서는 안 된다(출 12:46).

17 할례를 받지 않은 사람은 유월절 양을 먹지 못한다(출 12:48-49).

18 처음 태어난 것은 거룩하게 구별하여 하나님께 바쳐야 한다(출 13:2).

19 유교병(누룩 넣은 떡)을 먹어서는 안 된다(출 13:3).

20 유월절 이레 동안은 무교병을 먹고, 유교병이나 누룩을 다 없애야 한다(출 13:7).

21 아버지는 자녀들에게 유월절 저녁 식사 자리에서 출애굽 이야기를 들려주어야 한다(출 13:8).

22 나귀의 첫 새끼는 어린 양으로 대속해야 한다(출 13:13).

23 나귀를 양을 통해 대속하지 않으려면 그 목을 꺾어야 한다(출 13:13).

24 안식일에 걸을 수 있는 거리의 한계에 관한 규정을 지켜야 한다(출 16:29).

25 나는 너희를 이집트 땅, 너희가 종살이하던 곳에서 이끌어낸 너희 하나님 여호와이다(출 20:2).

26 다른 신들을 섬기지 말라(출 20:3).

27 우상을 만들지 말라(출 20:4).

28 우상에게 절하지 말라(출 20:5).

29 우상을 섬기지 말라(출 20:5)

30 하나님의 이름을 함부로 불러서는 안 된다(출 20:7).

31 안식일을 기억하라(출 20:8).

32 안식일에는 가족이나 종이나 객이라도 일을 시켜서는 안 된다(출 20:10).

33 부모를 공경하라(출 20:12).

34 살인하지 말라(출 20:13).

35 간음하지 말라(출 20:14).

36 도적질하지 말라(출 20:15).

37 거짓 증언하지 말라(출 20:13).

38 탐내지 말라(출 20:17).

39 너희는 나밖에 다른 신들을 섬기지 못한다. 은이나 금으로 신들의 우상을 만들지 못한다(출 20:23).

40 제단을 다듬은 돌로 만들어서는 안 된다(출 20:24-25).

41 제단에 올라가는 층계를 놓아서는 안 된다(출 20:26).

42 히브리 종은 일곱째 되는 해 자유하게 하라(출 21:2).

43 종의 보호에 관한 규정을 지켜라.

44 주인이 아내로 취하려고 산 여종이 마음에 안 들면 다시 그 아버지에게 돌려보내야 한다(출 21:8).

45 그 여종을 다시 파는 일이 있어서는 안 된다(출 21:8).

46 여종을 아들에게 주려고 샀으면 딸처럼 여겨야 한다(출 21:9)

47 사람을 때려죽인 자는 반드시 사형에 처해야 한다(출 21:12).

48 부모를 때리거나 저주하는 자는 반드시 사형에 처해야 한다(출 21:15, 17).

49 이웃에게 상해를 입힌 경우의 규정(출 21:18-19).

50 종을 상해하거나 죽였을 경우의 규정(출 21:20-21)

51 소가 사람을 받아 상해한 경우의 규정(출 21:28-32, 35-36)

52 소가 사람을 받아 죽인 경우의 규정(출 21:28-32, 35-36)

74 근거 없는 말을 해서는 안 된다(출 23:1).

75 거짓 증언을 하여 죄인의 편을 들어서는 안 된다(출 23:1)

76 다수의 사람들이 잘못을 저지를 때 그들을 따라가서는 안 된다(출 23:2).

77 다수의 사람들이 정의를 굽게 하는 증언을 할 때 그들을 따라가서는 안 된다(출 23:2).

78 정의로운 다수는 따라야 한다(출 23:2).

79 가난한 사람의 송사라고 해서 치우쳐 두둔해서도 안 된다(출 23:6).

80 너희를 미워하는 사람의 나귀가 짐에 눌려 쓰러진 것을 보거든, 그것을 내버려두지 말고 반드시 임자가 나귀를 일으켜 세우는 것을 도와주어야 한다(출 23:5).

81 너희는 가난한 사람의 송사라고 해서 그에게 불리한 판결을 내려서는 안 된다(출 23:6).

82 거짓 고발을 물리쳐라. 죄 없는 사람과 의로운 사람을 죽여서는 안 된다(출 23:7).

83 너희는 뇌물을 받아서는 안 된다(출 23:8).

84 안식년에는 농경지에 아무것도 심어서는 안 된다.

85 안식일에는 어떤 일도 해서는 안 된다.

86 다른 신들의 이름은 불러서도(기억해서도) 안 된다(출 23:13).

87 다른 신들의 이름은 입 밖에 내서도 안 된다(출 23:13).

88 너희는 한 해에 세 차례 나의 절기를 지켜야 한다(출 23:14).

89 너희는 나에게 바치는 희생 제물의 피를, 누룩을 넣은 빵과 함께 바

처서는 안 된다(출 23:18, 34:25).

90 절기 때 나에게 바친 기름을 다음 날 아침까지 남겨 두어서도 안 된다(출 23:18, 34:25).

91 첫 열매 중 가장 좋은 것으로 바쳐야 한다(출 23:19, 34:26).

92 너희는 새끼 염소를 그 어미의 젖으로 삶아서는 안 된다(출 23:19, 34;26).

93 팔레스타인의 7민족과 언약을 맺어서는 안 된다(출 23:23).

94 팔레스타인의 7민족에 속한 사람들은 히브리인들과 더불어 살아가지 못하도록 하여야 한다(출 23:34).

95 나에게 제물을 바치려거든 흙으로 제단을 쌓고 그 위에 번제물과 화목 제물로 너희의 양과 소를 바쳐라(출 20:24).

96 채들을 궤의 고리에 그대로 두고, 거기서 빼내지 말라(출 25:15).

97 그 상은 언약궤 앞에 놓고, 상 위에는 나에게 바치는 거룩한 빵을 항상 두도록 하라(출 25:30).

98 증거궤 앞에 쳐놓은 휘장 밖에 올리브 기름으로 등불을 밤에는 늘 켜두어야 한다(출 27:21).

99 대제사장의 예복에 대한 규정(출 28:2)

100 가슴받이가 에봇에서 떨어지지 않도록 해야 한다(출 28:28).

101 대제사장이 입을 옷은 목을 위하여 파놓은 구멍의 둘레를 찢어지지 않도록 튼튼하게 만들어야 한다(출 28:32).

102 제사장만이 속죄의 제물을 먹을 수 있다(출 29:33).

103 제사장은 아침저녁으로 분향단 위에 향을 피워야 한다(출 30:7-8).

104 분향단 위에는 향기로운 향을 피우는 일 외에 어느 것도 해서는 안 된다(출 30:9).

105 회막 세금에 관한 규정(출 30:13)

106 제사장은 회막에 들어가기 전 손발을 반드시 물로 씻어야 한다(출 30:19-20).

107 성별하는 기름을 만드는 방법에 대한 규정(출 30:25)

108 성별하는 기름은 아무에게나 부어서는 안 된다(출 30:32).

109 성별하는 기름을 만드는 방법으로 똑같은 기름을 만들어 다른 용도로 사용해서는 안 된다(출 30:32).

110 사사로이 쓰려고 유향을 만드는 방법과 똑같은 방법으로 향품을 만들어서는 안 된다(출 30:37).

111 우상 숭배자들과 언약을 맺어서 그들이 우상에게 바친 제물들을 먹게 되는 일이 없어야 한다(출 34:15).

112 안식일에 밭갈이하는 철이나 추수하는 철에 일해서는 안 된다(출 34:21).

113 새끼 염소를 그 어미의 젖으로 삶아서는 안 된다(출 34:26).

114 안식일에 불을 피워서는 안 된다(출 35:3).

115 번제(burnt offering, holocaust)에 대한 규례(레 1장)

116 곡식 제물에 대한 규정(레 2장)

117 곡식 제물에 누룩이나 꿀이 들어있어서는 안 된다(레 2:11).

118 모든 곡식 제물에 소금이 빠져서는 안 된다(레 2:13).

119 어떤 제물에도 소금을 빠뜨려서는 안 된다(레 2:13).

120 이스라엘 온 회중이 산헤드린의 잘못된 결정으로 죄를 범하게 되면 속죄 제물을 드려야 한다(레 4:13).

121 개인이 실수한 경우 속죄 제물을 바쳐야 한다(레 4:27-28).

122 증인이 자기가 본 것이나 알고 있는 것을 사실대로 증언하지 않고 은닉하면 그에 따른 책임을 져야 한다(레 5:1).

123 속죄 제물을 바쳐야 하는 규정.

124 새를 속죄 제물로 가져오면 그것은 다른 짐승을 제물로 가져온 경우와 달리, 제물을 바친 사람이 잡지 않고 제사장이 직접 그 목을 비틀어 잡아야 하는데, 이때 목이 떨어지게 해서는 안 된다(레 5:8).

125 가난하여 속죄 제물로 짐승이나 새를 바칠 수 없는 경우 밀가루를 바칠 수 있으나, 이때 제사장은 거기에 기름을 섞어서는 안 된다(레 5:11).

126 또 거기에 향을 얹어서도 안 된다(레 5:11).

127 제물을 바치다가 실수하여 죄를 범하면 바친 것의 20%에 해당하는 벌금을 내야 한다(레 5:15-16).

128 부정 계명(금지 계명)을 실수로 어긴 경우 속건 제물을 바쳐야 한다(레 5:17-18).

129 다른 사람의 물건을 불의하게 취한 경우의 규정(레 6:1-5).

130 남의 물건을 불의한 방법으로 취한 자는 모두 물어내야 한다(레 6:5).

131 제단의 재에 대한 규례(레 6:10-11)

132 제단의 불은 항상 피워져 있어야 한다(레 6:12).

133 제단의 불을 꺼뜨려서는 안 된다(레 6:12).

134 곡식 제물을 드리고 난 나머지는 제사장이 먹어야 한다(레 6:16).

135 제사장은 곡식 제물에 누룩을 넣고 구워서는 안 된다(레 6:17).

136 대제사장도 다른 사람들처럼 곡식 제물로 밀가루를 드려야 하는데, 그는 매일 그래야 했으며, 그것으로 아침저녁 빵을 구워 바쳐야 한다(레 6:20 이하).

137 제사장이 드리는 곡식 제물은 아무도 먹지 못한다. 그것은 다 태워 버려야 한다(레 6:23).

138 속죄 제물은 번제물을 드리는 장소에서 드려야 한다(레 6:25 이하).

139 성소에서 속죄해 주려고 제물의 피를 회막 안으로 가져왔을 때는, 어떤 속죄 제물도 먹어서는 안 된다(레 6:30).

140 속건 제물을 드릴 때의 규례(레 7:1 이하)

141 감사의 뜻으로 화목 제물을 바치는 경우 빵을 곁들여 바쳐야 한다(레 7:11-12).

142 화목 제물로 드린 것 가운데 감사 제물로 바친 고기는 그날 먹어야 하며 다음날까지 남겨서는 안 된다(레 7:15).

143 화목 제물로 드린 것 가운데 서원 제물이나 자원 제물로 바친 고기는 이틀째 되는 날까지 다 먹어야 하며, 사흘째 되는 날까지 그 희생 제물이 남아 있으면 불살라야 한다(레 7:17).

144 어떤 종류의 것이든(감사, 서원, 자원) 화목 제물로 드린 고기 중 사흘째 되는 날까지 남은 것을 먹어서는 안 된다(레 7:18).

145 어떤 종류의 화목 제물이든 불결한 것에 닿은 고기는 먹지 말아야

한다(레 7:19).

146 그리고 그것은 불에 태워야 한다(레 7:19).

147 동물의 기름기는 먹지 못한다(레 7:23).

148 어떤 피든지 먹어서는 안 된다(레 7:26).

149 제사장은 머리를 풀어서는 안 된다(레 10:6),

150 그는 옷을 찢어 애도를 표해서도 안 된다(레 10:6).

151 제사장은 성전(성소)에서 일하는 동안 밖으로 나가서는 안 된다(레 10:7).

152 제사장은 성전(성소)에 들어가기 전 포도주나 독주를 마셔서는 안 된다(레 10:9, 11).

153 땅에서 사는 짐승들 가운데 새김질을 하면서 동시에 굽이 갈라진 것만 먹을 수 있다(레 11:2-4, 7).

154 낙타, 오소리, 토끼, 돼지 등과 같이 새김질을 하지 않거나 굽이 갈라지지 않은 짐승은 먹지 못한다(레 11:4).

155 물속에서 사는 동물 중 지느러미와 비늘이 있는 것은 먹을 수 있다(레 11:9, 12).

156 지느러미와 비늘이 없는 것은 먹지 말아야 한다(레 11:12).

157 새 가운데서 먹지 말아야 할 것(레 11:13).

158 곤충 가운데서 네 발로 걸으며 날개 달린 것은 먹지 못한다(레 11:21).

159 길짐승에 대한 규정(레 11:29 이하)

160 요리된 젖은 음식에 죽은 길짐승이 닿으면 먹지 못한다(레 11:34).

161 먹을 수 있는 짐승이라도, 그 주검을 만진 자는 저녁때까지 부정하다(레 11:39).

162 땅에 기어 다니는 길짐승은 먹지 말아야 한다(레 11:41-42).

163 과일이나 채소에 붙어사는 벌레는 먹지 말아야 한다(레 11:41-42).

164 물속에 기어 다니는 것들도 먹어서는 안 된다(레 11:46).

165 흙에서 생긴 벌레는 먹지 말아야 한다(레 11:44).

166 산모의 정결 예식에 관한 규정(레 12:1 이하)

167 제의적으로 부정하게 된 사람은 거룩한 음식을 먹을 수 없다(레 2:6).

168 아이를 낳은 여인이 정결 예식을 위해 바쳐야 할 제물(레 12:6-8)

169 제사장이 나병 여부를 확인하여야 한다(레 13:2).

170 백선이 머리나 턱에 생긴 경우, 백선이 난 자리만 빼고 털을 민 다음에, 백선이 생긴 그 환자를 이레 동안 격리해야 한다(레 13:33).

171 악성 피부병에 걸린 사람은 입은 옷을 찢고 머리를 풀어야 하며, '부정하다', '부정하다'고 외쳐야 한다(레 13:45).

172 천이나 가죽 제품에 곰팡이가 생긴 경우의 규정(레 13:47-59)

173 악성 피부병이 나은 경우 제사장이 확인해야 한다(레 14:2, 3).

174 악성 피부병이 나은 사람은 이레 후에 모든 털을 밀어야 한다(레 14:9).

175 또한 그는 옷을 빨고 목욕해야 한다(제175계명; 레 14:9).

176 악성 피부병을 고침받은 사람이 바쳐야 할 제물(레 14:10 이하)

177 건물에 생기는 악성 곰팡이에 관한 규정(레 14:34 이하)

178 성기에서 고름이 계속 흐르는 남자는 부정한 사람이며, 그와 접촉하는 모든 물건이나 사람도 부정하게 된다(레 15:1-12).

179 고름이 멎은 경우 정결례를 행해야 한다(레 15:13-15).

180 남자가 실수로 정액을 흘린 경우의 규정(레 15:16 18)

181 월경에 관한 규정(레 15:19 이하)

182 여자가 계속 피를 흘리면 부정하게 여겨야 하며, 그녀와 접촉하는 사람도 부정하게 된다(레 15:2 이하).

183 여자의 병이 나은 후 정결례를 행해야 한다(레 15:25 이하).

184 보통 때 지성소에 들어가서는 안 된다(레 16:2).

185 속죄일에 드리는 제사에 관한 규정(레 16장).

186 희생 제물은 성전(성소)에서만 드려야 한다(레 17:3-4).

187 짐승의 피는 땅에 묻어야 한다(레 17:13).

188 가까운 살붙이의 몸을 범하면 안 된다(레 18:6).

189 아버지의 몸을 범하면 안 된다(레 18:7).

190 어머니의 몸을 범하면 안 된다(레 18:7).

191 아버지가 데리고 사는 여자의 몸을 범하면 안 된다(레 18:8).

192 누이의 몸을 범하면 안 된다. 누이가 아버지의 딸이든지 어머니의 딸이든지, 그녀를 범하면 안 된다(레 18:9).

193 손녀나 외손녀의 몸을 범하면 안 된다(레 18:10).

194 아버지가 낳은 딸의 몸을 범하면 안 된다(레 18:10).

195 딸의 몸을 범하면 안 된다(참조. 레 18:10).

196 아버지가 데리고 사는 여자가 낳은 딸을 범해도 안 된다. 즉 배다른 누이를 범해도 안 된다(레 18:11).

197 고모의 몸을 범해도 안 된다(레 18:12).

198 이모의 몸을 범해도 안 된다(레 18:13).

199 숙모의 몸을 범해도 안 된다(레 18:14).

200 숙모의 몸을 범하는 것은 삼촌을 부끄럽게 하는 것이다(레 18:14).

201 며느리의 몸을 범해도 안 된다(레 18:15).

202 형수나 제수의 몸을 범해도 안 된다(레 18:16).

203 같이 사는 여자의 딸의 몸을 범해도 안 된다(레 18:17).

204 같이 사는 여자의 손녀의 몸을 범해도 안 된다(레 18:17).

205 같이 사는 여자 외손녀의 몸을 범해도 안 된다(레 18:17).

206 아내가 살아있는 동안 아내의 형제를 첩으로 데려다 살아서는 안 된다(레 18:18).

207 여자가 월경을 하는 경우 동침해서는 안 된다(레 18:19).

208 자녀를 몰렉에게 바쳐서는 안 된다(레 18:21).

209 동성애 금지에 관한 규정(레 18:22)

210 남자들은 짐승과 교접해서는 안 된다(레 18:23).

211 여자들도 짐승과 교접해서는 안 된다(레 18:23).

212 부모를 두려워하라(레 19:3).

213 우상을 의지하지 말라(레 19:4).

214 쇠를 녹여 신상을 만들어서도 안 된다(레 19:4).

215 제물로 바친 것들은 그날 다 먹어야 한다(레 19:6).

216 농작물이나 과수를 거둬들일 때 조금은 남겨 두어야 한다(레 19:9-10).

217 그것을 다 거둬들여서는 안 된다(레 19:9-10).

218 농작물을 거둬들일 때 조금은 남겨 두어야 한다(레 19:9),

219 그것을 다 거둬들여서는 안 된다(레 19:9).

220 포도원의 포도를 조금은 남겨 두어야 한다(레 19:10),

221 그것을 다 거둬들여서는 안 된다(레 19:10).

222 포도밭에 떨어진 포도는 그대로 남겨 두어야 한다(레 19:10).

223 그것을 다 주워서는 안 된다(레 19:10).

224 훔치지 말라(레 19:11).

225 사기하지 말라(레 19:11).

226 속이지 말라(레 19:11).

227 거짓 맹세를 하지 말라(레 19:12).

228 이웃을 억누르지 말라(레 19:13).

229 이웃의 것을 빼앗지 말라(레 19:13).

230 품삯은 그날 지불해야 한다(레 19:13).

231 듣지 못하는 사람을 저주해서는 안 된다(레 19:14).

232 눈이 먼 사람 앞에 걸려 넘어질 것을 놓아서는 안 된다(레 19:14).

233 재판관은 공정하지 못한 재판을 해서는 안 된다(레 19:15).

234 누구도 편들어서는 안 된다(레 19:15).

235 그는 반드시 공정한 재판만을 해야 한다(레 19:15)).

236 남을 헐뜯는 말을 하고 다녀서는 안 된다(레 19:16).

237 이웃의 생명을 위태롭게 해서는 안 된다(레 19:16).

238 미워하는 마음을 품어서는 안 된다(레 19:17).

239 이웃이 잘못을 하면 반드시 타일러야 한다(레 19:17).

240 그를 타이르며 부끄럽게 해서는 안 된다(레 19:17).

241 이스라엘 백성끼리 원수 갚는 일이 있어서는 안 된다(레 19:18).

242 앙심을 품어서는 안 된다(레 19:18).

243 이웃을 네 몸과 같이 사랑하라(레 19:18).

244 가축 가운데서 다른 종류끼리 교미시켜서는 안 된다(레 19:19).

245 밭에다가 서로 다른 두 종류의 씨앗을 함께 뿌려서는 안 된다(레 19:19).

246 할례받지 못한 과일에 관한 규정(레 19:23)

247 거룩한 과일에 관한 규정(레 19:24)

248 피째 먹어서는 안 된다(레 19:26).

249 점을 쳐서도 안 된다(레 19:26).

250 마법을 써서도 안 된다(레 19:26).

251 관자놀이의 머리를 둥글게 깎아서는 안 된다(레 19:27).

252 구레나룻을 밀어서는 안 된다(레 19:27).

253 몸에 문신을 새겨서는 안 된다(레 19:28).

254 성소를 속되게 하지 말라(레 19:30).

255 혼백을 불러내는 사람에게 가지 말아야 한다(레 19:31).

256 점을 치는 사람에게 가서도 안 된다(레 19:31; 20:6).

257 어른을 공경하라(레 19:32).

258 길이나 무게, 양을 잴 때 바른 기구를 사용하여야 한다(레 19:35).

259 그리고 정확하게 재야 한다(레 19:36).

260 부모를 저주하는 자는 사형에 처해야 한다(레 20:9).

261 남자가 그의 아내와 장모를 함께 취하면 그들은 모두 화형에 처해야 한다(레 20:14).

262 이교도들의 풍속을 따르지 말라(레 20:23).

263 제사장이 주검을 만져 자신을 더럽혀서는 안 된다.

264 그러나 가족의 주검은 만질 수 있다(레 21:1-4).

265 주검을 만져 부정하게 된 제사장은 제의적 목욕을 한 뒤 그날 저녁
에 제사 음식을 먹을 수 있다(레 21:6, 22:7).

266 제사장은 창녀와 결혼해서는 안 된다(레 21:14-15).

267 제사장은 부정한 여자와 결혼해서도 안 된다(레 21:7).

268 제사장은 이혼한 여자와 결혼해서도 안 된다(레 21:7).

269 제사장을 거룩하게 여겨야 한다(레 21:8).

270 대제사장은 어떤 주검에도 가까이 가서는 안 된다(레 21:11).

271 대제사장은 가족의 주검에도 가까이 가서는 안 된다(레 21:11).

272 대제사장은 처녀와 결혼해야 한다(레 21:13).

273 대제사장은 과부와 결혼해서는 안 된다(레 21:14).

274 대제사장은 이혼한 여자와 결혼해서도 안 된다(레 21:14).

275 아론의 후손 가운데 몸에 영구적인 흠이 있는 사람은 제사를 드리
는 일을 할 수 없다(레 21:17).

276 일시적인 흠이 있는 제사장도 다 나을 때까지 제사드리는 일을 할
수 없다(레 21:17).

277 또한 이러한 사람들은 휘장 안으로 들어가거나 제단에 가까이 나
아갈 수 없다(레 21:23).

278 부정한 제사장은 제사를 드릴 수 없다(참조. 레 22:2).

279 그는 성물(聖物)을 먹을 수 없다(레 22:4).

280 제사장이 아닌 사람들은 성물을 먹을 수 없다(레 22:10).

281 제사장이 데리고 있는 나그네나 품꾼도 성물을 먹을 수가 없다(레 22:10).

282 할례받지 않은 제사장은 성물을 먹을 수 없다(레 22:10 이하).

283 제사장의 딸이라도 여느 남자에게 시집간 사람은 성물을 먹을 수 없다(레 22:12).

284 테벨(tevel, 좋지 않은 것)은 먹지 말아야 한다(레 22:16).

285 흠이 있는 짐승을 거룩하게 해서는 안 된다(레 22:19).

286 모든 제물은 흠이 없어야 한다(레 22:20-21).

287 제물에 흠이 생기게 해서는 안 된다(레 22:21).

288 흠이 있는 짐승의 피를 제단에 뿌려서는 안 된다(레 22:22).

289 흠이 있는 짐승을 잡아서는 안 된다(레 22:22).

290 흠이 있는 짐승의 내장을 불살라서는 안 된다(레 22:22).

291 거세(去勢)해서는 안 된다(레 22:24).

292 이방인이라도 흠 없는 짐승을 바쳐야 한다(레 22:25).

293 제물로 바치는 짐승은 태어난 지 여드레가 지나야 한다(레 22:27).

294 제물로 짐승을 바칠 때, 어미와 새끼를 같은 날 잡아서는 안 된다(레 22:28).

295 하나님의 이름을 욕되게 해서는 안 된다(레 22:32).

296 하나님의 이름이 거룩히 여김을 받도록 해야 한다(레 22:32).

297 유월절 첫날은 쉬어야 한다(레 23:7).

298 유월절 첫날은 생업을 위해 일해서는 안 된다(레 23:7).

299 유월절 기간에는 계속 번제를 드려야 한다(레 23:8).

300 유월절 기간 중 이레째 되는 날 다시 쉬어야 한다(레 23:8).

301 그날은 생업을 위해서 일해서는 안 된다(레 23:8).

302 유월절 둘째 날에는 첫 열매를 제사장에게 가져가야 하고, 제사장은 그것을 흔들어 바쳐야 한다(레 23:10).

303 첫 곡식 단을 바치기 전에는 거둬들인 곡식을 아무것도 먹어서는 안 된다(레 23:14).

304 첫 곡식 단을 바치기 전에는 볶은 곡식도 먹어서는 안 된다(레 23:14).

305 또한 햇곡식도 먹어서는 안 된다(레 23:14).

306 곡식 단을 흔들어 바친 그날부터 49일이 되는 때까지 매일매일 날을 세어야 한다(레 23:15).

307 오순절에는 햇곡식으로 만든 빵 두 개를 바쳐야 한다(레 23:17).

308 오순절에는 쉬어야 한다(레 23:21).

309 오순절에는 생업을 위해 어떤 일도 해서는 안 된다(레 23:21).

310 새해 첫날(일곱째 달 초하루)은 쉬어야 한다(레 23:24).

311 새해 첫날에 일해서는 안 된다(레 23:25).

312 새해 첫날은 불살라 바치는 제물을 드려야 한다(레 23:25).

313 속죄일에는 금식해야 한다(레 23:27).

314 속죄일에는 불살라 바치는 제물을 드려야 한다(레 23:27).

315 속죄일에는 어떤 일도 해서는 안 된다(레 23:28).

316 속죄일에는 어떤 것도 먹거나 마셔서는 안 된다(레 23:29).

317. 속죄일에는 쉬어야 한다(레 23:32).

318 초막절 첫날에는 일을 해서는 안 된다(레 23:35).

319 초막절에는 어떤 종류의 일을 해서도 안 된다(레 23:35).

320 초막절 절기 동안 매일 불살라 바치는 제물을 드려야 한다(레 23:36).

321 초막절 여드레째 되는 날에는 쉬어야 한다(레 23:36).

322 초막절 여드레째 되는 날에는 불살라 바치는 제물을 드려야 한다(레 23:36).

323 초막절 여드레째 되는 날에는 생업을 위해 일해서는 안 된다(레 23:37).

324 초막절 첫날에는 좋은 나무에서 난 열매와 종려나무 가지, 무성한 나뭇가지, 갯버들을 가져와야 한다(레 23:40).

325 초막절 기간에는 이레 동안 초막에서 지내야 한다(레 23:42).

326 안식일에 땅을 놀려야 한다(레 25:4).

327 안식년에 포도원을 가꾸어서도 안 된다(레 25:4).

328 안식년에 저절로 열린 곡식을 거둬들여도 안 된다(레 25:5).

329 안식년에 저절로 열린 과일을 거둬들여도 안 된다(레 25:5).

330 안식년을 일곱 번 세어야 한다(레 25:8).

331 속죄일에는 뿔 나팔을 불어야 한다(레 25:9).

332 50년째 되는 해(희년)를 거룩히 여기라(레 25:10).

333 희년에 심거나 거둬서는 안 된다(레 25:11).

334 희년에 저절로 열린 포도를 거둬들이면 안 된다(레 25:11).

335 희년에 저절로 맺힌 열매를 필요 이상으로 거둬들이면 안 된다.

336 무엇을 사거나 팔 때 부당한 이익을 남겨서는 안 된다(레 25:14).

337 속이지 말라(레 25:14).

338 말을 함부로 하여 이웃에게 상처를 주어서는 안 된다(레 25:17).

339 땅을 아주 팔지는 못한다(레 25:23).

340 희년에는 땅을 본래의 주인에게 돌려주어야 한다(레 25:24).

341 성곽 안에 있는 집을 판 경우 1년 안에는 언제든지 다시 살 수 있지
만, 1년이 지나면 그렇게 할 수 없다. 희년이 되어도 집은 본래의 주
인에게 돌아가지 않는다(레 25:29, 30).

342 레위 사람의 땅과 집에 관한 규정(레 25:32-34).

343 가난한 사람에게 이자를 취해서는 안 된다(레 25:36, 37).

344 가난하여 종이 된 동족(同族)에게 노예를 부리듯 해서는 안 된다(레
25:39).

345 동족인 종은 팔 수 없다(레 25:42).

346 동족인 종을 심하게 부려서는 안 된다(레 25:43).

347 종이 가나안 사람인 경우 영원히 부릴 수 있다(레 25:46).

348 이교도들에게 동족이 종으로 팔려갔으면, 값을 치르고 그를 다시
되찾아야 한다(레 25:53).

349 조각한 석상에게 절을 해서는 안 된다(레 26:1).

350 하나님께 사람을 바치기로 서원해 놓고 돈으로 바치는 경우의 규정
(레 27:2-9).

351 제물은 바꿔치기할 수 없다(레 27:10).

352 바꿔치기한 제물은 본래의 제물과 바꿔치기한 제물 둘 다를 드려
야 한다(레 27:10).

353 제물로 바치기로 했던 짐승 대신에 돈으로 바칠 경우에 대한 규정 (레 27:9-14)

354 주께 바치기로 한(또는 바친) 집 대신에 돈으로 바칠 경우의 규정(레 27:14).

355 주께 바치기로 한(또는 바친) 땅 대신에 돈으로 바칠 경우에 대한 규정(레 27:16).

356 짐승의 맏배 대신 더 좋은 것이라 하여 다른 것을 바쳐서는 안 된다(레 27:26).

357 주께 바친 것은 무를 수 없다(레 27:28).

358 주께 바친 땅은 팔 수 없다(레 27:28).

359 주께 바친 땅은 무를 수도 없다(레 27:28).

360 가축의 십일조를 드리는 것에 관한 규정(레 27:32).

361 십일조로 드려야 할 가축을 팔아서는 안 된다(레 27:33).

362 악성 피부병 환자와, 고름을 흘리는 사람과 주검에 닿아 부정을 탄 사람은 모두 진에서 내보내야 한다(민 5:2).

363 하나님이 머물고 계신 진을 더럽혀서는 안 된다(민 5:3).

364 남에게 잘못을 한 사람은 그가 저지른 잘못을 고백하고 피해자에게 배상을 해야 한다(민 5:6, 7).

365 아내의 간통을 밝히는 절차에 관한 규정(민 5:12-28)

366 아내의 간통을 밝히기 위해 바치는 제물에는 기름을 부을 필요가 없다.

367 그 제물에는 향을 얹을 필요도 없다(민 5:15).

368 나실인은 포도주와 독한 술을 삼가야 한다(민 6:3).

369 나실인은 포도를 먹어서는 안 된다(민 6:3).

370 그는 마른 포도를 먹어서도 안 된다(민 6:3).

371 나실인은 포도 씨를 먹어서도 안 된다(민 6:4).

372 그는 포도 껍질을 먹어서도 안 된다(민 6:4).

373 나실인은 머리를 깎아서는 안 된다(민 6:5).

374 그는 머리를 길게 자라게 내버려두어야 한다(민 6:5).

375 나실인은 죽은 사람이 있는 방에 들어가서는 안 된다(민 6:6).

376 그는 가족이 죽었을 때도 죽은 사람이 있는 방에 들어갈 수 없다 (민 6:7).

377 나실인은 서약 기간이 끝나면 머리를 자르고 제물을 바쳐야 한다 (민 6:13-14).

378 제사장은 매일 이스라엘을 축복해야 한다(민 6:23).

379 법궤는 제사장이 어깨에 메고 옮겨야 한다(민 7:9).

380 유월절을 지키지 못한 사람은 한 달 후에 다시 지켜야 한다(민 9:10).

381 두 번째 유월절(또는 작은 유월절)을 지키는 사람들은, 누룩을 넣지 않고 만든 빵과 쓴 나물, 유월절 양을 함께 먹어야 한다(민 9:11).

382 그들은 다음 날 아침까지 아무것도 남겨서는 안 된다(민 9:12).

383 희생양의 뼈를 부러뜨려서는 안 된다(민 9:12).

384 성소에서는 날마다 나팔을 불어야 한다(민 10:8).

385 처음 거둬들인 곡식으로 만든 과자를 제사장에게 드려야 한다(민 15:18-20).

386 옷자락 끝에 술을 만들어 달아야 한다(민 15:38).

387 마음 내키는 대로 따라가거나 눈에 좋은 대로 따라가지 말아야 한다(민 15:39).

388 제사장과 레위인은 성소를 지켜야(보호해야) 한다(민 18:4).

389 제사장과 레위인은 각자 할 일을 해야 한다(민 4:19)

390 아무나 성소에서 일해서는 안 된다(민 18:4, 22).

391 일반인 성소에 접근하지 못하도록 지켜야 한다(민 18:40).

392 짐승의 맏배는 제사장의 몫으로 바치되, 사람과 부정한 짐승 가운데 처음 난 것은 속전을 대신 바쳐야 한다(민 18:15, 16)

393 정결한 짐승의 맏배는 속전을 받고 돌려주어서는 안 된다(민 18:15).

394 회막 일은 레위인이 하여야 한다(민 18:23).

395 십일조는 레위인에게 돌아간다(민 18:24).

396 레위인도 십일조를 드려야 한다(민 18:26).

397 붉은 암송아지에 관한 규례(민 19:2)

398 죽은 사람이 있는 곳에 들어가는 사람은 부정을 타게 된다(민 19:14).

399 부정을 탄 사람은 물로 정결하게 하여야 한다(민 19:20).

400 아들이 없는 경우 딸에게 유산을 상속하여야 한다(민 27:8).

401 번제는 날마다 아침과 저녁으로 1년 된 숫양 1마리씩 바쳐야 한다(민 28:3).

402 안식일에도 평상시와 같이 번제를 드려야 한다(민 28:9).

403 매달 초하루에는 수송아지 2마리, 숫양 1마리, 1년 된 숫양 7마리를 번제로 바쳐야 한다(민 28:11).

404 오순절(칠칠절)에 드려야 할 제물(민 28:26-31)

405. 신년(새해)에는 나팔을 불어야 한다(민 29:1).

406 서약의 효력이 없어지는 경우의 규정(민 30:3-9)

407 서약한 것은 지켜야 한다(민 30:2).

408 레위인에게 거할 성읍을 주어야 한다(민 35:2, 7).

409 살인자라도 그 자리에서 죽여서는 안 된다(민 35:12).

410 살인 혐의자를 도피성에 보내는 규정(민 35:25)

411 살인 사건의 경우 혐의자에게 사형을 내리기 위해서는 두 사람 이상의 증인이 있어야 한다(민 35:30).

412 살인자에게 돈을 받고 살려주어서는 안 된다(민 35:31).

413 대제사장이 죽기 전에, 도피성으로 피한 사람에게 속전을 받고 살던 곳으로 돌아가게 해서는 안 된다(민 35:32, 33).

414 토라를 잘 모르는 사람은 재판관이 될 수 없다(신 1:17).

415 재판관은 아무도 두려워해서는 안 된다(신 1:17).

416 다른 사람의 것을 탐내서는 안 된다(신 5:21).

417 하나님이 한 분이심을 선언하는 규정(신 6:4)

418 하나님을 사랑하라(신 6:5).

419 자녀에게 부지런히 주의 규례와 법도를 가르쳐라(신 6:7).

420 매일 쉐마(들으라)를 암송하라(신 6:7).

421 테필린(경문)을 손에 매라(신 6:8).

422 경문을 이마에도 붙이라(신 6:8).

423 집 문설주와 대문에 메주라(mezura)를 붙여라(신 6:9).

424 하나님과 예언자를 시험해서는 안 된다(신 6:16).

425 가나안의 7민족을 진멸해야 한다(신 7:2).

426 그들에게 자비를 베풀지 말라(신 7:2).

427 가나안의 7민족과 결혼해서는 안 된다(신 7:3).

428 이교도들의 신상을 불태우고, 그 위에 입힌 보석을 탐내서는 안 된다(신 7:25).

429 하나님이 증오하시는 것들을 집안에 끌어들여서는 안 된다(신 7:26).

430 먹을 것을 주신 하나님께 감사드려야 한다(신 8:10).

431 나그네를 사랑해야 한다(신 10:19).

432 항상 하나님을 경외하라(신 10:20).

433 하나님을 섬기라(신 10:20).

434 하나님께 가까이 하라(신 10:20).

435 맹세할 일이 있으면 하나님의 이름으로만 하라(신 10:20).

436 이교도들이 신을 섬기는 장소는 다 허물어야 한다(신 12:2).

437 거룩한 것을 없애서는 안 된다(신 12:4).

438 예루살렘에서 절기를 지킬 때 제물을 드려야 한다(신 12:6).

439 번제는 성전에서만 드려야 한다(신 12:13).

440 다른 제물도 마찬가지로 성전에서만 드려야 한다(신 12:14).

441 마음에 원하는 대로 짐승의 고기를 성 안에서 먹을 수 있다(신 12:15).

442 십일조로 2번째 바친 곡식은 예루살렘 밖에서 먹어서는 안 된다(신 12:17).

443 2번째 십일조로 바친 포도주를 마시면 안 된다(신 12:17).

444 기름도 마찬가지다(신 12:17).

445 소와 양의 처음 난 것도 예루살렘 밖에서 먹어서는 안 된다(신 12:17).

446 속죄제나 속건제로 드린 것도 성전 밖에서 먹어서는 안 된다(신 12:17).

447 번제물로 드린 것을 먹어서는 안 된다(신 12:17).

448 제물의 피를 뿌리기 전에 고기를 먹어서는 안 된다(신 12:17).

449 첫 열매로 바친 것은 일반인이 먹어서는 안 된다(신 12;17).

450 레위인을 저버려서는 안 된다(신 12:19).

451 짐승을 잡는 것에 관한 규정(신 12:20, 21)

452 산 짐승의 신체 중 일부를 먹어서는 안 된다(신 12:23).

453 제물은 성전으로 가져가야 한다(신 12:26).

454 토라에 하나라도 더해서는 안 된다(신 12:32).

455 토라에서 하나라도 빼서는 안 된다(신 12:32).

456 우상의 이름으로 예언하는 자에게 귀를 기울이지 말라(신 13:1).

457 유혹하는 자의 소리에 귀를 기울이지 말라(신 13:7-10).

458 이방신으로 유혹하는 자를 증오하라(신 13:9).

459 그들을 죽여야 한다(신 13:9).

460 그들을 감싸주어서도 안 된다(신 13:9).

461 그들의 잘못에 대하여 숨겨서도 안 된다(신 13:9).

462 우상을 숭배하는 자를 내버려두어서는 안 된다(신 13:10).

463 우상을 숭배하는 자들을 자세히 조사하고 알아보아야 한다(신 13:14).

464 하나님을 섬기다가 우상에게 빠진 성읍은 불살라야 한다(신 13:15).

465 그런 성읍은 다시 세워서도 안 된다(신 13:16).

466 그 성읍에서 어떤 물건도 취해서는 안 된다(신 13:17).

467 스스로 몸에 상처를 내서는 안 된다(신 14:1).

468 죽은 사람을 애도한다고 머리를 밀어서는 안 된다(신 14:1).

469 부정한 것은 먹어서는 안 된다(신 14:3).

470 새는 그것이 정한 것인지 알아보고 먹어야 한다(신 14:11).

471 날개 있고 기어다니는 곤충은 먹어서는 안 된다(신 14:19).

472 저절로 죽은 것을 먹어서는 안 된다(신 14:21).

473 2번째 십일조에 관한 규정(신 14:23-27)

474 가난한 자를 위한 십일조에 관한 규정(신 14:28-29)

475 안식년에는 동족(同族)의 빚을 삭쳐 주어야 한다(신 15:2).

476 안식년이라도 이방인에게 준 빚은 받아야 한다(신 15:3).

477 안식년에는 유대 동족의 빚을 삭쳐 주어야 한다(신 15:3).

478 가난한 동족에게 인색하지 말아야 한다(신 15:7).

479 기쁜 마음으로 그들을 도와주어야 한다(신 15:8).

480 안식년이 가깝다고 돈을 꾸어주지 않으면 안 된다(신 15:9).

481 종을 놓아줄 때 빈손으로 보내서는 안 된다(신 15:13).

482 그들에게 넉넉히 주어 내보내야 한다(신 15:14).

483 하나님께 바칠 짐승의 맏배를 부려서는 안 된다(신 15:19).

484 제단에 바칠 첫 새끼 양의 털을 깎아서도 안 된다(신 15:19).

485 니산월(3, 4월) 정오가 지나 누룩 있는 빵을 먹어서는 안 된다(신 16:3).

486 유월절 양의 고기를 다음날까지 남겨서는 안 된다(신 16:4).

487 유월절 양을 성전 이외의 곳에서 바쳐서는 안 된다(신 16:5).

488 3대 절기는 기쁨으로 지켜야 한다(신 16:14).

489 모든 성인 남자는 1년에 3차례 예루살렘에 올라가야 한다(신 16:16).

490 제물 없이 성전에 올라가서는 안 된다(신 16:16).

491 모든 성읍에는 재판관이 있어야 한다(신 16:18).

492 성전에 나무를 심어서는 안 된다(신 16:21).

493 어느 곳에도 석상을 만들어 세워서는 안 된다(신 16:22).

494 흠이 있는 짐승을 제물로 바쳐서는 안 된다(신 17:1).

495 산헤드린의 결정에 귀를 기울여야 한다(신 17:10).

496 전통을 무시해서는 안 된다(신 17:11).

497 이스라엘의 왕은 산헤드린에서 임명받아야 한다(신 17:15).

498 외국 사람을 왕으로 세워서는 안 된다(신 17:15).

499 왕은 군마를 필요 이상으로 가져서는 안 된다(신 17:16).

500 왕이 이집트로 내려가서는 안 된다(신 17:16).

501 왕은 아내를 많이 두어서는 안 된다(신 17:17).

502 왕은 재물을 너무 많이 가져서는 안 된다(신 17:17)

503 왕은 율법책을 복사해야 한다(신 17:18, 19).

504 레위 지파는 땅을 유산으로 이어받지 못한다(신 18:1).

505 레위 지파는 전리품을 취할 수 없다(신 18:1).

506 제사장은 제물의 특별한 부위들을 가질 수 있다(신 18:3).

507 처음 거둔 곡식과 포도주와 기름은 제사장에게 주어야 한다(신 18:4).

508 처음 깎은 양털도 제사장에게 주어야 한다(신 18:4).

509 제사장과 레위인은 각기 다른 시간에 일해야 한다(신 18:6-8).

510 점쟁이를 용납해서는 안 된다(제510계명).

511 복술객을 용납해서는 안 된다(신 18:10).

512 주문을 외는 사람을 용납해서는 안 된다(신 18:10).

513 마법사를 용납해서는 안 된다(신 18:10).

514 마술하는 사람을 용납해서는 안 된다(신 18:10).

515 죽은 사람에게 물어보는 사람을 용납해서는 안 된다(신 18:10-11).

516 예언자의 소리에 귀를 기울여야 한다(신 18:15).

517 거짓 예언자를 삼가라(신 18:20).

518 우상의 이름으로 예언해서는 안 된다(신 18:20).

519 거짓 예언자는 죽여야 한다(신 18:22).

520 6개의 도피성을 마련해야 한다(신 19:3).

521 살인자를 동정해서는 안 된다(신 19:13, 21).

522 이웃의 경계를 침범해도 안 된다(신 19:14)

523 한 사람의 증언만 가지고 재판해서는 안 된다(신 19:15).

524 거짓 증언을 하는 자에게는, 그가 이웃에게 해를 입히려고 했던 것과 똑같은 벌을 내려야 한다(신 19:19).

525 전쟁에 나가 적군을 두려워하지 말라(신 20:1).

526 전쟁터에서 되돌려 보낼 사람들에 관한 규정(신 20:5-7)

527 전쟁하기 전에 먼저 평화를 제의하라(신 20:10, 11).

528 가나안의 7민족을 진멸하라(신 20:16).

529 성읍을 점령할 때 나무를 베지 말라(신 20:19).

530 범인을 알 수 없는 살인 사건에 관한 규정(신 21:1-9)

531 범인을 알 수 없는 살인 사건을 위해 송아지를 죽인 험한 계곡에서
     는 일도 하지 말고 씨도 뿌리지 말라(신 21:4).

532 포로로 잡혀온 여인을 아내로 취해도 된다(신 21:10, 11).

533 그러나 그 여인을 팔아서는 안 된다(신 21:14a).

534 그에게 힘든 일을 시켜서도 안 된다(신 21:14b).

535 죽을죄를 지어서 처형당한 사람의 주검은 나무에 매달아두어야 한
     다(신 21:22).

536 그 주검을 밤까지 내버려두어서는 안 된다(신 21:23).

537 그 주검은 그날 파묻어야 한다(신 21:23).

538 다른 사람이 잃어버린 것을 발견했을 때는 주인에게 돌려주어야 한
     다(신 22:1).

539 그것을 못 본체해서는 안 된다(신 22:3).

540 이웃의 짐승이 길에 쓰러져 있는 것을 보면 주인을 도와 그 짐승을
     일으켜주어야 한다(신 22:4).

541 짐승에게 짐을 싣거나 내릴 때 도와주어야 한다(신 22:4).

542 여자는 남자의 옷을 입어서는 안 된다(신 22:5).

543 남자도 여자의 옷을 입어서는 안 된다(신 22:5).

544 새끼를 품고 있는 어미 새를 잡아서는 안 된다(신 22:6).

545 새끼를 잡기 전에 어미 새를 날려 보내야 한다(신 22:7).

546 지붕에 난간을 만들어야 한다(신22:8).

547 집에서 사고가 나 사람이 죽는 일이 있어서는 안 된다(신 22:8).

548 포도나무 사이사이에 다른 씨를 뿌려서는 안 된다(신 22:9).

549 거기서 거둔 곡식을 먹어서도 안 된다(신 22:9).

550 소와 나귀에게 한 멍에를 메워 같이 밭을 갈게 해서는 안 된다(신 22:10).

551 양털과 무명실을 섞어서 짠 옷을 입어서는 안 된다(신 22:11).

552 결혼의 성립에 대한 규정(신 22:13)

553 아내가 처녀가 아니었다고 하는 주장이 거짓으로 드러난 경우의 규정(신 22:14-18)

554 아내가 처녀가 아니었다고 거짓 누명을 씌운 사람은 평생 그 여자와 함께 살아야 한다(신 22:19).

555 성 안에서 다른 사람과 약혼한 사람이 성관계를 가졌을 때는 둘 다 돌로 쳐 죽여야 한다(신 22:24).

556 성 밖에서 이런 일이 일어났으면, 남자만 돌로 쳐 죽여야 한다(신 22:26).

557 약혼하지 않은 처녀를 욕보인 남자는 그 아버지에게 배상해야 한다(신 22:29).

558 그는 그녀와 결혼해야 하되, 그 여자와 이혼해서는 안 된다(신 22:29).

559 신낭(腎囊)이 터졌거나 신(腎)을 베인 사람은 주의 총회의 회원이 될 수 없다(신 23:1).

560 사생아는 주의 총회의 회원이 될 수 없다(신 23:2).

561 유대인은 암몬 사람이나 모압 사람과는 영원히 결혼할 수 없다(신 23:3).

562 암몬 사람과 모압 사람과는 평화의 관계를 맺으려고 해서는 안 된다(신 23:6).

563 에돔 사람을 미워하지 말라(신 23:7).

564 이집트 사람도 미워해서는 안 된다(신 23:7).

565 제의적으로 부정한 사람은 진(陣)에 들어갈 수 없다(신 23:10, 11).

566 화장실은 진 밖에 만들어야 한다(신 23:12).

567 군인은 무기와 더불어 삽을 가지고 다녀야 한다(신 23:13).

568 도망 나온 종을 되돌려 보내서는 안 된다(신 23:15).

569 그들을 압제해서도 안 된다(신 23:16).

570 이스라엘 자손은 창녀나 남창이 되어서는 안 된다(신 23:17).

571 창녀나 남창이 번 돈으로 헌금을 드려서는 안 된다(신 23.18).

572 동족에게 이자를 취해서는 안 된다(신 23:20).

573 이방인에게는 이자를 받을 수 있다(신 23:21).

574 하나님께 서원한 것은 지체없이 지켜야 한다(신 23:21).

575 맹세한 것은 반드시 지켜야 한다(신 23:23).

576 이웃의 포도원에 들어가 먹을 만큼 실컷 따먹는 것은 괜찮다(신 23:24).

577 그것을 그릇에 담아 가면 안 된다(신 23:24).

578 이웃의 밭에 들어가 이삭을 손으로 잘라 먹는 것은 괜찮지만, 곡식에 낫을 대면 안 된다(신 23:25).

579 이혼 증서에 대한 규정(신 24:1 이하)

580 이혼한 아내를 다시 아내로 맞아들여서는 안 된다(신 24:4).

581 새신랑은 1년 동안 집을 떠나지 않게 해야 한다(신 24:5).

582 그 기간에 그는 모든 의무로부터 자유하다(신 24:5).

583 맷돌을 저당 잡아서는 안 된다(신 24:6).

584 악성 피부병의 조짐이 보이면 무시하지 마라(신 24:8).

585 담보물을 잡으려고 집에 들어가서는 안 된다(신 24:10).

586 담보물은 그날 되돌려주어야 한다(신 24:12).

587 담보물을 잡힌 사람이 필요로 할 때는 즉시 돌려주어야 한다(신 24:13).

588 품꾼에게는 그날 품삯을 지불해야 한다(신 24:15).

589 혈연관계가 있는 사람의 증언을 받아들여서는 안 된다(신 24:16).

590 외국인과 고아에게 억울한 재판을 해서는 안 된다(신 24:17).

591 과부의 옷을 저당 잡아서는 안 된다(신 24:17).

592 밭에서 곡식을 거둘 때 잊어버리고 거두어들이지 않은 단을 다시 가서 취해서는 안 된다(신 24:19).

593 올리브 나무의 열매도 마찬가지다(신 24:20).

594 형벌로 매를 칠 경우, 재판관은 매 맞을 사람을 자기 앞에 엎드리게 하고, 죄의 정도에 따라 때려야 한다(신 25:2).

595 매를 40대 이상 때려서는 안 된다(신 25:3).

596 곡식을 밟으면서 타작하는 소의 입에 망을 씌워서는 안 된다(신 25:4).

597 아들 없이 남편이 죽은 경우, 그의 아내는 다른 사람과 재혼해서는 안 된다(신 25:5).

598 죽은 남편의 형제가 미망인과 결혼해야 한다(신 25:5).

599 죽은 형을 대신해서 형수와 결혼하기를 거절하는 사람에 대한 규정 (신 25:7-10)

600 음낭을 잡는 자를 내버려두어서는 안 된다(신 25:11).

601 그에게 동정심을 보여서는 안 된다(신 25:12)

602 집에 크고 작은 2개의 되를 가지고 있어서는 안 된다(신 25:14).

603 아말렉 사람이 너희에게 한 일을 기억하라(신 25:17).

604 아말렉 사람을 진멸하라(신 25:18).

605 그들이 한 일을 절대 잊어버려서는 안 된다(신 25:18).

606 햇곡식을 예물로 바칠 때 드리는 고백(신 26:5-10)

607 구제를 위한 십일조를 드릴 때의 고백(신 26:12-15)

608 십일조를 애곡하는 날에 먹어서는 안 된다(신 26:14).

609 제의적으로 부정한 상태에서 먹어서도 안 된다(신 26:14).

610 또 그것을 죽은 자를 위해 사용해서도 안 된다(신 26:14).

611 하나님의 길을 따라 걸으라(신 26:17).

612 안식년 장막절에 이스라엘 회중을 다 모아야 한다(신 31:12-13).

613 토라(율법)를 써서 간직하고 있어야 한다(신 31:19).